今注本二十四史

後漢書

南朝宋 范曄 撰 唐 李賢等 注

卜憲群 周天游 主持校注

一〇 傳【六】

中國社會科學出版社

後漢書　卷三六

列傳第二十六

鄭興 子眾　范升　陳元　賈逵　張霸 子楷 楷子陵 陵弟玄

　　鄭興字少贛，河南開封人也。[1]少學《公羊春秋》。[2]晚善《左氏傳》，[3]遂積精深思，通達其旨，同學者皆師之。[4]天鳳中，[5]將門人從劉歆講正大義，[6]歆美興才，使撰條例、章句、傳詁，及校《三統歷》。[7]

　　[1]【今注】河南：郡名。治河南縣（今河南洛陽市東北）。開封：縣名。治所在今河南開封市。
　　[2]【今注】公羊春秋：即《春秋公羊傳》，《春秋》三傳之一。
　　[3]【今注】左氏傳：即《春秋左氏傳》，又稱《左氏春秋》。《春秋》三傳之一。
　　[4]【李賢注】《東觀記》曰：“興從博士金子嚴爲《左氏春秋》。”
　　[5]【李賢注】王莽年也。【今注】天鳳：新莽年號（14—19）。

　　[6]【李賢注】《左氏》義也。【今注】劉歆：字子駿，沛（今江蘇沛縣）人。劉向之子。西漢古文經學家、目録學家。曾受詔與其父劉向領校群書。劉向死後，劉歆繼續領校書籍，編著《七略》，爲中國歷史上第一部圖書分類目録。王莽時爲國師。傳見《漢書》卷三六。

　　[7]【李賢注】《説文》曰：“詁，訓古言也。”音古度反。《三統歷》，劉歆撰，謂夏、殷、周歷也。【今注】案，傳，大德本、殿本作“訓”。中華本校勘記云：“注專釋‘詁’字，引《説文》‘詁，訓古言也’，似正文不作‘訓詁’。下《賈逵傳》云‘寫其傳詁’，亦當作‘傳詁’之一證也。”　三統歷：即三正曆。西漢劉歆據太初曆而造。即夏正以建寅（正月）爲人統，商正以建丑（十二月）爲地統，周正以建子（十一月）爲天統。一説，三正指天地人之正道。

　　更始立，[1]以司直李松行丞相事，[2]先入長安，松以興爲長史，[3]令還奉迎遷都。更始諸將皆山東人，[4]咸勸留洛陽。興説更始曰：“陛下起自荆楚，權政未施，[5]一朝建號，而山西雄桀争誅王莽，開關郊迎者，何也？[6]此天下同苦王氏虐政，而思高祖之舊德也。今久不撫之，臣恐百姓離心，盜賊復起矣。《春秋》書‘齊小白入齊’，不稱侯，未朝廟故也。[7]今議者欲先定赤眉而後入關，[8]是不識其本而争其末，恐國家之守轉在函谷，[9]雖卧洛陽，庸得安枕乎？”[10]更始曰：“朕西決矣。”拜興爲諫議大夫，[11]使安集關西及朔方、涼、益三州，[12]還拜涼州刺史。會天水有反者，[13]攻殺郡守，興坐免。

　　[1]【今注】更始：兩漢之際更始政權建立者劉玄，劉玄號更始將軍，被擁立爲天子，建元曰更始元年。

　　[2]【今注】司直：官名。西漢武帝元狩五年（前 118）初置丞相司直，省稱司直，秩比二千石，掌佐丞相舉不法。

　　[3]【今注】長史：官名。戰國時置，秦、漢因之。爲所在官署掾屬之長，秩千石。

　　[4]【今注】山東：戰國、秦漢時稱崤山或華山以東地區爲山東，又稱關東。

　　[5]【李賢注】更始起南陽，南陽屬荊州，故曰荊楚也。

　　[6]【李賢注】山西謂陕山已西也。【今注】王莽：字巨君。孝元皇后之弟子。平帝即位，年僅九歲，元后以太皇太后臨朝稱制，以王莽爲大司馬，委政於莽，號安漢公。平帝死，以孺子嬰爲帝，王莽自稱攝皇帝。三年後自稱皇帝，改國號爲新。史稱王莽篡漢。公元 9 年至 23 年在位。傳見《漢書》卷九九。

　　[7]【李賢注】小白，齊桓公也。《春秋》“齊小白入于齊”。《公羊傳》曰：“曷爲以國氏？當國也。其言入何？篡辭也。”【今注】朝廟：諸侯逢每月初一至祖廟，殺羊致祭。

　　[8]【今注】赤眉：西漢末樊崇等領導的農民起義軍，因用赤色塗眉做記號，故稱赤眉。　關：指函谷關。

　　[9]【李賢注】言若不早都關中，有人先入，則國家鎮守轉在函谷也。

　　[10]【李賢注】庸，用也。

　　[11]【今注】諫議大夫：官名。秦置。專掌論議。西漢初廢，武帝時置諫大夫。東漢光武帝復置諫議大夫。秩六百石。掌侍從顧問、參諷謀議。名義上隸光禄勳。

　　[12]【今注】關西：地區名。亦稱關右。漢時泛指函谷關或潼關以西地區。　朔方：西漢武帝時所置十三刺史部之一，轄有朔方、五原、北地、上郡、西河五郡。　涼：涼州。西漢武帝時所置

十三刺史部之一，轄有隴西、天水、金城、安定、酒泉、敦煌、武威、張掖八郡。東漢時刺史治隴縣（今甘肅清水縣北）。　益：益州。西漢武帝時所置十三刺史部之一，轄有巴郡、蜀郡、漢中、廣漢、犍爲、牂柯、越嶲、益州等郡。

[13]【今注】天水：郡名。西漢武帝元鼎三年（前114）置，治平襄縣（今甘肅通渭縣）。東漢永平十七年（74）改爲漢陽郡，並移治冀縣（今甘肅甘谷縣南）。

　　時赤眉入關，東道不通，興乃西歸隗囂，[1]虛心禮請，[2]而興恥爲之屈，稱疾不起。[3]囂矜己自飾，常以爲西伯復作，[4]乃與諸將議自立爲王。興聞而説囂曰："《春秋傳》云：'口不道忠信之言爲囂，耳不聽五聲之和爲聾，'[5]閒者諸將集會，無乃不道忠信之言；大將軍之聽，無乃阿而不察乎？昔文王承積德之緒，加之以睿聖，三分天下，尚服事殷。[6]及武王即位，八百諸侯不謀同會，皆曰'紂可伐矣'，武王以未知天命，還兵待時。[7]高祖征伐累年，[8]猶以沛公行師。今令德雖明，世無宗周之祚，威略雖振，未有高祖之功，而欲舉未可之事，昭速禍患，無乃不可乎？惟將軍察之。"囂竟不稱王。後遂廣置職位，以自尊高。興復止囂曰："夫中郎將、大中大夫、使持節官皆王者之器，[9]非人臣所當制也。孔子曰：'唯器與名，不可以假人。'[10]不可以假人者，亦不可以假於人也。無益於實，有損於名，非尊上之意也。"囂病之而止。[11]

　　[1]【今注】隗囂：字季孟，天水成紀（今甘肅静寧縣西南）

人。傳見本書卷一三。

［2］【今注】案，王先謙《後漢書集解》引劉攽曰：“案文少一‘囂’字。”

［3］【今注】案，王先謙《後漢書集解》引蘇輿曰：“此疑非事實。興爲涼州刺史，囂爲西州將軍，已有僚屬之誼，豈有囂禮請而興反恥屈辱者。興自言以將軍僚屬歸身明德，幸蒙覆載之恩，得全性命云云，是興實自歸囂也。此殆其子孫以囂後敗爲之諱飾，而史仍之耳。”

［4］【李賢注】西伯，文王也。作，起也。

［5］【李賢注】《左傳》富辰諫周襄王之辭（見《左傳》僖公二十四年）。【今注】案，云，殿本作“曰”。

［6］【李賢注】《論語》孔子曰（殿本無“論語”二字）：“三分天下有其二，以服事殷。”

［7］【李賢注】《史記》曰，武王觀兵孟津，諸侯不期而至者八百人（至，大德本、殿本作“會”，是），皆曰：“紂可伐矣。”王曰：“汝未知天命。”乃還師。後聞紂殺比干，囚箕子，乃告諸侯以伐之。故曰待時也。【今注】案，事見《史記》卷四《周本紀》。

［8］【今注】高祖：西漢高祖劉邦，公元前 206 年至前 195 年在位。紀見《史記》卷八、《漢書》卷一。

［9］【今注】中郎將：官名。秦、西漢爲中郎長官，秩比二千石，隸郎中令（光禄勳）。職掌宮禁宿衛，隨行護駕，協助郎中令（光禄勳）考核選拔郎官及從官，亦常奉詔出使。　大中大夫：官名。亦作太中大夫。秦、西漢初位居諸大夫之首。武帝太初元年（前 104）以後次於光禄大夫，秩比千石。掌顧問應對。案，大，紹興本、大德本、殿本作“太”，下文底本作“大”者，諸本多作“太”，不再一一出注説明。　使持節：官名。漢朝官吏奉旨出使，有的由皇帝授予節杖，提高其權威。

[10]【李賢注】《左傳》杜預注曰："器，車服；名，爵號也。"

[11]【李賢注】病猶難也。【今注】病：恨。

及囂遣子恂入侍，將行，興因恂求歸葬父母，囂不聽而徙興舍，益其秩禮。[1]興入見囂曰："前遭赤眉之亂，以將軍僚舊，故敢歸身明德。[2]幸蒙覆載之恩，[3]復得全其性命。興聞事親之道，生事之以禮，死葬之以禮，祭之以禮，奉以周旋，弗敢失墜。[4]今爲父母未葬，請乞骸骨，若以增秩徙舍，中更停留，是以親爲餌，[5]無禮甚矣。將軍焉用之！"囂曰："囂將不足留故邪？"興曰："將軍據七郡之地，[6]擁羌胡之衆，以戴本朝，德莫厚焉，威莫重焉。居則爲專命之使，入必爲鼎足之臣。[7]興，從俗者也，不敢深居屏處，因將軍求進，不患不達，因將軍求入，何患不親，此興之計不逆將軍者也。興業爲父母請，不可以已，願留妻子獨歸葬，將軍又何猜焉？"囂曰："幸甚。"促爲辨裝，遂令與妻子俱東。時建武六年也。[8]

[1]【今注】秩禮：俸祿。引申爲職位和品階。

[2]【李賢注】興嘗爲涼州刺史，囂爲西州將軍，故曰"僚舊"也。

[3]【今注】覆載：天覆地載。此指保護。

[4]【李賢注】周旋猶遵奉也（奉，大德本誤作"舉"）。《左傳》季文子曰"先大夫臧文仲教行父事君之禮，奉以周旋，弗敢失墜"也。（此句底本多漫漶不清，今據諸本補）【今注】

案，語出《左傳》文公十八年。

[5]【李賢注】猶釣餌也。

[6]【李賢注】七郡，天水、隴西、武威、張掖、酒泉、敦煌（敦，殿本作"燉"）、金城也。【今注】案，涼州之安定郡此時爲盧芳占據。

[7]【今注】鼎足：猶三公之臣。

[8]【今注】建武：東漢光武帝劉秀年號（25—56）。

侍御史杜林先與興同寓隴右，[1]乃薦之曰："竊見河南鄭興，執義堅固，敦悦《詩》《書》，[2]好古博物，見疑不惑，有公孫僑、觀射父之德，[3]宜侍帷幄，典職機密。昔張仲在周，燕翼宣王，而詩人悦喜。[4]惟陛下留聽少察，以助萬分。"乃徵爲大中大夫。

[1]【今注】侍御史：官名。西漢時爲御史大夫屬官，秩六百石，掌受公卿奏事，監察文武官員等。王莽時改侍御史爲執法。東漢復舊，爲御史臺屬官，於糾彈本職之外，常奉命出使州郡，巡行風俗，督察軍旅，職權頗重。　杜林：字伯山，扶風茂陵（今陝西興平市東北）人。博洽多聞，時稱通儒。初從隗囂，後跟隨光武帝劉秀，爲侍御史。傳見本書卷二七。　隴右：地區名。泛指隴山以西地區，相當今甘肅隴山、六盤山以西，黃河以東一帶。

[2]【李賢注】《左傳》趙衰曰"臣亟聞郤縠之言矣，郤縠悦禮樂而敦《詩》《書》"也（衰，大德本誤作"襄"；郤，紹興本作"邻"，可從）。

[3]【李賢注】《左傳》，子産辨黃熊，晉侯聞之，曰："博物君子也。"觀射父，楚大夫也，對楚昭王以重黎、羲和之事。見《國語》。【今注】公孫僑：名橋，字子産。鄭簡公時擔任執政，頗有政績。　觀射父：春秋楚國大夫。善於辭令，因賢能出衆，被譽

爲楚國的國寶。

[4]【李賢注】張仲，周宣王時賢臣也。燕，樂也。翼，敬也。《詩·小雅》曰：“侯誰在矣，張仲孝友。”

明年三月晦，[1]日食。興因上疏曰：

[1]【今注】晦：陰曆每月的最後一天。

《春秋》以天反時爲災，地反物爲妖，人反德爲亂，亂則妖災生。[1]往年以來，謫咎連見，[2]意者執事頗有闕焉。[3]案《春秋》“昭公十七年夏六月甲戌朔，日有食之”。[4]傳曰：“日過分而未至，[5]三辰有災，[6]於是百官降物，[7]君不舉，[8]避移時，[9]樂奏鼓，[10]祝用幣，[11]史用辭。”[12]今孟夏，[13]純乾用事，[14]陰氣未作，其災尤重。夫國無善政，則謫見日月，變咎之來，不可不慎，其要在因人之心，擇人處位也。[15]堯知鮌不可用而用之者，[16]是屈己之明，因人之心也。齊桓反政而相管仲，晉文歸國而任郄縠者，是不私其私，擇人處位也。[17]今公卿大夫多舉漁陽大守郭伋可大司空者，[18]而不以時定，道路流言，咸曰“朝廷欲用功臣”，[19]功臣用則人位謬矣。[20]願陛下上師唐、虞，下覽齊、晉，以成屈己從衆之德，以濟群臣讓善之功。[21]

[1]【李賢注】《左傳》晉伯宗之辭。天反時爲災謂寒暑易節

也。地反物爲妖謂群物失性也。【今注】反時：指氣候反常。　反物：指動植物失其本性。

　　[2]【今注】讁咎：變異、災禍。

　　[3]【今注】執事：古時指侍從左右供使令的人。舊時書信中常用以稱對方，謂不敢直陳，故向執事者陳述，表示尊敬。

　　[4]【李賢注】杜預注曰：“於周爲六月，於夏爲四月，純陽用事，陰氣未動而侵陽也。”【今注】朔：陰曆每月初一。

　　[5]【李賢注】言過春分而未及夏至也。

　　[6]【李賢注】三辰，日、月、星也。

　　[7]【李賢注】降物，素服。

　　[8]【李賢注】不舉盛饌。【今注】不舉：指不進豐盛的菜餚。

　　[9]【李賢注】避正寢過日食時也。

　　[10]【李賢注】伐鼓（伐鼓，大德本作“奏鼓代鼓”）。【今注】案，奏，大德本作“用”。

　　[11]【李賢注】用幣於社。【今注】祝：祠廟中司祭禮的人。幣：繒帛。古時以束帛爲祭祀品。

　　[12]【李賢注】用辭以自責也。此以上皆《左傳》載魯大史答季平子之詞也（大，紹興本作“太”；史，大德本、殿本作“夫”）。【今注】史：史官。主掌祭祀和記事。

　　[13]【今注】孟夏：夏天第一個月，即陰曆四月。

　　[14]【今注】乾：卦名。這裏指陽氣。

　　[15]【李賢注】《左傳》晉士文伯曰“國無政，不用善，則自取讁于日月之災，故政不可不慎也。務三而已，一曰擇人，二曰因人，三曰從時”也。【今注】要：關鍵。　因：隨順，根據。

　　[16]【今注】案，鮌，紹興本作“鯀”。

　　[17]【李賢注】《史記》曰，桓公與兄子糾爭位，糾使管仲將兵遮道，射桓公鉤帶，及桓公即位，任政於管仲也。又晉文公自秦歸國，懷公故臣郤芮謀燒公宮，殺文公，宦者勃鞮告之，後

文公以郤縠爲中軍帥。縠即郤芮之族，文公不以爲讎而任焉，言唯賢是用，不私其私也。【今注】案，事分見《史記》卷三二《齊太公世家》、卷三九《晉世家》。　案，郤，紹興本作"郗"。下不出注。

[18]【今注】漁陽：郡名。治漁陽縣（今北京市懷柔區北房鎮梨園莊東）。　郭伋：字細侯，扶風茂陵（今陝西興平市東北）人。傳見本書卷三一。　大司空：官名。三公之一。西漢成帝綏和元年（前8）由御史大夫改名，秩萬石。哀帝建平二年（前5）復名御史大夫，元壽二年（前1）又名大司空，遂成定制。東漢初年因之，光武帝建武二十七年（51）去"大"字，改名司空。

[19]【今注】案，惠棟《後漢書補注》曰："袁宏《紀》建武七年二月日蝕，是時宰相多以功舉，率由舊恩，天子勤吏治，俗頗苛刻，因是變也。"

[20]【今注】案，《資治通鑑》卷四二《漢紀》光武皇帝建武七年胡三省注云："人不稱其位，位不宜其人也。"

[21]【李賢注】濟，成也。

夫日月交會，數應在朔，[1]而頃年日食，每多在晦。先時而合，皆月行疾也。日君象而月臣象，君亢急則臣下促迫，故行疾也。今年正月繁霜，自爾以來，率多寒日，[2]此亦急咎之罰。[3]天於賢聖之君，猶慈父之於孝子也，丁寧申戒，[4]欲其反政，[5]故災變仍見，此乃國之福也。今陛下高明而群臣惶促，宜留思柔尅之政，垂意《洪範》之法，[6]博採廣謀，納群下之策。

[1]【今注】數：理，道理。

[2]【李賢注】正月，夏之四月。

[3]【李賢注】《書》曰：“急恒寒若。”【今注】案，惠棟《後漢書補注》曰：“《尚書大傳》云聽之不聰，是謂不謀，厥咎急厥，罰恒寒。”

[4]【今注】丁寧：同“叮嚀”。

[5]【今注】反政：歸於正道。

[6]【李賢注】剋，能也。柔剋謂和柔而能立事也。《尚書·洪範》曰：“高明柔剋。”（此段李賢注底本多漫漶不清，今據諸本補）【今注】洪範：《尚書》篇名。

書奏，多有所納。

帝嘗問興郊祀事，曰：“吾欲以讖斷之，[1]何如？”興對曰：“臣不爲讖。”帝怒曰：“卿之不爲讖，非之邪？”興惶恐曰：“臣於書有所未學，而無所非也。”帝意乃解。興數言政事，依經守義，文章溫雅，然以不善讖故不能任。

[1]【今注】讖：即讖書或圖讖。一種宣揚神學迷信的隱語或寓言，以此作爲吉凶的符應或徵兆。

九年，使監征南、積弩營於津鄉，[1]會征南將軍岑彭爲刺客所殺，[2]興領其營，遂與大司馬吳漢俱擊公孫述。[3]述死，詔興留屯成都。[4]頃之，侍御史舉奏興奉使私買奴婢，坐左轉蓮勺令。[5]是時喪亂之餘，郡縣殘荒，[6]興方欲築城郭，修禮教以化之，會以事免。

[1]【李賢注】征南將軍岑彭、積弩將軍傅俊屯津鄉，以拒

公孫述。津鄉在今荆州也。【今注】征南：征南將軍。雜號將軍名。掌征伐或鎮守，秩二千石，四征將軍之一。　積弩：積弩將軍。雜號將軍名。掌征伐。　津鄉：在今湖北荆州市荆州區故江陵縣城東。

[2]【今注】岑彭：字君然，南陽棘陽（今河南新野縣東北）人。傳見本書卷一七。

[3]【今注】大司馬：官名。《周禮》中所載的夏官之長，掌武事。漢初承秦制，以太尉爲武官之長，且亦不常置，更不設大司馬一職。西漢武帝於元狩四年（前119）漠北大捷後，設大司馬爲加官，分別封衞青、霍去病。自霍光封大司馬大將軍之後，此職乃成爲常置固定之職，内朝官之領袖。成帝時改官制，又以此職比附漢初之太尉，成爲三公之一。　吳漢：字子顏，南陽宛（今河南南陽市臥龍區）人。傳見本書卷一八。　公孫述：字子陽，扶風茂陵（今陝西興平市東北）人。曾自立爲蜀王，進稱天子。傳見本書卷一三。

[4]【今注】成都：縣名。治所在今四川成都市。

[5]【李賢注】蓮勺，縣，屬左馮翊，故城在今同州下邽縣東北（邽，大德本誤作“邘”）。蓮音輦，勺音酌。【今注】左轉：猶左遷，指降職。　蓮勺：縣名。治所在今陝西渭南市東北來化鎮村。

[6]【今注】案，殘荒，大德本作“荒殘”。

興好古學，尤明《左氏》《周官》，[1] 長於歷數，自杜林、桓譚、衞宏之屬，[2] 莫不斟酌焉。[3] 世言《左氏》者多祖於興，[4] 而賈逵自傳其父業，故有鄭、賈之學。興去蓮勺，後遂不復仕，客授閿鄉，[5] 三公連辟不肯應，卒于家。子衆。

[1]【今注】案，惠棟《後漢書補注》曰："《左氏》見上。《經典序録》云王莽時劉歆爲國師，始建立《周官經》，以爲《周禮》。河南緱氏杜子春受業於歆，還家以教門徒。好學之士鄭興父子等多往師之。案，今康成所注《周禮》多引子春及二鄭之説。"

[2]【今注】桓譚：字君山，沛國相（今安徽濉溪縣西北）人。能文章，尤好古學。傳見本書卷二八上。　衞宏：字敬仲。少與河南鄭興俱好古學。傳見本書卷七九下。

[3]【李賢注】斟酌謂取其意指也。

[4]【今注】案，殿本無"於"字。

[5]【李賢注】閡音聞，古字也，建安中改作"聞"。【今注】閡鄉：在今河南靈寶市西北。案，王先謙《後漢書集解》引沈欽韓曰："《説文》閡，低目視也。弘農湖縣有閡鄉。《廣韻》閡俗作閡。《前書》孟康注，古閡字從門中昊，建安中正改作聞。蓋建安中改作閡，非聞也。此注亦誤爲聞。"

　　衆字仲師。年十二，從父受《左氏春秋》，精力於學，明《三統歷》，作《春秋難記條例》，[1]兼通《易》《詩》，知名於世。建武中，皇大子及山陽王荆，[2]因虎賁中郎將梁松以縑帛聘請衆，[3]欲爲通義，[4]引籍出入殿中。[5]衆謂松曰："大子儲君，[6]無外交之義，[7]漢有舊防，[8]蕃王不宜私通賓客。"遂辭不受。松復風衆以"長者意，不可逆"。衆曰："犯禁觸罪，不如守正而死。"大子及荆聞而奇之，亦不强也。及梁氏事敗，[9]賓客多坐之，唯衆不染於辭。[10]

　　[1]【今注】案，惠棟《後漢書補注》曰："《經籍志》鄭衆《春秋左氏傳條例》九卷。"王先謙《後漢書集解》引沈欽韓曰：

“《公羊》疏云衆作《長儀》十九條十七事，專論《公羊》之短，《左氏》之長。”

　　[2]【今注】皇大子：大，大德本、殿本作“太”，此應作“太”。下文同，不再出注。皇太子，指東漢明帝劉莊。建武十九年（43），立爲皇太子。紀見本書卷二。　　山陽王荆：指劉荆，明帝同母弟。傳見本書卷四二。

　　[3]【今注】虎賁中郎將：官名。漢置，爲光禄勳屬官，俸比二千石，掌虎賁宿衛，光武帝、明帝時常以侍中兼領之，其後多以貴戚充任，或領兵出征。　　梁松：字伯孫，安定烏氏（今寧夏固原市東南）人。尚光武女舞陰長公主。傳見本書卷三四。

　　[4]【今注】案，沈欽韓《後漢書疏證》卷三曰：“《光武十王傳》沛獻王輔作《五經論》，時號之曰《沛王通論》。通義亦此類，如《白虎通義》是也。”

　　[5]【今注】引籍：引人和門籍。漢制，宮門有禁，無引人及門籍者不得妄入。引人，即門使。籍，用三尺竹牒，記載出入者的年齡、姓名、相貌，懸於宮門，以備查對。經核對無誤，方始入内。

　　[6]【今注】儲君：副主，指皇太子。

　　[7]【今注】外交：與宮外人來往。

　　[8]【今注】案，惠棟《後漢書補注》曰：“王幼學云：防謂漢家舊制也，防通作坊。《禮記經解》云，以舊坊爲無所用而壞之者，坊音房，本又作防。”

　　[9]【李賢注】梁松坐懸飛書誹謗下獄死，事見《梁統傳》也。（此句李賢注底本漫漶不清，今據諸本補）

　　[10]【今注】染：牽連。

　　永平初，[1]辟司空府，以明經給事中，[2]再遷越騎司馬，[3]復留給事中。是時北匈奴遣使求和親。八年，顯宗遣衆持節使匈奴。[4]衆至北庭，[5]虜欲令拜，衆不爲屈。單于大怒，圍守閉之，不與水火，欲脅服衆。衆拔刀自誓，單于恐而止，乃更發使隨衆還京師。朝議復欲遣使報之，[6]衆上疏諫曰：“臣伏聞北單于所以要致漢使者，欲以離南單于之衆，堅三十六國之心也。又當揚漢和親，誇示鄰敵，[7]令西域欲歸化者局足狐疑，[8]懷土之人絕望中國耳。漢使既到，便偃蹇自信。[9]若復遣之，虜必自謂得謀，其群臣駁議者不敢復言。[10]如是，南庭動搖，烏桓有離心矣。[11]南單于久居漢地，具知形埶，萬分離析，旋爲邊害。今幸有度遼之衆揚威北垂，雖勿報答，不敢爲患。”[12]帝不從，復遣衆。衆因上言：“臣前奉使不爲匈奴拜，單于恚恨，故遣兵圍臣。今復銜命，[13]必見陵折。臣誠不忍持大漢節對氈裘獨拜。[14]如令匈奴遂能服臣，將有損大漢之强。”帝不聽，衆不得已，既行，在路連上書固爭之。詔切責衆，追還繫廷尉，會赦歸家。

[1]【今注】永平：東漢明帝劉莊年號（58—75）。

[2]【今注】給事中：官名。秦朝始置，漢因之。爲列侯、將軍、九卿、謁者、博士、議郎等之加官。職掌侍從皇帝左右，備顧問應對等事。

[3]【李賢注】《漢官儀》曰“越騎司馬一人，秩千石”也。（此句李賢注底本漫漶不清，今據諸本補）

[4]【今注】顯宗：東漢明帝劉莊，公元57年至75年在位。顯宗爲其廟號。紀見本書卷二。

[5]【今注】北庭：東漢光武帝建武二十四年（48）匈奴分爲

南北，北單于王庭稱北庭。在今蒙古國烏蘭巴托市。

　　[6]【今注】案，復欲，大德本、殿本作"欲復"，可從。

　　[7]【今注】案，誇，大德本作"誨"。

　　[8]【李賢注】武帝開通西域，本三十六國。【今注】案，《資治通鑑》卷四五《漢紀》明帝永平八年胡三省注云："武帝開通西域，本三十六國，余謂堅其心者欲使之專附匈奴。"又，足，殿本作"促"，可從。

　　[9]【李賢注】信音申。【今注】偃蹇：傲慢。　信：通"申"，伸展。

　　[10]【李賢注】駁議謂勸單于歸漢。【今注】駁議：規勸。

　　[11]【今注】烏桓：本東胡也。漢初，匈奴冒頓滅其國，餘類保烏桓山，因以爲號焉。傳見本書卷九〇。

　　[12]【李賢注】明帝八年，初置度遼將軍，屯五原曼柏。

　　[13]【今注】銜命：奉命。

　　[14]【今注】氈裘：匈奴人的服裝，此代指匈奴君主。

　　其後帝見匈奴來者，問衆與單于爭禮之狀，皆言匈奴中傳衆意氣壯勇，雖蘇武不過。[1]乃復召衆爲軍司馬，[2]使與虎賁中郎將馬廖擊車師，[3]至敦煌，[4]拜爲中郎將，使護西域。[5]會匈奴脅車師，圍戊己校尉，[6]衆發兵救之。遷武威大守，[7]謹修邊備，虜不敢犯。遷左馮翊，[8]政有名迹。

　　[1]【今注】蘇武：字子卿。西漢武帝天漢元年（前100）奉命出使匈奴，結果被扣近二十年。他心懷漢室，雖遭多方威逼利誘，終不屈服。昭帝始元六年（前81），漢匈和好，蘇武纔被放歸漢朝。傳見《漢書》卷五四。

[2]【今注】軍司馬：官名。漢置，位在部校尉、校尉、將兵長史之下，秩比千石，掌領兵。

[3]【今注】馬廖：字敬平，扶風茂陵（今陝西興平市東北）人。馬援之子。傳見本書卷二四。　車師：漢西域國名。在今新疆烏魯木齊市、吐魯番市一帶。傳見本書卷八八。

[4]【今注】敦煌：郡名。西漢武帝元鼎六年（前111）分酒泉郡置，治敦煌縣（今甘肅敦煌市西）。

[5]【今注】護：監領。

[6]【今注】戊己校尉：官名。西漢元帝初元元年（前48）始置，掌管屯田事務，治所在車師前王庭，隸西域都護，單獨設府，有丞、司馬、候等屬官。所領吏士亦任征伐。秩比二千石。新莽至東漢初或置或省。東漢明帝永平十七年（74）復置二員，一屯車師後王部金蒲城，一屯車師前王部柳中城，相去千餘里。後或置或罷。

[7]【今注】武威：郡名。治姑臧縣（今甘肅武威市）。

[8]【今注】左馮翊：西漢武帝時改左內史置。《漢書·百官公卿表上》注：“馮，輔也。翊，佐也。”職掌相當於郡太守，轄區相當於一郡。

　　建初六年，[1]代鄧彪爲大司農。[2]是時肅宗議復鹽鐵官，眾諫以爲不可。[3]詔數切責，至被奏劾，眾執之不移。帝不從。在位以清正稱。其後受詔作《春秋删》十九篇。八年，卒官。

[1]【今注】建初：東漢章帝劉炟年號（76—84）。

[2]【今注】鄧彪：字智伯，南陽新野（今河南新野縣）人。傳見本書卷四四。

[3]【李賢注】武帝時國用不足，乃賣鹽鐵，置官以主之。

昭帝罷之，今議欲復之。【今注】肅宗：東漢章帝劉炟，公元 75
年至 88 年在位。紀見本書卷三。

　　子安世，亦傳家業，爲長樂、未央廄令。[1] 延光
中，[2] 安帝廢大子爲濟陰王，[3] 安世與大常桓焉、大僕
來歷等共正議諫争。[4] 及順帝立，[5] 安世已卒，追賜錢
帛，除子亮爲郎。衆曾孫公業，[6] 自有傳。

　　[1]【李賢注】《續漢志》曰："廄令一人，秩六百石。"【今
注】長樂：長樂宮。本秦之興樂宮。西漢高祖五年（前 202）重加
擴建，改名長樂宮。在今陝西西安市西北、漢長安城東隅。　未
央：未央宮。漢正宮。在秦章臺基礎上修建，位於漢長安城地勢最
高西南角龍首原上，因在長安城安門大街之西，又稱西宮。參見李
毓芳《漢長安城未央宮的考古發掘與研究》（《文博》1995 年第 3
期）、陳蘇鎮《未央宮四殿考》（《歷史研究》2016 年第 5 期）。

　　[2]【今注】延光：東漢安帝劉祜年號（122—125）。

　　[3]【今注】安帝：東漢安帝劉祜，公元 106 年至 125 年在位。
紀見本書卷五。　大子：大，諸本皆作"太"。太子，即東漢安帝
劉祜長子劉保。中常侍江京與安帝乳母王聖等陷害順帝（時爲皇太
子），廢爲濟陰王。後中黃門孫程等人斬殺江京等，迎濟陰王即皇
帝位。安帝乳母被流放到雁門。事見本書卷六《順帝紀》。

　　[4]【今注】桓焉：字叔元，沛郡龍亢（今安徽懷遠縣西北）
人。永寧中，順帝立爲皇太子，以焉爲太子少傅、太子太傅。拜光
禄大夫，遷太常。時廢皇太子爲濟陰王，焉與太僕來歷、廷尉張晧
諫，不能得。傳見本書卷三七。　來歷：字伯珍，南陽新野（今河
南新野縣）人。其母爲顯宗女武安公主。延光元年（122），尊歷母
爲長公主。二年，遷歷爲太僕。傳見本書卷一五。

　　[5]【今注】順帝：東漢順帝劉保，公元 125 年至 144 年在位。

紀見本書卷六。

　　[6]【今注】公業：即鄭太，字公業，河南開封（今河南開封市祥符區西南）人。傳見本書卷七〇。

　　范升字辯卿，代郡人也。[1]少孤，依外家居。九歲通《論語》《孝經》，及長，習《梁丘易》《老子》，教授後生。[2]

　　[1]【今注】代郡：治代縣（今河北蔚縣東北）。
　　[2]【李賢注】宣帝時梁丘賀之《易》也。【今注】梁丘易：梁丘賀所傳授之《易》。梁丘賀，字長翁。西漢宣帝時，從太中大夫京房受《易》。傳見《漢書》卷八八。

　　王莽大司空王邑辟升爲議曹史。[1]時莽頻發兵役，徵賦繁興，升乃奏記邑曰：“升聞子以人不聞於其父母爲孝，臣以下不非其君上爲忠。[2]今眾人咸稱朝聖，皆曰公明。蓋明者無不見，聖者無不聞。今天下之事，昭昭於日月，震震於雷霆，而朝云不見，公云不聞，則元元焉所呼天？公以爲是而不言，則過小矣；知而從令，則過大矣。二者於公無可以免，宜乎天下歸怨於公矣。朝以遠者不服爲至念，升以近者不悅爲重憂。[3]今動與時戾，事與道反，馳騖覆車之轍，探湯敗事之後，[4]後出益可怪，晚發愈可懼耳。方春歲首，而動發遠役，藜藿不充，[5]田荒不耕，穀價騰躍，斛至數千，吏人陷於湯火之中，非國家之人也。如此，則胡、貊守關，[6]青、徐之寇在於帷帳矣。[7]升有一言，可以解天下倒縣，[8]免元元之急，不可書傳，願蒙引見，極陳所懷。"邑雖然其言，而竟不用。升稱病乞身，邑不聽，令乘傳使上黨。[9]升遂與漢兵會，因留不還。

[1]【今注】王邑：王商之子，與王莽爲堂兄弟。　議曹史：官名。又稱議曹從事史。州郡的佐吏。掌參與謀議。

[2]【李賢注】《論語》孔子曰（殿本無"孔子"二字）："孝哉閔子騫，人不間於其父母兄弟之言（兄，大德本、殿本作'昆'，是）。"間，非也。言子騫之孝，化其父母兄弟，言人無非之者。忠臣事君，有過即諫。在下無有非君者，是忠臣也。【今注】案，王先謙《後漢書集解》引錢大昕曰："《漢書》杜鄴對策言，孔子善閔子騫守禮，不苟從親，所行無非理者，故無可間也。范升說與鄴略同。蓋漢儒相承古義。"

[3]【今注】案，《資治通鑑》卷三八《漢紀》王莽天鳳六年胡三省注云："遠者不服，謂四夷也；近者不悦，謂人心不便於莽之法令也。"

[4]【李賢注】賈誼曰："前車覆，後車誡。"《論語》曰："見不善如探湯。"

[5]【今注】藜藿：野菜。案，藿，殿本作"霍"。

[6]【今注】貊：古代北方少數民族名。案，王先謙《後漢書集解》引劉攽曰："胡貊守關。案關當作闕，方喻迫近，不當云關。"

[7]【李賢注】王莽時，青徐二部爲寇（部，殿本誤作"郡"），號"青徐賊"。

[8]【今注】倒縣：即倒懸。比喻處境極困苦危急。案，縣，大德本、殿本作"懸"。

[9]【今注】乘傳：乘坐驛站的傳車。　上黨：郡名。治長子縣（今山西長子縣西南）。東漢末移治壺關（今山西長治市北）。

　　建武二年，光武徵詣懷宮，拜議郎，[1]遷博士，[2]上疏讓曰："臣與博士梁恭、山陽大守呂羌俱修《梁丘易》。二臣年並耆艾，[3]經學深明，而臣不以時退，與恭並立，深知羌學，又不能達，[4]慚負二老，無顏於世。誦而不行，知而不言，不可開口以爲人師，願推博士以避恭、羌。"帝不許，然由是重之，數詔引見，每有大議，輒見訪問。

　　[1]【今注】議郎：官名。秦置，漢因之，屬光禄勳（郎中令），徵賢良之士任之，俸六百石，掌顧問應對，無常事，唯詔命所使。

　　[2]【今注】博士：官名。秦置，漢因之，隸屬九卿之一奉常（太常）。西漢武帝罷黜百家之前，博士治各家之學，其後乃專立儒學一家。掌議政、制禮、藏書、顧問及教授經學、考核人才、奉命出使等。初秩比四百石，後升比六百石。東漢以降，議政職能逐漸削弱。

　　[3]【今注】耆艾：古稱六十歲爲耆，五十歲爲艾。

　　[4]【李賢注】達，進也。

　　時尚書令韓歆上疏，[1]欲爲《費氏易》《左氏春秋》立博士，[2]詔下其議。四年正月，朝公卿、大夫、博士，見於雲臺。[3]帝曰："范博士可前平説。"[4]升起對曰："《左氏》不祖孔子，而出於丘明，師徒相傳，又無其人，且非先帝所存，無因得立。"[5]遂與韓歆及大中大夫許淑等互相辯難，日中乃罷。升退而奏曰："臣聞主不稽古，無以承天；臣不述舊，無以奉君。陛下愍學微缺，勞心經藝，情存博聞，故異端競進。近有司請置《京氏易》博士，[6]群下執事，莫能據正。《京氏》既立，《費氏》怨望，《左氏春秋》復以比類，亦希置立。《京》《費》已行，次復《高氏》，[7]《春秋》之家，又有《騶》《夾》。[8]如令《左氏》《費氏》得置博士，《高氏》《騶》《夾》，五經奇異，並復求立，各有所執，乖戾分爭，從之則失道，不從則失人，將恐陛下必有猒倦之聽。孔子曰：‘博學約之，弗叛矣夫。’[9]夫學而不約，必叛道也。顏淵曰：‘博我以文，約我以禮。’孔子可謂知教，顏淵可謂善學矣。老子曰：‘學道日損。’損猶約也。又曰：‘絕學無憂。’絕末學也。[10]今《費》《左》二學，無有本師，而多反異，[11]先帝前世，有疑於此，故《京氏》雖立，輒復見廢。疑道不可由，疑事不可行。《詩》《書》之作，其來已久。孔子尚周流遊觀，至于知命，自衞反魯，乃正《雅》《頌》。[12]今陛下草創天下，紀綱未定，雖設學官，無有弟子，《詩》《書》不講，禮樂不修，奏立《左》《費》，非政急務。孔子曰：‘攻乎異端，斯害也已。’[13]傳曰：‘聞疑傳疑，聞信傳信，而堯舜之道存。’[14]願陛下疑先帝之所疑，信先帝之所信，以示反本，明不專己。天下之事所以異者，以不一本也。《易》曰：‘天下之動，貞夫一也。’[15]又曰：‘正其本，萬事理。’[16]《五經》之本自孔子始，謹奏《左氏》之失凡十四事。”時難者以太史公多引《左氏》，升又上太史公違戾《五經》，謬孔子言，及《左氏春秋》

不可録三十一事。詔以下博士。

[1]【今注】尚書令：官名。秦、西漢爲尚書署長官，掌收發文書，隸少府，初秩六百石。武帝之後，職權稍重，爲宮廷機要官員，升秩千石。東漢爲尚書臺長官，兼具宮官、朝官職能。秩位雖低，但總領政務。如以公任其職，增秩至二千石。　韓歆：字翁君，南陽（今河南南陽市）人。好直言。東漢光武帝建武十三年（37），沛郡太守韓歆爲大司徒。建武十五年，大司徒韓歆坐非帝讀隗囂書而被免，後不得已與子自殺。事見本書卷二六《侯霸傳》。

[2]【李賢注】費直字長翁，善《易》，長於卦筮，見《前書》（此句李賢注漫漶不清，今據諸本補）。【今注】費氏易：西漢古文易學“費氏易”開創者費直解說的《易》學。費直，字長翁。治《易》爲郎，長於卦筮，無章句，徒以彖象繫辭十篇文言解說上下經。傳見《漢書》卷八八。

[3]【今注】雲臺：在今河南洛陽市東北漢魏故城中。漢築於南宮，以其高起於雲，故曰雲臺。

[4]【今注】案，惠棟《後漢書補注》曰：“王充云《春秋》爲漢制法，《論衡》爲漢平說。平說者，謂平其然否。而下說猶平奏、平署之類也。”

[5]【今注】案，惠棟《後漢書補注》云：“此則傳《左氏》者非遂無人。但漢人傳經各守師說，謂之家學。《左氏》自漢元以來，不立學官，傳者絕少，故升謂無其人也。”存，問，闕注。

[6]【今注】京氏易：即《京氏易傳》。西漢今文易學“京氏易”開創者京房所撰。京房，傳見《漢書》卷八八。

[7]【李賢注】沛人高相善《易》，與費直同時，見《前書》。【今注】高氏：高相所傳授之《易》。高相，沛人。治《易》與費公同時，其學亦無章句，專說陰陽災異，未立於學官。傳見《漢書》卷八八。

[8]【李賢注】《前書》曰，《騶氏》無師，《夾氏》未有其書也（有，大德本、殿本作“知”，是）。【今注】案，《漢書・藝文志》載“故《春秋》分爲五”，韋昭曰：“謂《左氏》《公羊》《穀梁》《鄒氏》《夾氏》也。”又載“《鄒氏傳》十一卷。《夾氏傳》十一卷（有録無書）”。又案，阮孝緒《七録》云，建武中鄒夾氏皆絶。

[9]【李賢注】《論語》孔子之言。弗叛言不違道也（叛，殿本作“畔”）。

[10]【今注】末學：指没有本源的膚淺的學説。

[11]【今注】案，惠棟《後漢書補注》曰：“王伯厚述晁氏云，先儒謂費直專以彖象文言參解易爻。以彖象文言雜入卦中者，自費氏始，故云反異也。”

[12]【李賢注】孔子以魯哀公十一年自衛還魯。是時道衰樂廢，孔子來還，乃正之，故《雅》《頌》各得其所。見《史記》。（此段李賢注底本漫漶不清，今據諸本補）

[13]【李賢注】政猶習也（政，紹興本、大德本、殿本作“攻”，是）。異端謂奇技也。【今注】案，惠棟《後漢書補注》曰：“何晏云：‘攻，治也。善道有統，故殊塗而同歸。異端不同歸也。’何若瑶曰：‘《鄭玄傳》競設異端，百家互起。’訓奇技，非。”

[14]【李賢注】《穀梁傳》曰：“信以傳信，疑以傳疑。”《公羊傳》曰：“君子曷爲《春秋》？樂堯舜之道也。”

[15]【李賢注】《易・下繫》之文也。

[16]【李賢注】今《易》無此文也。

後升爲出妻所告，[1]坐繫，得出，[2]還鄉里。永平中，爲聊城令，[3]坐事免，卒於家。

[1]【今注】出妻：古指離棄妻子。

[2]【今注】案，此事又見本書卷七九上《楊政傳》。

[3]【今注】聊城：縣名。治所在今山東聊城市西北。

　　陳元字長孫，蒼梧廣信人也。[1]父欽，習《左氏春秋》，事黎陽賈護，與劉歆同時而別自名家。[2]王莽從欽受《左氏》學，以欽爲猒難將軍。[3]元少傳父業，爲之訓詁，銳精覃思，至不與鄉里通。以父任爲郎。

　　[1]【李賢注】廣信故城在今梧州蒼梧縣。【今注】蒼梧：郡名。治廣信縣（今廣西梧州市）。　廣信：縣名。治所在今廣西梧州市。

　　[2]【李賢注】元父欽，字子佚。以《左氏》授王莽，自名《陳氏春秋》，故曰別也。賈護字季君。並見《前書》也。【今注】欽：陳欽。字子佚。從賈護受《左氏春秋》。王莽時，爲猒難將軍，在雲中防禦匈奴。後引言誅殺匈奴單于侍子而入獄，被迫自殺。事見《漢書》九九中《王莽傳中》。案，許慎《五經異義》引奉德侯陳欽説《春秋》。　黎陽：縣名。西漢置，屬魏郡。治所在今河南浚縣東。　賈護：字季君，西漢哀帝時待詔爲郎。胡常授黎陽賈護，賈護授蒼梧陳欽。參見《漢書》卷八八《儒林傳》。

　　[3]【李賢注】猒，一葉反。

　　建武初，元與桓譚、杜林、鄭興俱爲學者所宗。[1]時議欲立《左氏傳》博士，范升奏以爲《左氏》淺末，不宜立。元聞之，乃詣闕上疏曰：

　　[1]【今注】宗：推崇。

陛下撥亂反正，文武並用，[1]深愍經藝謬雜，真僞錯亂，每臨朝日，輒延群臣講論聖道。知丘明至賢，親受孔子，[2]而《公羊》《穀梁》傳聞於後世，[3]故詔立《左氏》，博詢可否，示不專己，盡之群下也。今論者沈溺所習，翫守舊聞，固執虛言傳受之辭，[4]以非親見實事之道。《左氏》孤學少與，[5]遂爲異家之所覆冒。[6]夫至音不合衆聽，故伯牙絶弦；[7]至寶不同衆好，故卞和泣血。[8]仲尼聖德，而不容於世，[9]況於竹帛餘文，其爲雷同者所排，固其宜也。非陛下至明，孰能察之！

[1]【李賢注】撥，理也。語見《公羊傳》。

[2]【今注】案，惠棟《後漢書補注》曰：“沈重云《嚴氏春秋》引《觀周篇》云孔子將修《春秋》，與左邱明乘如周，觀書于周史，歸而修《春秋》之經，邱明爲之傳，共爲表裏。”

[3]【今注】案，惠棟《後漢書補注》曰：“桓譚《新論》云《左氏》傳世，遭戰國寢藏，後百餘年，魯穀梁赤作《春秋》，殘略多，有遺文。又有齊人公羊高緣經文作傳，彌失其本事。《左氏》傳經，猶衣之表裏，相待而成。經而無傳，使聖人閉門思之，十年不能知也。《東觀記》載，陳元奏云光武興立《左氏》，而桓譚、衞宏並共詆訾，故中道而廢。與《新論》殊乖，後人疑之。”

[4]【今注】案，惠棟《後漢書補注》曰：“何休注《公羊春秋》言孔子知秦將燔詩書，其説口授相傳，至漢公羊氏及弟子胡母敬等乃始記于竹帛。故云虛言傳受之詞。”

[5]【李賢注】與猶黨也。【今注】與：指學術觀點相同的人。

[6]【今注】覆冒：猶言蒙蔽不令人見。

[7]【李賢注】伯牙善鼓琴，鐘子期善聽，相與爲友。子期

死，伯牙破琴絕弦，不復鼓琴，以時人莫之能聽也。見《呂覽》。【今注】案，事又見《列子·湯問》。

[8]【李賢注】卞和得寶玉，獻楚武王，王示玉人，曰"石也"，刖其右足。武王歿後，復獻之文王，復曰"石也"，刖其左足。至成王時，卞和抱其璞於郊，泣盡以血繼之，王乃使玉尹攻之，果得寶玉。事見《韓子》也。【今注】案，事見《韓非子·和氏》。

[9]【李賢注】仲尼去魯，斥齊，逐乎宋、衞，困於陳、蔡之間。見《史記》。【今注】案，事見《史記》卷四七《孔子世家》。

　　臣元竊見博士范升等所議奏《左氏春秋》不可立，及太史公違戾凡四十五事。案升爲所言，前後相違，皆斷截小文，媟黷微辭，以年數小差，掇爲巨謬，[1]遺脫纖微，指爲大尤，抉瑕摘釁，[2]掩其弘美，所謂"小辯破言，小言破道"者也。[3]升等又曰："先帝不以《左氏》爲經，故不置博士，後主所宜因襲。"臣愚以爲若先帝所行而後主必行者，則盤庚不當遷于殷，周公不當營洛邑，[4]陛下不當都山東也。往者，孝武皇帝好《公羊》，衞大子好《穀梁》，有詔詔大子受《公羊》，不得受《穀梁》。[5]孝宣皇帝在人閒時，聞衞大子好《穀梁》，於是獨學之。[6]及即位，爲石渠論而《穀梁氏》興，[7]至今與《公羊》並存。此先帝後帝各有所立，不必其相因也。孔子曰，純，儉，吾從衆；至於拜下，則違之。[8]夫明者獨見，不惑

於朱紫，聽者獨聞，不謬於清濁，故離朱不爲巧
眩移目，[9] 師曠不爲新聲易耳。[10] 方今干戈少弭，
戎事略戢，留思聖藝，眷顧儒雅，採孔子拜下之
義，[11] 卒淵聖獨見之旨，[12] 分明白黑，[13] 建立
《左氏》，解釋先聖之積結，挑汰學者之累惑，[14]
使基業垂於萬世，後進無復狐疑，則天下幸甚。

[1]【李賢注】媟，狎也；黷，垢濁也。掇，拾也，音丁括
反。【今注】媟（xiè）黷：輕慢，親近而不莊重。　掇：摘取。

[2]【李賢注】抉音於決反。

[3]【李賢注】《大戴記·小辯篇》孔子曰：“小辯破言，小
言破義，小義破道。”

[4]【李賢注】盤庚都耿，自耿遷於殷（大德本、殿本無
“自耿”二字）。文王都鄷，武王都鎬（鎬，大德本、殿本作
“鄗”），周公輔成王營洛邑。

[5]【今注】案，《漢書》卷六三《戾太子傳》載，戾太子劉
據“少壯，詔受《公羊春秋》，又從瑕丘江公受《穀梁》”。《漢
書》卷八八《儒林傳》載：“瑕丘江公受《穀梁春秋》及《詩》於
魯申公，傳子至孫爲博士。武帝時，江公與董仲舒並。仲舒通《五
經》，能持論，善屬文。江公吶於口，上使與仲舒議，不如仲舒。
而丞相公孫弘本爲《公羊》學，比輯其議，卒用董生。於是上因尊
《公羊》家，詔太子受《公羊春秋》，由是《公羊》大興。太子既
通，復私問《穀梁》而善之。其後浸微，唯魯榮廣王孫、皓星公二
人受焉。廣盡能傳其《詩》《春秋》，高材捷敏，與《公羊》大師
眭孟等論，數困之，故好學者頗復受《穀梁》。”文中多一
“詔”字。

[6]【今注】案，《漢書》卷八八《儒林傳》載：“宣帝即位，
聞衞太子好《穀梁春秋》，以問丞相韋賢、長信少府夏侯勝及侍中

樂陵侯史高，皆魯人也，言穀梁子本魯學，公羊氏乃齊學也，宜興《穀梁》。時千秋爲郎，召見，與《公羊》家並説，上善《穀梁》説，擢千秋爲諫大夫給事中，後有過，左遷平陵令。復求能爲《穀梁》者，莫及千秋。上愍其學且絶，乃以千秋爲郎中户將，選郎十人從受。汝南尹更始翁君本自事千秋，能説矣，會千秋病死，徵江公孫爲博士。劉向以故諫大夫通達待詔，受《穀梁》，欲令助之。江博士復死，乃徵周慶、丁姓待詔保宫，使卒授十人。自元康中始講，至甘露元年，積十餘歲，皆明習。乃召五經名儒太子太傅蕭望之等大議殿中，平《公羊》《穀梁》同異，各以經處是非。時《公羊》博士嚴彭祖、侍郎申輓、伊推、宋顯，《穀梁》議郎尹更始、待詔劉向、周慶、丁姓並論。《公羊》家多不見從，願請内侍郎許廣，使者亦並内《穀梁》家中郎王亥，各五人，議三十餘事。望之等十一人各以經誼對，多從《穀梁》。由是《穀梁》之學大盛。"

[7]【李賢注】石渠閣以藏祕書，在未央殿北。宣帝甘露三年，詔諸儒韋玄成、梁丘賀等講論《五經》於石渠也。【今注】案，《漢書》卷三六《劉向傳》云，初立《穀梁春秋》，徵更生受《穀梁》，講論五經於石渠。

[8]【李賢注】《論語》孔子曰："麻冕，禮也。今也純，儉，吾從衆。拜下，禮也。今拜乎上，泰也。雖違衆，吾從下。"何晏注云："麻冕，緇布冠也。古績麻三十升以爲之。純，絲也。絲易成，故從儉。臣之與君行禮者，下拜然後升。時臣驕泰（泰，大德本作'恭'），故於上拜。今從下，禮之恭也。"

[9]【李賢注】離朱，黄帝時明目者也，一號離婁。慎子曰："離朱之明，察毫末於百步之外。"

[10]【李賢注】桓譚《新論》曰："晉師曠善知音，衛靈公將之晉，宿於濮水之上，夜聞新聲，召師涓告之曰：'爲我聽寫之。'曰：'臣得之矣。'遂之晉。晉平公饗之，酒酣，靈公曰：'有新聲，願奏之。'乃令師涓鼓琴。未終，師曠止之曰：'此亡

國之聲也。'"

　　[11]【今注】案，拜下，殿本作"下拜"。

　　[12]【今注】案，王先謙《後漢書集解》引錢大昕曰："章懷注本避唐諱改淵爲深，或爲泉。今本諸淵字，皆後人回改。"

　　[13]【今注】案，白黑，大德本、殿本作"黑白"。

　　[14]【李賢注】洮汰猶洗濯也。【今注】洮汰：清除，淘汰。

　　臣元愚鄙，嘗傳師言。如得以褐衣召見，俯伏庭下，[1]誦孔氏之正道，理丘明之宿冤；若辭不合經，事不稽古，退就重誅，雖死之日，生之年也。

　　[1]【李賢注】褐，織毛爲布，貧者之服也。

　　書奏，下其議，范升復與元相辯難，凡十餘上。帝卒立《左氏》學，大常選博士四人，元爲弟一。[1]帝以元新忿爭，乃用其次司隸從事李封，[2]於是諸儒以《左氏》之立，論議讙譁，[3]自公卿以下，數廷爭之。會封病卒，《左氏》復廢。

　　[1]【今注】案，弟，大德本、殿本作"第"，是。

　　[2]【今注】司隸從事：官名。屬司隸校尉，秩百石，分掌司隸校尉所主諸事。　李封：本書七九下《儒林傳下》載："建武中，鄭興、陳元傳《春秋左氏》學。時尚書令韓歆上疏，欲爲《左氏》立博士，范升與歆爭之未決，陳元上書訟《左氏》，遂以魏郡李封爲《左氏》博士。後群儒蔽固者數廷爭之。及封卒，光武重違衆議，而因不復補。"

[3]【今注】讙譁：同“喧譁”。

元以才高著名，辟司空李通府。[1]時大司農江馮上言，宜令司隸校尉督察三公。[2]事下三府。元上疏曰：“臣聞師臣者帝，賓臣者霸。[3]故武王以大公爲師，[4]齊桓以夷吾爲仲父。[5]孔子曰：‘百官總己聽於冢宰。’[6]近則高帝優相國之禮，[7]大宗假宰輔之權。[8]及亡新王莽，遭漢中衰，專操國柄，以偷天下，[9]況己自喻，不信群臣。奪公輔之任，損宰相之威，以刺舉爲明，徼訐爲直。[10]至乃陪僕告其君長，子弟變其父兄，[11]罔密法峻，大臣無所措手足。然不能禁董忠之謀，身爲世戮。[12]故人君患在自驕，不患驕臣；失在自任，不在任人。是以文王有日昃之勞，周公執吐握之恭，[13]不聞其崇刺舉，務督察也。[14]方今四方尚擾，天下未一，百姓觀聽，咸張耳目。陛下宜修文武之聖典，襲祖宗之遺德，勞心下士，屈節待賢，誠不宜使有司察公輔之名。”帝從之，宣下其議。[15]

[1]【今注】李通：字次元，南陽宛（今河南南陽市卧龍區）人。傳見本書卷一五。

[2]【今注】司隸校尉：官名。西漢武帝征和四年（前89）始置，秩二千石。初掌管理在中央諸官府服役的徒隸，後職掌京都百官及三輔等地區的犯法者，職權威重。成帝元延四年（前9）省，哀帝即位後復置，隸大司空，位比司直。

[3]【李賢注】言以臣爲師，以臣爲賓也。

[4]【今注】武王：周武王。　太公：姜太公。

［5］【今注】齊桓：齊桓公。 夷吾：管仲。

［6］【李賢注】《論語》文也。【今注】冢宰：周代官名。即後世的宰相。

［7］【李賢注】蕭何爲相國，高帝賜劍履上殿，入朝不趨。【今注】高帝：西漢高祖劉邦，公元前 206 年至前 195 年在位。紀見《史記》卷八、《漢書》卷一。 相國：即蕭何。世家見《史記》卷五三，傳見《漢書》卷三九。

［8］【李賢注】大宗，孝文也。申屠嘉爲丞相，坐府召大中大夫鄧通，欲誅之。孝文使持節召通，令人謝嘉，故曰：“假權”也。【今注】大宗：即太宗。西漢文帝劉恒，公元前 180 年至前 157 年在位。廟號太宗，謚號孝文。紀見《史記》卷一〇、《漢書》卷四。 宰輔：指丞相申屠嘉。傳見《漢書》卷四二。

［9］【李賢注】偷，竊也。

［10］【今注】徽訐：巡察揭發。

［11］【李賢注】王莽時開吏告其將，奴婢告其主。【今注】陪僕：惠棟《後漢書補注》曰：“陪僕猶陪臺也。《左傳》申無宇曰僚臣僕，僕臣臺。”

［12］【李賢注】董忠爲王莽大司馬，共劉歆等謀誅莽，事發覺死也。

［13］【李賢注】《尚書》曰：“文王自朝至于日中昃，不遑暇食。”《史記》曰，伯禽封魯，周公戒之曰：“我文王之子，武王之弟，成王之叔父，亦不賤矣。我一沐三握髮，一飯三吐哺，以待士，猶恐失天下之賢人，汝無以國驕人也。”【今注】案，事見《史記》卷三三《魯周公世家》。

［14］【今注】案，督，大德本作“篤”。

［15］【李賢注】司察猶督察也。

李通罷，元後復辟司徒歐陽歙府，[1]數陳當世便事、郊廟之禮，帝不能用。以病去，年老，卒於家。
子堅卿，有文章。

[1]【今注】歐陽歙：字正思，樂安千乘（今山東高青縣）
人。自歐陽生傳伏生《尚書》，至歙八世，皆爲博士。傳見本書卷
七九上。

　　賈逵字景伯，扶風平陵人也。[1]九世祖誼，[2]文帝
時爲梁王大傅。[3]曾祖父光，爲常山太守，[4]宣帝時以
吏二千石自洛陽徙焉。父徽，從劉歆受《左氏春秋》，
兼習《國語》《周官》，又受《古文尚書》於塗惲，[5]
學《毛詩》於謝曼卿，[6]作《左氏條例》二十一篇。

[1]【今注】扶風：政區名。即右扶風。因地屬西漢長安京畿
地區，故不稱郡。治長安縣（今陝西西安市西北）。　平陵：縣名。
治所在今陝西咸陽市。
[2]【今注】誼：賈誼，洛陽（今河南洛陽市）人。西漢大
臣、政論家。傳見《漢書》卷四八。
[3]【李賢注】爲文帝子梁王揖之傅也。
[4]【今注】常山：西漢文帝元年（前179），爲避文帝劉恒
諱，改恒山郡爲常山郡。治真定縣（今河北正定縣南）。景帝五年
（前152）改爲國。武帝元鼎三年（前114）復改爲郡。四年移治元
氏縣（今河北元氏縣西北）。
[5]【李賢注】《風俗通》曰：“塗姓，塗山氏之後。”惲字子
真，受《尚書》於胡常，見《前書》。【今注】案，《漢書》卷八
八《儒林傳》載曰：“（清河胡）常授虢徐敖。敖爲右扶風掾，又傳
《毛詩》，授王璜、平陵塗惲子真。子真授河南桑欽君長。王莽時，

諸學皆立。劉歆爲國師，璜、惲等皆貴顯。"據此，李賢注有誤。

[6]【今注】案，本書卷七九下《儒林傳》載："九江謝曼卿善《毛詩》，乃爲其訓。（衞）宏從曼卿受學，因作《毛詩序》，善得《風雅》之旨，于今傳於世。"

　逵悉傳父業，弱冠能誦《左氏傳》及《五經》本文，[1]以《大夏侯尚書》教授，[2]雖爲古學，兼通五家《穀梁》之説。[3]自爲兒童，常在大學，[4]不通人閒事。身長八尺二寸，諸儒爲之語曰："問事不休賈長頭。"性愷悌，多智思，俶儻有大節。[5]尤明《左氏傳》《國語》，爲之《解詁》五十一篇，[6]永平中，上疏獻之。顯宗重其書，寫藏祕館。[7]

[1]【今注】弱冠：古代男子二十歲行冠禮，故用以指男子二十歲左右的年齡。

[2]【今注】大夏侯尚書：指夏侯勝所傳《尚書》。夏侯勝，字長公，東平（今山東東平縣東南）人。西漢昭帝時爲博士、光禄大夫，宣帝時爲長信少府。傳見《漢書》卷七五、卷八八。案，王先謙《後漢書集解》引沈欽韓曰："逵爲古學，而教授仍用今文。蓋利禄之途，非是則莫肯來學。終漢之世，兼通五經古學者，惟賈、馬、鄭三君耳。"

[3]【李賢注】五家謂尹更始、劉向、周慶、丁姓、王彦等，皆爲《穀梁》，見《前書》也。【今注】案，具體傳承見《漢書》卷八八《儒林傳》。

[4]【今注】大學：即太學。西漢武帝時置，爲國家最高學府，設學官，立五經博士，教授弟子。東漢更加興盛。

[5]【李賢注】愷，樂也。悌，易也。言有和樂簡易之德也。

傲儻，卓異也。【今注】愷悌：平易近人。

　[6]【李賢注】《左氏》三十篇，《國語》二十一篇也。

　[7]【今注】案，臧，紹興本、大德本、殿本作"藏"，下文同。

　　時有神雀集宮殿官府，冠羽有五采色，帝異之，以問臨邑侯劉復，[1]復不能對，薦逯博物多識。帝乃召見逯，問之。對曰："昔武王終父之業，鸑鷟在歧，[2]宣帝威懷戎狄，神雀仍集，此胡降之徵也。"[3]帝敕蘭臺給筆札，[4]使作《神雀頌》，拜爲郎，與班固並校祕書，[5]應對左右。

　[1]【李賢注】臨邑，東郡縣也。復，齊武王伯升孫，北海王興子。【今注】臨邑：縣名。治所在今山東東阿縣。

　[2]【李賢注】鸑鷟，鳳之別名也。周大夫內史過對周惠王曰："周之興也，鸑鷟鳴于歧山（歧，殿本作'岐'）。"事見《國語》也（大德本、殿本無"也"字）。【今注】案，語見《國語·周語上》。鸑鷟，音 yuè zhuó。又案，歧，紹興本、大德本、殿本作"岐"，是。

　[3]【李賢注】仍，頻也。宣帝時神雀再見，改爲年號，後匈奴降服，呼韓入朝也。

　[4]【今注】蘭臺：漢代宮中藏書的地方。後設蘭臺令史，掌管書奏、修史等。

　[5]【今注】班固：字孟堅，扶風安陵（今陝西咸陽市東北）人。東漢史學家，編纂《漢書》。傳見本書卷四〇。

　　蕭宗立，降意儒術，[1]特好《古文尚書》《左氏傳》。建初元年，詔遠入講北宮白虎觀、南宮雲臺。[2]
帝善遠説，使發出《左氏傳》大義長於二傳者。[3]遠
於是具條奏之曰：[4]

[1]【今注】降意：留意，關注。

[2]【今注】白虎觀：北宮一宮觀。常在此論議經學。章帝時
曾召開白虎觀會議。

[3]【今注】案，殿本無"發"字。　又案，王先謙《後漢書
集解》引王會汾曰："監本出字上有發字。案，發出並舉，古人無
此等文。今從宋本。"　二傳：指《公羊傳》與《穀梁傳》。

[4]【今注】具條：分條。

　　臣謹擿出《左氏》三十事尤著明者，斯皆君
臣之正義，父子之紀綱。其餘同《公羊》者什有
七八，或文簡小異，無害大體。至如祭仲、紀季、
伍子胥、叔術之屬，《左氏》義深於君父，《公
羊》多任於權變，[1]其相殊絕，固以甚遠，[2]而冤
抑積久，莫肯分明。

[1]【李賢注】《左傳》，宋人執鄭祭仲，曰："不立突，將
死。"祭仲許之，遂出昭公而立厲公。杜預注云："祭仲之如宋，
非會非聘，見誘被拘。廢長立少，故事名罪之。"《公羊傳》曰：
"祭仲者何？鄭之相也。何以不名？賢也。何賢乎祭仲？以爲知權
也。其知權奈何？宋人執之，謂之曰：'爲我出忽而立突。'祭仲
不從其言，則君必死，國必亡；從其言，則君可以生易死，國可
以存易亡。"古之有權者，祭仲之權是也。《左傳》，紀季以酅入
于齊，紀侯大去其國。賈逵以爲紀季不能兄弟同心以存國，乃背

兄歸讎，書以譏之。《公羊傳》曰："紀季者何？紀侯之弟也。何以不名？賢也。何賢乎？服罪也。其服罪奈何？請後五廟以存姑姊妹（五，殿本誤作'立'）。"《左傳》，楚平王將殺五奢（五，紹興本、大德本、殿本作"伍"，是。下同不再出注），召五奢子五尚、五員曰："來，吾免而父。"尚謂員曰："聞免父之命，不可以莫之奔，親戚爲戮，不可以莫之報。父不可弃，名不可廢。"子胥奔吳，遂以吳師入郢，卒復父讎。《公羊傳》曰："父受誅，子復讎，推刃之道也。"《公羊》不許子胥復讎，是不深父也。《左傳》曰："冬，邾黑肱以濫來奔。賤而書名，重地故也。君子曰：'名之不可不慎。'以地叛，雖賤必書。地以名其人，終爲不義，不可滅已。是以君子動則思禮，行則思義。"《公羊傳》曰（大德本、殿本無"曰"字）："冬，黑弓以濫來奔，文何以無邾婁？通濫也。曷謂通濫？賢者子孫宜有地。賢者孰謂？謂叔術也。何賢乎叔術？讓國也。"

[2]【今注】案，以，殿本作"已"。

臣以永平中上言《左氏》與圖讖合者，先帝不遺芻蕘，[1]省納臣言，寫其傳詁，臧之祕書。建平中，[2]侍中劉歆欲立《左氏》，不先暴論大義，而輕移大常，恃其義長，詆挫諸儒，諸儒內懷不服，相與排之。[3]孝哀皇帝重逆衆心，故出歆爲河內大守。[4]從是攻擊《左氏》，遂爲重讎。至光武皇帝，奮獨見之明，興立《左氏》《穀梁》，會二家先師不曉圖讖，故令中道而廢。凡所以存先王之道者，要在安上理民也。今《左氏》崇君父，卑臣子，彊幹弱枝，勸善戒惡，至明至切，至直至順。[5]且三代異物，損益隨時，故先帝博觀異家，各有所採。《易》有施、孟，復立梁丘，[6]《尚書》歐陽，復有大小夏侯，[7]今三傳之異亦猶是也。又《五經》家皆無以證圖讖明劉氏爲堯後者，而《左氏》獨有明文。[8]《五經》家皆言顓頊代黃帝，而堯不得爲火德。[9]《左氏》以爲少昊代黃帝，即圖讖所謂帝宣也。[10]如令堯不得爲火，則漢不得爲赤。其所發明，補益實多。

[1]【今注】案，惠棟《後漢書補注》曰："《方術傳》序云：光武信讖言，鄭興、賈達以附同稱顯。《興傳》無附會讖之事，而《達傳》有之，明附同有別。"芻蕘，割草打柴的人。常用於謙詞。

[2]【李賢注】建平，哀帝年也。【今注】建平：西漢哀帝劉欣年號（前6—前3）。

[3]【李賢注】排，擯却也。劉歆欲建立《左氏》（大德本、殿本脱"欲"字），哀帝令歆與諸儒講論其義，諸博士不肯置對，歆乃移書大常以責之，故被排擯。事見《前書》。【今注】案，事見《漢書》卷三六《楚元王傳》。

[4]【今注】河内：郡名。治懷縣（今河南武陟縣西南）。

[5]【李賢注】《左傳》曰："翼戴天子，加之以恭。"又曰："君命，天也，天可讎乎？委質策名，貳乃辟也。父教子貳，何以事君？"又曰："弃父之命，惡用子矣，以有無父之國則可。"是崇君父，卑臣子也。《左氏》王人雖微，序在諸侯之上。又曰："五大不在邊，五細不在庭，末大必折，尾大不掉。"是彊幹弱枝也。又曰："盡而不污，懲惡而勸善，非聖人誰能修之？"《史記》曰，孔子曰："我欲載之空言，不如見之行事深切著明也。"

[6]【李賢注】施讎、孟喜、梁丘賀也。

[7]【李賢注】歐陽和伯、大夏侯勝、小夏侯建也。並見

《前書》。

　　[8]【李賢注】《春秋》晉大夫蔡墨曰：“陶唐氏既衰，其後有劉累，學擾龍，事孔甲，范氏其後也。”范會自秦還晉，其處者爲劉氏。明漢承堯後也。

　　[9]【李賢注】《史記》曰“黃帝崩，其孫昌意之子立，是爲帝顓頊”。當時《五經》家同爲此説。若以顓頊代黃帝以土德王，即顓頊當爲金德，高辛爲水德，堯爲木德。漢承堯後，自然不得爲火德也。

　　[10]【李賢注】《左氏傳》曰：“黃帝氏以雲紀，少昊氏以鳥紀。”是以少昊代黃帝也。《河圖》曰：“大星如虹，下流華渚，女節意感，生白帝朱宣。”宋均注曰：“朱宣，少昊氏也。”

　　陛下通天然之明，建大聖之本，改元正歷，垂萬世則，[1]是以麟鳳百數，嘉瑞雜遝。[2]猶朝夕恪勤，遊情六蓺，研機綜微，靡不審覈。[3]若復留意廢學，以廣聖見，庶幾無所遺失矣。[4]

　　[1]【李賢注】改元謂改建初九年爲元和元年，正歷謂元和二年始用四分歷也。

　　[2]【李賢注】雜遝言多也。章帝時，鳳皇見百三十九，騏麟五十二（騏，大德本、殿本作“麒”，是），白虎二十九（二，大德本、殿本作“一”），黃龍三十四，神雀、白燕等史官不可勝紀。見《東觀記》。

　　[3]【李賢注】覈，實也。

　　[4]【李賢注】廢學謂《左氏傳》也。

　　書奏，帝嘉之，賜布五百匹，衣一襲，令達自選

《公羊》嚴、顏諸生高才者二十人，教以《左氏》，[1]
與簡紙經傳各一通。[2]

　　[1]【李賢注】公羊高作《春秋》傳，號曰《公羊春秋》。嚴
彭祖、顏安樂俱受《公羊春秋》，故《公羊》有嚴、顏之學。見
《前書》也（殿本無"也"字）。【今注】案，事見《漢書》卷八
八《儒林傳》。

　　[2]【李賢注】竹簡及紙也。【今注】案，王先謙《後漢書集
解》引周壽昌曰："簡是舊傳，紙是後寫者。自是遂多用紙，而竹
簡希矣。"

　　逵母常有疾，帝欲加賜，以校書例多，特以錢二
十萬，使潁陽侯馬防與之。[1]謂防曰："賈逵母病，此
子無人事於外，[2]屢空則從孤竹之子於首陽山矣。"[3]

　　[1]【今注】潁陽：縣名。治所在今河南許昌市西南。　馬
防：字江平，扶風茂陵（今陝西興平市）人。經學家馬援之子。傳
見本書卷二四。

　　[2]【李賢注】無人事，謂不廣交通也。

　　[3]【李賢注】屢，數也。空，乏也。《史記》曰，伯夷、叔
齊，孤竹君之子也，隱於首陽山，卒餓死也。【今注】案，伯夷、
叔齊事見《史記》卷六一《伯夷列傳》。

　　逵數爲帝言《古文尚書》與經傳《爾雅》詁訓相
應，詔令撰《歐陽》《大》《小夏侯》《尚書古文》同
異。逵集爲三卷，帝善之。復令撰《齊》《魯》《韓
詩》與《毛氏》異同。并作《周官解故》。[1]遷逵爲衛

士令。^[2]八年，乃詔諸儒各選高才生，受《左氏》《穀梁春秋》《古文尚書》《毛詩》，由是四經遂行於世。皆拜逵所選弟子及門生爲千乘王國郎，^[3]朝夕受業黄門署，學者皆欣欣羨慕焉。

[1]【李賢注】轅固，齊人也，爲《齊詩》；申公，魯人也，爲《魯詩》；韓嬰爲《韓詩》；毛萇爲《毛詩》。故謂事之指意也。【今注】案，見《漢書》卷八八《儒林傳》。

[2]【李賢注】北宫衛士令一人，掌南、北宫，秩比六百石，見《續漢志》也（殿本無“也”字）。

[3]【李賢注】千乘王伉，章帝子也。【今注】弟子：指親受業者。　門生：漢時特指再傳弟子。　千乘王：千乘王伉，章帝之子。傳見本書卷五五。

和帝即位，^[1]永元三年，^[2]以逵爲左中郎將。^[3]八年，復爲侍中，領騎都尉。内備帷幄，^[4]兼領祕書近署，甚見信用。

[1]【今注】和帝：東漢和帝劉肇，公元 88 年至 105 年在位。紀見本書卷四。

[2]【今注】永元：東漢和帝劉肇年號（89—105）。

[3]【今注】左中郎將：漢時宫廷宿衛諸郎之一。

[4]【今注】帷幄：指備宫内顧問應對。

逵薦東萊司馬均、陳國汝郁，^[1]帝即徵之，並蒙優禮。均字少賓，安貧好學，隱居教授，不應辟命。信誠行乎州里，鄉人有所計争，輒令祝少賓，^[2]不直者終無敢言。位至侍中，以老病乞身，帝賜以大夫禄，歸鄉里。郁字叔異，[3]性仁孝，[4]及親殁，遂隱處山澤。後累遷爲魯相，[5]以德教化，百姓稱之，流人歸者八九千户。

[1]【今注】東萊：郡名。治掖縣（今山東萊州市）。　陳國：東漢章帝章和二年（88）改淮陽國置，治陳縣（今河南淮陽縣）。

[2]【李賢注】祝，詛也。《東觀記》曰："争曲直者，輒言'敢祝少賓乎？'心不直者，終不敢祝也。"【今注】案，王先謙《後漢書集解》引顧炎武曰："注非也。言敢于少賓之前發誓乎？事之如神明也。古人文簡爾。"引何焯曰："祝與呪同，指少賓以誓也。"

[3]【今注】案，中華本校勘記曰："《集解》引沈欽韓説，謂《文選》四十六注引《東觀記》作'字幼異'。按：今聚珍本《東觀記》亦作'字叔異'。"

[4]【李賢注】《東觀記》曰："郁年五歲，母病不能食，郁常抱持啼泣，亦不食。母憐之，强爲飯。宗親共異之，因字曰'異'也。"【今注】案，今本《太平御覽》卷四一二引《東觀記》云："汝郁，字叔異，陳國人。年五歲，母病，不能飲食，郁常抱持啼泣，亦不肯飲食。母憐之，强爲餐飯，欺言已愈。郁察母親色不平，輒復不食。宗親共奇異之，因字曰'異'。"

[5]【今注】案，《文選》卷四三嵇康《與山巨源絶交書》李善注引《東觀記》云："汝郁再徵，載病詣公車，尚書勑郁自力受拜。郁乘輦白衣詣止車門，臺遣兩當關扶郁，入拜郎中。"

遽所著經傳義詁及論難百餘萬言，又作詩、頌、誄、書、連珠、酒令凡九篇，學者宗之，後世稱爲通儒。[1]然不修小節，當世以此頗譏焉，故不至大官。永元十三年卒，時年七十二。朝廷愍惜，除兩子爲大子舍人。[2]

[1]【李賢注】應劭《風俗通義》曰：“授先王之制，立當時之事，綱紀國體，原本要化，此通儒也。”【今注】案，《風俗通義·逸文》曰：“儒者，區也。言其區別古今，居則玩聖哲之詞，動則行典籍之道，稽先王之制，立當時之事，綱紀國體，原本要化，此通儒也。若能納而不能出，能言而不能行，講誦而已，無能往來，此俗儒也。”

[2]【今注】大子舍人：即太子舍人。官名。掌行令書、表啓等。秦置此官，西漢因之，比郎中。東漢無員限，更直宿衞。

論曰：鄭、賈之學，行乎數百年中，遂爲諸儒宗，[1]亦徒有以焉爾。[2]桓譚以不善讖流亡，鄭興以遜辭僅免，賈逵能附會文致，最差貴顯。[3]世主以此論學，悲矣哉！[4]

[1]【今注】案，惠棟《後漢書補注》曰：“漢晉諸儒稱康成云鄭君，稱達曰賈侍中。是爲儒宗也。”

[2]【李賢注】言賈、鄭雖爲儒宗，而不爲帝所重，故曰“亦徒有以焉爾”。【今注】案，王先謙《後漢書集解》曰：“注非也。言鄭賈學顯，亦以善讖焉爾。”

[3]【李賢注】賈逵附會文致，謂引《左氏》明漢爲堯後也。【今注】文致：粉飾。

[4]【李賢注】言時主不重經而重讖也。

張霸字伯饒，蜀郡成都人也。[1]年數歲而知孝讓，雖出入飲食，自然合禮，鄉人號爲“張曾子”。[2]七歲通《春秋》，復欲進餘經，父母曰“汝小未能也”，霸曰“我饒爲之”，[3]故字曰“饒”焉。

[1]【今注】蜀郡：治成都縣（今四川成都市）。　成都：縣名。治所在今四川成都市。

[2]【今注】張曾子：曾子，名參。孔子學生，以孝著稱。張霸有孝心，故鄉人號爲“張曾子”。

[3]【李賢注】饒猶益也。【今注】案，王先謙《後漢書集解》引何若瑤曰：“上云復欲進餘經，既曰復，何又曰益。饒，餘也。言爲之有餘力。”王先謙曰：“猶言優爲之。”

　　後就長水校尉樊鯈受《嚴氏公羊春秋》，[1]遂博覽五經。諸生孫林、劉固、段著等慕之，各市宅其傍，[2]以就學焉。

[1]【今注】長水校尉：官名。西漢武帝初置，爲北軍八校尉之一，秩二千石，位次列卿。領長水宣曲胡騎，屯戍京師，兼任征伐。東漢光武帝建武七年（31）省，十五年復置，爲北軍五校尉之一，秩比二千石，隸北軍中候。掌宿衛禁兵，下設司馬、胡騎司馬各一員。地位親要，官顯職閑，多以宗室外戚近臣充任。　樊鯈：字長魚，南陽湖陽（今河南唐河縣南）人。傳見本書卷三二。

[2]【今注】市宅：租賃房屋。

　　舉孝廉光禄主事，稍遷，[1]永元中爲會稽太守，[2]表用郡人處士顧奉、公孫松等。[3]奉後爲潁川太守，[4]松爲司隸校尉，並有名稱。其餘有業行者，皆見擢用。[5]郡中争屬志節，習經者以千數，道路但聞誦聲。

[1]【李賢注】光禄勳之主事也，見《漢官》。【今注】光禄：即光禄勳。秦稱郎中令，西漢因之，武帝太初元年（前 104）更名光禄勳，掌宫殿掖門户。王莽改光禄勳曰司中。東漢復爲光禄勳，卿一人，俸中二千石，掌宿衞宫殿門户，郊祭之事。丞一人，俸比千石。屬官有五官中郎將，左右中郎將，虎賁中郎將，羽林中郎將，光禄大夫，謁者僕射等。

[2]【今注】會稽：郡名。秦始皇二十五年（前 222）置，治吳縣（今江蘇蘇州市）。東漢順帝永建四年（129）徙治山陰縣（今浙江紹興市）。

[3]【今注】案，王先謙《後漢書集解》引惠棟曰："張勃《吳録》云奉字季鴻。《儒林傳》云奉受《嚴氏春秋》于豫章程曾。"

[4]【今注】潁川：郡名。治陽翟縣（今河南禹州市）。

[5]【今注】案，王先謙《後漢書集解》引惠棟曰："案《華陽國志》霸致達名士，奉、松而外，又有畢海、胡母官、萬虞先、王演、李根皆至大位。"

初，霸以樊儵删《嚴氏春秋》猶多繁辭，乃減定爲二十萬言，更名張氏學。

霸始到越，賊未解，郡界不寧，乃移書開購，[1]明用信賞，賊遂束手歸附，不煩士卒之力。童謡曰："弃我戟，捐我矛，盗賊盡，吏皆休。"[2]視事三年，[3]謂掾史曰："大守起自孤生，致位郡守。蓋日中則移，月滿則虧。[4]老氏有言：[5]'知足不辱。'"遂上病。

［1］【今注】開購：懸賞徵求。

［2］【今注】案，王先謙《後漢書集解》謂《藝文類聚》卷一五引《續漢書》作"棄子戟"。

［3］【今注】視事：管理政事。

［4］【李賢注】《史記》蔡澤之辭也。《易·豐卦》曰"日中則昃，月盈則食"也。

［5］【今注】案，老氏，殿本作"老子"，可從。

後徵，四遷爲侍中。時皇后兄虎賁中郎將鄧騭，[1]當朝貴盛，聞霸名行，欲與爲交，霸逡巡不答，[2]眾人笑其不識時務。後當爲五更，[3]會疾卒，年七十。遺敕諸子曰："昔延州使齊，子死嬴、博，因坎路側，遂以葬焉。[4]今蜀道阻遠，不宜歸塋，可止此葬，足臧髮齒而已。務遵速朽，副我本心。[5]人生一世，但當畏敬於人，若不善加己，直爲受之。"諸子承命，葬於河南梁縣，[6]因遂家焉。將作大匠翟醋等與諸儒門人追録本行，[7]謚曰憲文。中子楷。

［1］【今注】鄧騭：字昭伯，南陽新野（今河南新野縣）人。傳見本書卷一六。

［2］【今注】逡巡：遲疑。

［3］【今注】五更：有學者指出，"五更"是一位知曉五行之道且在仕的年耆德茂的長老，"五更"的身份地位是卿大夫；設置"五更"的目的是陳明悌順之道，教化天下；"五更"與"三老"分別代表了傳統的悌、孝倫理，是帝王宣教孝悌之道的行爲象徵，是忠事君主的倫理依據；"五更"的選拔標準與要求比較高，其社會職責是輔助"三老"教學孝悌之道，地位低於"三老"；東漢後

三老五更制時興時廢，"五更"的社會地位有所變化（參見溫樂平《漢代"五更"考析》，《史學月刊》2010年第7期）。案，惠棟《後漢書補注》曰："《華陽國志》霸遷侍中，遂受五更，尊禮于文學。案，《漢官儀》云三老五更，皆取有首妻男女完具。是以國三老袁良碑云群司以君父子俱列三臺，夫人結髮，上爲三老，知結髮爲首妻也。然常璩載霸妻馬氏撫霸前妻子女，恩愛若一。則後妻亦得爲五更矣。"

　　[4]【李賢注】嬴、博，二縣名，屬泰山郡。《禮記》曰："延陵季子適齊，其長子死於嬴、博之間，因葬焉。"【今注】延州：指延陵季子。春秋時吳王諸樊之弟，多次推讓君位。先是封於延陵（今江蘇常州市），稱延陵季子。後又封於州來（今安徽鳳臺縣），遂稱延州來季子。

　　[5]【今注】副：符合。

　　[6]【今注】案，惠棟曰："《華陽國志》霸妻馬氏名敬司。霸卒，葬河南。敬司與諸子遷蜀。疾病，遺令告諸子曰：舜葬蒼梧，三妃不從。汝父在梁，吾自在蜀，亦各其志，勿違，吾敕遂葬蜀。"河南，郡名。治河南縣（今河南洛陽市西北）。梁縣，治所在今河南汝州市西。

　　[7]【今注】將作大匠：官名。秦稱將作少府，掌治宮室。西漢景帝中元六年（前144）改稱將作大匠。東漢沿置，秩二千石，掌修作宗廟、路寢、宮室、陵園土木工程等。　翟酺：字子超，廣漢雒（今四川廣漢市東）人。傳見本書卷四八。　案，儒門人，大德本、殿本作"門人"。　行：即行狀。追述死者生平事迹的文章。

　　楷字公超，通《嚴氏春秋》《古文尚書》，門徒常百人。賓客慕之，自父黨凤儒，偕造門焉。車馬填街，徒從無所止，黃門及貴戚之家，[1]皆起舍巷次，以候過客往來之利。楷疾其如此，輒徙避之。家貧無以爲業，常乘驢車至縣賣藥，足給食者，輒還鄉里。司隸舉茂才，[2]除長陵令，[3]不至官。隱居弘農山中，學者隨之，所居成市，後華陰山南遂有公超市。五府連辟，舉賢良方正，不就。[4]

[1]【今注】黃門：指宦官。

[2]【今注】茂才：即秀才。東漢時避光武帝劉秀諱而稱茂才。漢代選拔人才的科目之一。每年由郡國推舉一人。

[3]【今注】長陵：西漢高祖十二年（前195）置，屬左馮翊。治所在今陝西咸陽市東北。以漢高祖陵墓而得名。東漢屬京兆尹。

[4]【李賢注】五府，大傅、大尉、司徒、司空、大將軍也。【今注】賢良方正：中國古代選拔人才的科目之一。西漢文帝時，由郡國推舉文學之士充選。亦稱“賢良文學”。賢良，指品德高尚；方正，指品行端正。案，惠棟《後漢書補注》曰：“韋嗣立云，古者取士，先鄉曲之譽，然後辟于州，州已試，然後辟五府，五府著聞，乃升諸朝。”

漢安元年，[1]順帝特下詔告河南尹曰：[2]“故長陵令張楷行慕原憲，操擬夷、齊，[3]輕貴樂賤，竄跡幽藪，高志確然，[4]獨拔群俗。[5]前比徵命，[6]盤桓未至，[7]將主者翫習於常，[8]優賢不足，使其難進歟？郡時以禮發遣。”楷復告疾不到。

[1]【今注】漢安：東漢順帝劉保年號（142—144）。

[2]【今注】河南尹：官名。東漢光武帝建武十五年（39）置，爲京都雒陽所在河南郡長官，設一員，二千石；有丞一員，爲其副貳。主掌京都事務。案，惠棟《後漢書補注》曰：“《釋名》云

上敕下曰告，告，覺也，使之覺悟知己意也。《獨斷》曰：詔書者，詔誥也。有三品，其文曰告某官，官如故事，是爲詔書。”

[3]【李賢注】原憲，魯人，字子思，孔子弟子。清約守節，貧而樂道。【今注】夷齊：指伯夷、叔齊。

[4]【今注】確然：剛强。

[5]【今注】案，惠棟《後漢書補注》曰：“一作群儒。”

[6]【今注】案，比，大德本、殿本作“此”。

[7]【今注】盤桓：徘徊，逗留不前。

[8]【今注】將：或許。

　　性好道術，能作五里霧。時關西人裴優亦能爲三里霧，自以不如楷，從學之，楷避不肯見。桓帝即位，[1]優遂行霧作賊，事覺被考，[2]引楷言從學術。楷坐繫廷尉詔獄，積二年，恒諷誦經籍，作《尚書注》。後以事無驗，見原還家。建和三年，[3]下詔安車備禮聘之，[4]辭以篤疾不行。年七十，終於家。子陵。

　　[1]【今注】桓帝：東漢桓帝劉志，公元146年至167年在位。紀見本書卷七。

　　[2]【今注】案，考，大德本誤作“老”。

　　[3]【今注】建和：東漢桓帝劉志年號（147—149）。

　　[4]【今注】安車：可以坐乘的小車。高官告老，君主往往賜予安車，以示優容。安車多用一馬，禮尊者用四馬，故稱結駟。

　　陵字處沖，官至尚書。元嘉中，[1]歲首朝賀，大將軍梁冀帶劍入省，[2]陵呵叱令出，[3]敕羽林、虎賁奪冀劍。冀跪謝，陵不應，即劾奏冀，請廷尉論罪，有詔以一歲俸贖，而百僚肅然。

[1]【今注】元嘉：東漢桓帝劉志年號（151—153）。

[2]【今注】梁冀：字伯卓，安定烏氏（今寧夏固原市東南）人。梁統玄孫。父梁商去世，冀繼爲大將軍。傳見本書卷三四。省：省宮。即皇宮。

[3]【今注】案，大德本、殿本“呵叱”後有一“之”字。

初，冀弟不疑爲河南尹，舉陵孝廉。不疑疾陵之奏冀，因謂曰：“昔舉君，適所以自罰也。”陵對曰：“明府不以陵不肖，[1]誤見擢序，[2]今申公憲，以報私恩。”不疑有愧色。陵弟玄。

[1]【今注】明府：賢明的府君。漢代尊稱郡守、縣令一類的官職爲府君。

[2]【今注】擢序：選拔，推舉。

玄字處虛，沈深有才略，以時亂不仕。司空張溫數以禮辟，[1]不能致。中平二年，[2]溫以車騎將軍出征涼州賊邊章等，[3]將行，玄自田廬被褐帶索，要說溫曰：[4]“天下寇賊雲起，豈不以黃門常侍無道故乎？聞中貴人公卿已下當出祖道於平樂觀，[5]明公總天下威重，握六師之要，[6]若於中坐酒酣，鳴金鼓，整行陣，召軍正執有罪者誅之，引兵還屯都亭，以次翦除中官，[7]解天下之倒縣，報海內之怨毒，然後顯用隱逸忠正之士，則邊章之徒宛轉股掌之上矣。”溫聞大震，不能對，良久謂玄曰："處虛，非不悦子之言，顧吾不能行，如何！"玄乃歎曰："事行則爲福，不行則爲賊。今與公長辭矣。"即仰藥欲飲之。温前執其手曰："子忠於我，我不能用，是吾罪也，子何爲當然！且出口入耳之言，誰今知之！"[8]玄遂去，隱居魯陽山中。[9]及董卓秉政，聞之，辟以爲掾，舉侍御史，不就。卓臨之以兵，不得已彊起，至輪氏，道病終。[10]

[1]【今注】張温：字伯慎。東漢靈帝時任司空，後爲車騎將軍、衞尉。董卓乃使人誣衞尉張温與袁術交通，遂殺之。事見本書卷七二《董卓傳》。

[2]【今注】中平：東漢靈帝劉宏年號（184—189）。

[3]【今注】涼州：西漢武帝元封五年（前106）置，爲十三刺史部之一。東漢時刺史治隴縣（今甘肅清水縣北）。

[4]【今注】要：通"邀"。中途攔截。

[5]【今注】中貴人：皇帝所寵幸的近臣或宦官。《史記》卷一〇九《李將軍列傳》："天子使中貴人從廣勒習兵擊匈奴。"裴駰《集解》引《漢書音義》："内官之幸貴者。"　祖道：祭祀路神。
　案，已下，大德本、殿本作"以下"，是。

[6]【今注】六師：即六軍，統指軍隊。　要：樞要，重權。

[7]【今注】中官：宦官。

[8]【李賢注】《左傳》曰："言出於余口，入於爾耳。"【今注】案，王先謙《後漢書集解》曰："今當爲令之誤。文言出於子口入於我耳，我不言誰令他人知之。語意自順。"中華本校勘記按："今猶即也，則也，言誰則知之，王説未諦。"

[9]【李賢注】山在今汝州南。【今注】魯陽山：在今河南汝州市南。

[10]【李賢注】輪氏，縣，屬潁川郡，故城在今洛州洛陽縣

城西南。【今注】輪氏：縣名。治所在今河南登封市西。

　　贊曰：中世儒門，賈、鄭名學。衆馳一介，爭禮氈幄。[1]升、元守經，義偏情較，[2]霸貴知止，辭交戚里。公超善術，所舍成市。

　　[1]【李賢注】一介，單使也。《左傳》曰：“君亦不使一介行李告於寡君。”氈幄謂匈奴也。
　　[2]【今注】案，較，殿本作“駮”。

後漢書　卷三七

列傳第二十七

桓榮 子郁　孫焉　玄孫典　曾孫鸞　子曄^[1]　玄孫彬　丁鴻

[1]【今注】案，紹興本、大德本、殿本均無"子曄"二字。

　　桓榮字春卿，沛郡龍亢人也。^[1]少學長安，習《歐陽尚書》，^[2]事博士九江朱普。^[3]貧窶無資，^[4]常客傭以自給，^[5]精力不倦，十五年不闚家園。至王莽篡位乃歸。^[6]會朱普卒，榮奔喪九江，負土成墳，因留教授，徒衆數百人。莽敗，天下亂。榮抱其經書與弟子逃匿山谷，雖常飢困而講論不輟，後復客授江淮間。

　　[1]【李賢注】《續漢書》曰："榮本齊人，遷于龍亢，至榮六葉。"《東觀記》曰："榮本齊桓公後也。桓公作伯，支庶用其謚立族命氏焉。"【今注】沛郡：郡名。治相縣（今安徽淮北市相山區）。　龍亢：縣名。治所在今安徽懷遠縣西北。

　　[2]【今注】歐陽尚書：指西漢歐陽高所傳的今文《尚書》。

　　[3]【李賢注】朱普字公文，受業於平當，爲博士，徒衆尤盛。見《前書》。【今注】博士：官名。秦置，漢因之，隸屬九卿之一奉常（太常）。漢武帝罷黜百家之前，博士治各家之學，其後

乃專立儒學一家。掌議政、制禮、藏書、顧問及教授經學、考核人材、奉命出使等。初秩比四百石，後升比六百石。 九江：郡名。治壽春縣（今安徽壽縣）。東漢移治陰陵縣（今安徽定遠縣西北）。案，《漢書》卷八八《儒林傳》載曰："林尊字長賓，濟南人也。事歐陽高，爲博士，論石渠。後至少府、太子太傅，授平陵平當、梁陳翁生。當至丞相，自有傳。翁生信都太傅，家世傳業。由是歐陽有平、陳之學。翁生授琅邪殷崇、楚國龔勝。崇爲博士，勝右扶風，自有傳。而平當授九江朱普公文、上黨鮑宣。普爲博士，宣司隸校尉，自有傳。徒衆尤盛，知名者也。"

[4]【李賢注】《字林》曰："窶，空也。"

[5]【今注】客傭：寄居他鄉，被人僱用。

[6]【今注】王莽：字巨君。孝元皇后之弟子。平帝即位，年僅九歲，元后以太皇太后臨朝稱制，以王莽爲大司馬，委政於莽，號安漢公。平帝死，以孺子嬰爲帝，王莽自稱攝皇帝。三年後自稱皇帝，改國號爲新。史稱王莽篡漢。公元 9 年至 23 年在位。傳見《漢書》卷九九。

建武十九年，[1]年六十餘，始辟大司徒府。[2]時顯宗始立爲皇大子，[3]選求明經，乃擢榮弟子豫章何湯爲虎賁中郎將，[4]以《尚書》授太子。世祖從容問湯[5]本師爲誰，湯對曰："事沛國桓榮。"帝即召榮，令説《尚書》，甚善之。[6]拜爲議郎，[7]賜錢十萬，入使授太子。[8]每朝會，輒令榮於公卿前敷奏經書。[9]帝稱善，曰："得生幾晚！"會《歐陽》博士缺，帝欲用榮。榮叩頭讓曰："臣經術淺薄，不如同門生郎中彭閎、揚州從事皋弘。"帝曰："俞，往，女諧。"[10]因拜榮爲博士，引閎、弘爲議郎。

[1]【今注】建武：東漢光武帝劉秀年號（25—56）。

[2]【今注】大司徒：建武十五年，關内侯戴涉爲大司徒。建武二十年，大司徒戴涉下獄死。故此大司徒指戴涉。

[3]【今注】顯宗：東漢明帝劉莊，公元57至75年在位。顯宗爲其廟號。紀見本書卷二。　案，大子，紹興本、大德本、殿本作“太子”，本卷下文不再出注。

[4]【今注】豫章：郡名。治南昌縣（今江西南昌市東）。虎賁中郎將：官名。漢置，爲光禄勳屬官，掌虎賁宿衞，光武帝、明帝時常以侍中兼領之，其後多以貴戚充任，或領兵出征。秩比二千石。

[5]【李賢注】從音七容反。【今注】世祖：東漢光武帝劉秀，公元25年至57年在位。世祖爲其廟號。紀見本書卷一。

[6]【李賢注】《謝承書》曰：“何湯字仲弓，豫章南昌人也。榮門徒常四百餘人，湯爲高第（第，殿本誤作‘弟’），以才明知名。榮年四十無子，湯乃去榮妻爲更娶，生三子，榮甚重之。後拜郎中，守開陽門候。上微行夜還，湯閉門不納，更從中東門入。明旦，召詣太官賜食（太，殿本誤作‘大’），諸門候皆奪俸。建武十八年夏旱（八，大德本、殿本誤作‘六’），公卿皆暴露請雨。洛陽令著車蓋出門，湯將衞士鉤令車收案，有詔免令官，拜湯虎賁中郎將。上嘗歎曰：‘赳赳武夫（赳赳，大德本、殿本誤作“糾糾”），公侯干城，何湯之謂也。’湯以明經當授太子（當，紹興本、殿本誤作‘嘗’），推薦榮，榮拜五更，封關内侯。榮常言曰（常，殿本誤作‘嘗’）：‘此皆何仲弓之力也。’”【今注】案，王先謙《後漢書集解》引周壽昌曰：“漢法以無子出妻爲常律。若在後世，駭人聽聞矣。又漢時頗多夫婦之獄，如馮衍兩出其妻，黄允附貴出妻，范升爲出妻所控，被繫幾困於獄。殆一時風氣使然。榮之出妻，或别有不得已，非但以無子也。”可參見趙妍、秦進才《兩漢“無子出妻”問題芻議》（《牡丹江師範學院學報》2017年第5期），趙妍《淺析兩漢士人出妻問題》（《邢臺學院

學報》2017 年第 3 期）。

[7]【今注】議郎：西漢置，隷光禄勳。爲高級郎官，不入直宿衛，職掌顧問應對，參與議政，指陳得失，爲皇帝近臣，秩比六百石。東漢更爲顯要，常選任者儒名士、高級官吏，除議政外，亦或給事宫中近署。

[8]【今注】案，王先謙《後漢書集解》引劉攽曰：“案文‘入使’當作‘使入’。”王先謙亦曰：“《書鈔》五十六引《續漢書》正作‘使入授太子’。”中華本校勘記則曰：“按：孔廣陶校注本《北堂書鈔》五十六引《續漢書》作‘入授太子’，無‘使’字。張森楷《校勘記》謂《治要》無‘使’字。”

[9]【今注】敷奏：陳述解説。

[10]【李賢注】《續漢書》曰：“閎字作明。”俞，然也。然其所舉，勑令往，言汝能和諧此官。《謝承書》曰：“皋弘字秦卿（秦，大德本、殿本作‘奉’，是），吴郡人也。家代爲冠族。少有英才，與桓榮相善。子徽，至司徒長史”也。【今注】案，女，大德本、殿本作“汝”。

車駕幸大學，[1]會諸博士論難於前，榮被服儒衣，温恭有藴籍，[2]辯明經義，每以禮讓相猒，不以辭長勝人，儒者莫之及，[3]特加賞賜。又詔諸生雅吹擊磬，盡日乃罷。[4]後榮入會庭中，詔賜奇果，受者皆懷之，榮獨舉手捧之以拜。帝笑指之曰：“此真儒生也。”以是愈見敬厚，常令止宿大子宫。[5]積五年，榮薦門下生九江胡憲侍講，乃聽得出，[6]旦一入而已。榮嘗寢病，大子朝夕遣中傅問病，賜以珍羞、帷帳、奴婢，[7]謂曰：“如有不諱，無憂家室也。”[8]後病愈，復入侍講。

[1]【今注】車駕：代指皇帝。　案，大學，大德本、殿本作

"太學"。

[2]【李賢注】蘊籍猶言寬博有餘也。蘊音於問反。【今注】蘊籍：大度。

[3]【李賢注】猒，服也。音一葉反。

[4]【李賢注】吹管奏雅頌也。

[5]【今注】案，惠棟《後漢書補注》曰："《抱朴子》曰，明帝在東宮從榮受《孝經》。"

[6]【今注】聽：許可。

[7]【今注】羞：食物。

[8]【李賢注】不諱謂死也。死者人之常，故言不諱也。

二十八年，大會百官，詔問誰可傅大子者，群臣承望上意，皆言大子舅執金吾原鹿侯陰識可。[1]博士張佚正色曰："今陛下立大子，爲陰氏乎？爲天下乎？即爲陰氏，則陰侯可；爲天下，則固宜用天下之賢才。"帝稱善，曰："欲置傅者，以輔大子也。今博士不難正朕，況大子乎？"即拜佚爲大子大傅，[2]而以榮爲少傅，[3]賜以輜車、乘馬。榮大會諸生，陳其車馬、印綬，曰："今日所蒙，稽古之力也，可不勉哉！"榮以大子經學成畢，上疏謝曰："臣幸得侍帷幄，[4]執經連年，而智學淺短，無以補益萬分。今皇大子以聰叡之姿，通明經義，觀覽古今，儲君副主莫能專精博學若此者也。斯誠國家福祐，天下幸甚。臣師道已盡，皆在大子，謹使掾臣氾再拜歸道。"[5]大子報書曰："莊以童蒙，[6]學道九載，而典訓不明，無所曉識。夫五經廣大，聖言幽遠，非天下之至精，豈能與於此！[7]況以不才，敢承誨命。昔之先師謝弟子者有矣，上則通達經旨，分明章句，[8]下則去家慕鄉，求謝師門。[9]今蒙下列，[10]不敢有辭，願君慎疾加餐，重愛玉體。"[11]

[1]【李賢注】言可任也。【今注】執金吾：西漢武帝太初元年（前104）由中尉改名。職掌京師治安，督捕盜賊，負責宮廷之外、京城之內的警衛，戒備非常水火之事，管理中央武庫，皇帝出行則掌護衛及儀仗隊。秩中二千石。王莽始建國元年（9）更名奮武，東漢復舊。京師治安多委司隸校尉，遂減省屬官，唯領一丞及武庫令、丞，罷其兵，領緹騎二百人，專掌巡察宮外及主中央武庫。　原鹿：侯國名。東漢建武十五年（39）置，屬汝南郡。治所在今安徽阜南縣西南公橋集東。　陰識：字次伯，南陽新野（今河南新野縣）人。光烈皇后同父異母兄。傳見本書卷三二。

[2]【今注】大子大傅：太子太傅，官名。與太子少傅並稱太子二傅。西漢初掌保養、監護、輔翼太子，昭、宣以後兼掌教諭訓導。秩二千石。與太子少傅同領太子門大夫、庶子、洗馬、舍人等東宮官屬。新莽改名太子師。東漢復故，秩中二千石，掌輔導太子，不領東宮官屬及庶務，諸屬官由少傅主之。太子於二傅執弟子之禮，太傅不稱臣。案，大傅，紹興本、大德本、殿本作"太傅"。本卷下文不再出注。

[3]【今注】少傅：太子少傅。

[4]【今注】帷幄：帳幕。此處代指太子。

[5]【李賢注】《續漢書》曰："三公東西曹掾四百石，餘掾比二百石。"歸猶謝也。

[6]【今注】報書：回信。　莊：漢明帝劉莊自稱。

[7]【李賢注】此上二句，《周易》之繫辭。與音預。

[8]【李賢注】《前書》丁寬受學於田何，學成，何謝寬，寬東歸，何謂門人曰："《易》東矣。"是先師謝弟子。

[9]【李賢注】《韓詩外傳》曰"孔子行，見皋魚哭。孔子曰：'子非有喪，何哭悲也?'皋魚曰：'吾少而好學，周流諸侯，

以没吾親。樹欲静而風不止，子欲養而親不待。往而不可追者年也，去而不見者親也。'孔子曰：'弟子識之。'於是門人辭歸者十有三"也。

[10]【今注】今蒙下列：指在弟子之列。

[11]【李賢注】《史記》曰："伏聞大后玉體不安（大，紹興本、大德本作'太'，是）。"君子於玉比德，故以言也。

三十年，拜爲大常。[1]榮初遭倉卒，[2]與族人桓元卿同飢厄，而榮講誦不息。元卿嗤榮曰："但自苦氣力，何時復施用乎？"榮笑不應。及爲大常，元卿歎曰："我農家子，豈意學之爲利乃若是哉！"[3]

[1]【今注】大常：太常。位列九卿之首，官居清要，職務繁重，多由列侯充任。主管祭祀社稷、宗廟和朝會、喪葬禮儀，管理皇帝陵墓、寢廟所在縣邑，每月巡視諸陵，兼管文化教育，博士和博士弟子的考核、薦舉、補吏亦由其主持。西漢中期以後職權逐漸分化削弱，考試之權轉歸尚書，陵邑劃屬三輔。新莽時改名秩宗。東漢復舊，秩中二千石。大常，紹興本、大德本作"太常"，本卷下文不再出注。

[2]【今注】倉卒：指處境艱難。

[3]【李賢注】《東觀漢記》曰："榮爲大常（大，紹興本、大德本作'太'），元卿來候榮，榮諸弟子謂曰：'平生笑盡氣力，今何如？'元卿曰：'我安能知此哉！'"【今注】案，《東觀漢記》卷一五《桓榮傳》曰："後榮爲太常，元卿來候榮，榮諸弟子謂曰：'平生笑君盡氣，今何如？'元卿曰：'我農民，安能預知此。'"與李賢注略有不同。

顯宗即位，尊以師禮，甚見親重，拜二子爲郎。

榮年踰八十，自以衰老，數上書乞身，[1]輒加賞賜。乘輿嘗幸大常府，令榮坐東面，設几杖，[2]會百官驃騎將軍東平王蒼以下及榮門生數百人，[3]天子親自執業，[4]每言輒曰“大師在是”。[5]既罷，悉以大官供具賜大常家。[6]其恩禮若此。

[1]【今注】乞身：古代官員因年老而自請退職，又稱“乞骸骨”。

[2]【今注】几杖：几案和手杖，以供老人坐時依靠或行時扶持。古代設几杖爲敬老之禮。

[3]【今注】驃騎將軍：官名。驃，亦作“票”。西漢武帝置爲重號將軍，僅次於大將軍，秩萬石。東漢位比三公，地位尊崇。
東平王蒼：光武帝子。建武十五年（39）封東平公，十七年進爵爲王。少好經書，明帝時曾參與制定南北郊冠冕車服制度。明帝、章帝時備受禮遇，常諮訪政事。有《光武受命中興頌》，文辭典雅。卒後謚憲王。傳見本書卷四二。

[4]【今注】執業：持經書誦習。《資治通鑑》卷四四《漢紀》顯宗孝明皇帝永平二年胡三省注云“執業猶執經也”。《初學記》卷一二引《華嶠書》作“執經”。

[5]【李賢注】《東觀記》曰“時執經生避位發難，上謙曰‘大師在是’”也。

[6]【今注】大官：太官。官名，也是官署名，戰國秦置。見《睡虎地秦墓竹簡·秦律雜抄》。秦漢沿置，掌宮廷膳食，由令、丞主之，屬少府。大官，紹興本、大德本作“太官”，本卷下文不再出注。

永平二年，[1]三雍初成，拜榮爲五更。[2]每大射養老禮畢，帝輒引榮及弟子升堂，執經自爲下説。[3]乃封榮爲關內侯，[4]食邑五千户。[5]

[1]【今注】永平：東漢明帝劉莊年號（58—75）。

[2]【李賢注】三雍，宫也，謂明堂、靈臺、辟雍。《前書音義》曰：“皆叶天人雍和之氣爲之，故謂三雍。”五更，解見《明紀》。【今注】五更：有學者指出，“五更”是一位知曉五行之道且在仕的年耆德茂的長老，“五更”的身份地位是卿大夫；設置“五更”的目的是陳明悌順之道，教化天下；“五更”與“三老”分別代表了傳統的悌、孝倫理，是帝王宣教孝悌之道的行爲象徵，是忠事君主的倫理依據；“五更”的選拔標準與要求比較高，其社會職責是輔助“三老”教學孝悌之道，地位低於“三老”；東漢後三老五更制時興時廢，“五更”的社會地位有所變化。（參見温樂平《漢代“五更”考析》，《史學月刊》2010年第7期）

[3]【李賢注】下説謂下語而講説之也。【今注】執經自爲下説：意謂捧着經書以自問自答的方式向桓榮求教。

[4]【今注】關內侯：二十等爵制的第十九級，地位僅次於列侯。列侯有封邑，能食其邑之租税。而關內侯僅有封號而無封邑，寄食於關內三輔地區。

[5]【李賢注】《東觀記》曰：“榮以《尚書》授朕十有餘年。《詩》云：‘日就月將，示我顯德行。’乃封之。”【今注】案，《北堂書鈔》卷四八引《東觀記》曰：“榮以《尚書》授朕十有餘年。《詩》云：‘日就月將，示我顯德行。’其賜爵關內侯，食邑五千户。”吴樹平《東觀漢記校注》曰：“姚本、聚珍本作‘五百户’，而范曄《後漢書·明帝紀》《桓榮傳》作‘五千户’，《書鈔》卷六七引同。”（中華書局2008年版，第640頁）沈欽韓《後漢書疏證》曰：“《東觀記》作‘五百户’爲是。”

榮每疾病，帝輒遣使者存問，大官、大醫相望於道。[1]及篤，[2]上疏謝恩，讓還爵土。帝幸其家問起居，入街下車，擁經而前，[3]撫榮垂涕，賜以牀茵、帷帳、刀劍、衣被，良久乃去。自是諸侯將軍大夫問疾者，不敢復乘車到門，皆拜牀下。榮卒，帝親自變服，臨喪送葬，賜冢塋于首山之陽。[4]除兄子二人補四百石，都講生八人補二百石，其餘門徒多至公卿。[5]子郁嗣。[6]

[1]【今注】案，大醫，紹興本、大德本、殿本作"太醫"，本卷下文不再出注。

[2]【今注】篤：病重。

[3]【今注】案，沈欽韓《後漢書疏證》曰："《宋書·禮志》國子太學生執一卷經以代手版。蓋明帝以弟子自處。"

[4]【李賢注】首陽山在今偃師縣西北也。【今注】首山之陽：即首陽山。在今河南偃師市西北。

[5]【李賢注】《華嶠書》曰："榮弟子丁鴻學最高。"

[6]【李賢注】《華嶠書》曰："榮長子雍早卒，少子郁嗣。"

論曰：張佚訐切陰侯，[1]以取高位，危言犯衆，[2]義動明后，[3]知其直有餘也。若夫一言納賞，志士爲之懷恥；[4]受爵不讓，風人所以興歌。[5]而佚廷議戚援，自居全德，[6]意者以廉不足乎？昔樂羊食子，有功見疑；西巴放麑，以罪作傅。[7]蓋推仁審僞，本乎其情。君人者能以此察，則真邪幾於辨矣。[8]

[1]【今注】訐切：責備，檢舉。

[2]【今注】危言：正直的言論。

[3]【今注】明后：明帝。后，指君主。

[4]【李賢注】秦兵圍趙，時魯仲連在趙，因說令退兵。平

原君趙勝乃以千金爲仲連壽，連笑曰："所貴於天下之士者，能排患解紛而無取也。即有取者，是商賈之事也，而連不忍爲也。"遂去，終身不復見。見《史記》也。【今注】案，事見《史記》卷八三《魯仲連鄒陽列傳》、《戰國策·趙策三》。

[5]【李賢注】《詩·小雅·角弓篇》曰："受爵不讓，至於己斯亡。"風人猶詩人也。

[6]【李賢注】佚諫云"當用天下之賢才"，而乃自當其任，故曰"自居全德"。全德言無玷缺也。《莊子》曰"是謂全德"也。

[7]【李賢注】並解見《吳漢傳》。【今注】樂羊食子有功見疑：事見《戰國策·魏策一》。樂羊擔任魏國將領攻打中山，其子在中山國。中山國君烹殺樂羊的兒子，並用他兒子的肉煮成湯送給樂羊喝，樂羊在帳幕中飲了一口。戰事後，魏文侯在獎賞樂羊戰功時，却懷疑樂羊的品德。 西巴放麑以罪作傅：事見《韓非子·説林上》。孟孫獵獲了一隻麑，讓秦西巴帶回家。麑母一直跟着啼哭，秦西巴不忍心就放了這隻麑。孟孫大怒，趕走了秦西巴。過了三月，孟孫又召回秦西巴，且請他當了孩子的老師。

[8]【李賢注】幾，近也，音鉅依反。【今注】案，王先謙《後漢書集解》謂"真"蓋"貞"之誤。

郁字仲恩，少以父任爲郎。敦厚篤學，傳父業，以《尚書》教授，門徒常數百人。榮卒，郁當襲爵，上書讓於兄子汎，顯宗不許，不得已受封，悉以租入與之。帝以郁先師子，有禮讓，甚見親厚，常居中論經書，問以政事，稍遷侍中。[1]帝自制《五家要説章句》，令郁校定於宣明殿，[2]以侍中監虎賁中郎將。[3]

[1]【李賢注】《東觀記》曰"永平十四年爲議郎，遷侍中"

也。【今注】侍中：官名。秦朝始置，西漢爲加官。侍從皇帝左右。王莽秉政，復令與宦官同止禁中。東漢置爲正式職官，秩比二千石。

［2］【李賢注】《華嶠書》曰"帝自制《五行章句》"，此言"五家"，即謂五行之家也。宣明殿在德陽殿後。《東觀記》曰："上謂郁曰：'卿經及先師，致復文雅。'其冬，上親於辟雍，自講所制《五行章句》已，復令郁説一篇。上謂郁曰：'我爲孔子，卿爲子夏，起予者商也。'又問郁曰：'子幾人能傳學?'郁曰：'臣子皆未能傳學，孤兄子一人學方起'。上曰：'努力教之，有起者即白之。'"【今注】案，沈欽韓《後漢書疏證》曰："五家謂歐陽、林尊、平當、朱普、桓榮也。《華嶠書》作五行似專言《洪範五行》，非也。"

［3］【今注】監：似作"兼"。

永平十五年，入授皇太子經，[1]遷越騎校尉，[2]詔敕太子、諸王各奉賀致禮。郁數進忠言，多見納録。[3]肅宗即位，[4]郁以母憂乞身，[5]詔聽以侍中行服。[6]建初二年，[7]遷屯騎校尉。[8]

［1］【今注】皇太子：東漢章帝劉炟，公元75年至88年在位。紀見本書卷三。

［2］【今注】越騎校尉：官名。兩漢皆置，爲八校尉之一，掌越騎。西漢秩二千石，有丞，掌治文書；有司馬，掌領兵。東漢秩比二千石，無丞，有司馬一人，掌領宿衛兵。吏員一百二十七人，領士七百人。

［3］【李賢注】《東觀記》曰："皇太子賜郁鞍馬、刀劍，郁乃上疏皇太子曰：'伏見太子體性自然，包含今古，謙謙允恭，天下共見。郁父子受恩，無以明益，夙夜憼懼，誠思自竭。愚以爲太子上當合聖心，下當卓絶於衆，宜思遠慮，以光朝廷。'"

[4]【今注】蕭宗：漢章帝劉炟。

[5]【今注】母憂：母親喪事。

[6]【李賢注】《華嶠書》曰“郁上書乞身，天子憂之，有詔公卿議。議者皆以郁身爲名儒，學者之家（家，殿本作‘宗’，是），可許之，於是詔郁以侍中行服”也。【今注】行服：服喪守孝。

[7]【今注】建初：東漢章帝劉炟年號（76—84）。

[8]【今注】屯騎校尉：漢武帝初置，掌騎士，屬官有丞和司馬，秩二千石。東漢時秩比二千石，領宿衛兵七百人。

和帝即位，[1]富於春秋，侍中竇憲自以外戚之重，[2]欲令少主頗涉經學，[3]上疏皇大后曰：[4]“《禮記》云：‘天下之命，懸於天子；天子之善，成乎所習。習與智長，則切而不勤；化與心成，則中道若性。昔成王幼小，[5]越在襁保，周公在前，[6]史佚在後，[7]大公在左，[8]召公在右。[9]中立聽朝，四聖維之。[10]是以慮無遺計，舉無過事。’[11]孝昭皇帝八歲即位，[12]大臣輔政，[13]亦選名儒韋賢、蔡義、夏侯勝等入授於前，平成聖德。[14]近建初元年，張酺、魏應、召訓亦講禁中。[15]臣伏惟皇帝陛下，躬天然之姿，[16]宜漸教學，而獨對左右小臣，未聞典義。昔五更桓榮，親爲帝師，子郁，結髮敦尚，[17]繼傳父業，故再以校尉入授先帝，父子給事禁省，更歷四世，今白首好禮，經行篤備。又宗正劉方，[18]宗室之表，善爲《詩經》，先帝所褒。宜令郁、方並入教授，以崇本朝，光示大化。”由是遷長樂少府，[19]復入侍講。頃之，轉爲侍中奉車都尉。[20]永元四年，[21]代丁鴻爲大常。明年，病卒。

[1]【今注】和帝：東漢和帝劉肇，公元88年至105年在位。紀見本書卷四。

[2]【今注】竇憲：字伯度，扶風平陵（今陝西咸陽市西北）人。傳見本書卷二三。

[3]【今注】少主：指漢和帝劉肇。

[4]【今注】皇大后：東漢章帝竇皇后。紹興本、大德本、殿本作“皇太后”。

[5]【今注】成王：周成王。

[6]【今注】周公：周公旦。

[7]【今注】史佚：西周史官。

[8]【今注】大公：姜太公。紹興本、大德本、殿本作“太公”。

[9]【今注】召公：周召公奭。

[10]【今注】四聖：指周公、史佚、太公、召公。

[11]【李賢注】自《禮記》以下，至此以上，皆《大戴禮》之文也。切而不勤，謂習與智長，則常自切屬而不須勤勒，若性猶自然也。襁絡也（絡，大德本、殿本作“綰”）；保（保，大德本、殿本作“褓”），小兒被也。“保”當作“褓”，古字通也。史佚，成王時史官，名佚，賢者也。維，持也。遺，失也。

[12]【今注】孝昭皇帝：西漢昭帝劉弗陵，公元前87年至前74年在位。紀見《漢書》卷七。

[13]【今注】大臣輔政：指霍光等輔佐昭帝。

[14]【李賢注】韋賢字長孺（孺，大德本作“儒”），魯國鄒人，治《魯詩》。蔡義，河内溫人也，爲《韓詩》，給事中也。夏侯勝，魯人也，字長公，治《歐陽尚書》。並見《前書》。【今注】韋賢：字長孺，魯國鄒（今山東鄒城市東南）人。號稱鄒魯大儒，爲博士、給事中，進授昭帝《詩》。宣帝時爲長信少府。後爲丞相。傳見《漢書》卷七三。　蔡義：河内溫（今河南溫縣）人。爲昭帝説《韓詩》而拜光禄大夫、給事中。後爲丞相。傳見

《漢書》卷六六。　夏侯勝：字長公，東平（今山東東平縣東南）人。西漢昭帝時爲博士、光禄大夫，宣帝時爲長信少府。傳見《漢書》卷七五、卷八八。　平成：形成。

[15]【李賢注】醣等並自有傳。【今注】張醣：字孟侯，汝南細陽（今安徽太和縣東南）人。傳見本書卷四五。　魏應：字君伯，任城（今山東濟寧市東南）人。傳見本書卷七九下。　召訓：又作“召馴”。字伯春。傳見本書卷七九下。

[16]【今注】案，惠棟《後漢書補注》曰：“桓譚《新論》曰，聖人天然之姿，所以絶人遠者也。”

[17]【今注】結髮：束髮。指年輕的時候。

[18]【今注】劉方：王先謙《後漢書集解》引錢大昕曰：“方，平原人。范史無傳。考章帝元和二年，詔書稱襄城令劉方，則其時方尚爲縣令。至永元四年，由宗正拜司空，首尾裁八年爾。頗怪其遷轉之驟。今觀竇憲疏乃知方以宗室，通經術，故有不次之擢也。”

[19]【今注】長樂少府：官名。西漢平帝元始四年（4）改長信少府置。掌皇太后宫中事務，秩二千石。東漢因之，不常置。長樂，即長樂宮。本秦之興樂宮。西漢高祖五年（前202）重加擴建，改名長樂宮。在今陝西西安市西北十五里、漢長安城東隅。

[20]【今注】奉車都尉：武帝初置，掌御乘輿車，出則陪乘，入則侍從，秩比二千石。後也奉命外屯或領兵征伐。

[21]【今注】永元：東漢和帝劉肇年號（89—105）。

　　郁經授二帝，[1]恩寵甚篤，賞賜前後數百千萬，顯於當世。門人楊震、朱寵，皆至三公。[2]

[1]【今注】案，經授，大德本作“教授”。從文意看，底本更確。

[2]【李賢注】《鄧騭傳》曰：“朱寵字仲威，京兆人也。篤

行好學，從桓榮受《尚書》（受，大德本、殿本作‘授’，是），
位至大尉（大，紹興本、大德本作‘太’，是）。"【今注】楊震：
字伯起，弘農華陰（今陝西華陰市東）人。傳見本書卷五四。

初，榮受朱普學章句四十萬言，浮辭繁長，多過
其實。[1]及榮入授顯宗，減爲二十三萬言。郁復删省定
成十二萬言。由是有《桓君大小大常章句》。

[1]【李賢注】長音直亮反。

子普嗣，傳爵至曾孫。郁中子焉，能世傳其家
學。[1]孫鸞、曾孫彬，並知名。

[1]【李賢注】《華嶠書》曰："郁六子，普、延、焉、俊、
酆、良。普嗣侯，傳國至曾孫，絕。酆、良子孫皆博學有才能。"

焉字叔元，少以父任爲郎。明經篤行，有名稱。
永初元年，[1]入授安帝，[2]三遷爲侍中步兵校尉。永寧
中，[3]順帝立爲皇大子，[4]以焉爲大子少傅，月餘，遷
大傅，以母憂自乞，聽以大夫行喪。踰年，詔使者賜
牛酒，奪服，[5]即拜光禄大夫，[6]遷大常。時廢皇大子
爲濟陰王，焉與大僕來歷、廷尉張皓諫，[7]不能得，事
已具《來歷傳》。

[1]【今注】永初：東漢安帝劉祜年號（107—113）。
[2]【今注】安帝：東漢安帝劉祜，公元 106 年至 125 年在位。
紀見本書卷五。

[3]【今注】永寧：東漢安帝劉祜年號（120—121）。

[4]【今注】順帝：東漢順帝劉保，公元125年至144年在位。紀見本書卷六。

[5]【今注】奪服：沈欽韓《後漢書疏證》曰："後世所謂奪情。《皇甫誕碑》尋詔奪情，復其舊任。趙昇《朝野類要》云已解官持服，而朝廷特再推用者，名起復。起復即奪情也。今人以禫後即吉爲起復者，誤。"

[6]【今注】光禄大夫：西漢武帝時改中大夫置，掌論議。西漢晚期，多作爲貴戚重臣的加官。屬光禄勳，秩比二千石。無員限。東漢時，因權臣不復冠此號，漸成閑散之職，雖仍掌顧問應對，但多用以拜假賵贈之使，及監護諸國嗣喪事。

[7]【今注】大僕：秦漢皆置，掌皇帝專用車馬。秩中二千石，位列九卿。大僕，紹興本、大德本、殿本作"太僕"，本卷下文不再出注。　來歷：字伯珍，南陽新野（今河南新野縣）人。其母爲顯宗女武安公主。延光元年（122），尊歷母爲長公主。二年，遷歷太僕。傳見本書卷一五。　張皓：字叔明，犍爲武陽（今四川眉山市彭山區）人。傳見本書卷五六。

　　順帝即位，拜大傅，與大尉朱寵並録尚書事。焉復入授經禁中，因讌見，建言宜引三公、尚書入省事，[1]帝從之。以焉前廷議守正，封陽平侯，固讓不受。視事三年，坐辟召禁錮者爲吏免。復拜光禄大夫。陽嘉二年，[2]代來歷爲大鴻臚，[3]數日，遷爲大常。永和五年，[4]代王龔爲大尉。[5]漢安元年，[6]以日食免。明年，卒於家。

[1]【李賢注】省猶視也（也，大德本、殿本作"事"）。

[2]【今注】陽嘉：東漢順帝劉保年號（132—135）。

　　[3]【今注】大鴻臚：秦和西漢初稱典客，掌管歸降的少數民族。漢景帝中六年（前144）改稱大行令，漢武帝太初元年（前104）又更名大鴻臚。王莽時改稱典樂。東漢又復稱大鴻臚，設卿一人，秩中二千石。掌諸侯和四方歸降的少數民族。本書《百官志二》："大鴻臚，卿一人，中二千石。本注曰：掌諸侯及四方歸義蠻夷。其郊廟行禮，贊導，請行事，既可，以命群司。諸王入朝，當郊迎，典其禮儀。及郡國上計，匡四方來，亦屬焉。皇子拜王，贊授印綬。及拜諸侯、諸侯嗣子及四方夷狄封者，臺下鴻臚召拜之。王薨則使弔之，及拜王嗣。"

　　[4]【今注】永和：東漢順帝劉保年號（136—141）。

　　[5]【今注】王龔：字伯宗，山陽高平（今山東鄒城市西南）人。傳見本書卷五六。

　　[6]【今注】漢安：東漢順帝劉保年號（142—144）。

　　弟子傳業者數百人，黃瓊、楊賜最爲顯貴。[1]焉孫典。[2]

　　[1]【今注】黃瓊：字世英，江夏安陸（今湖北雲夢縣）人。傳見本書卷六一。　　楊賜：字伯獻，弘農華陰（今陝西華陰市東）人。傳見本書卷五四。

　　[2]【李賢注】《華嶠書》曰："焉長子衡，早卒。中子順，順子典。"

　　典字公雅，復傳其家業，[1]以《尚書》教授潁川，[2]門徒數百人。舉孝廉爲郎。居無幾，會國相王吉以罪被誅，[3]故人親戚莫敢至者。典獨弃官收斂歸葬，服喪三年，負土成墳，爲立祠堂，盡禮而去。

[1]【李賢注】《華嶠書》曰"典十二喪父母，事叔母如事親（親，大德本誤作'焉'）。立廉操，不取於人，門生故吏問遺，一無所受"也。

[2]【今注】潁川：郡名。治陽翟縣（今河南禹州市）。

[3]【李賢注】沛相。【今注】國相：沛國相。　王吉：陳留浚儀（今河南開封市鼓樓區）人。傳見本書卷七七。

　　辟司徒袁隗府，[1]舉高第，[2]拜侍御史。[3]是時宦官秉權，典執正無所回避。[4]常乘驄馬，京師畏憚，爲之語曰："行行且止，避驄馬御史。"及黃巾賊起滎陽，[5]典奉使督軍。賊破，還，以牾宦官賞不行。[6]在御史七年不調，[7]後出爲郎。

　　[1]【今注】司徒：官名。西漢哀帝元壽二年（前1）改丞相爲大司徒，東漢光武帝建武二十七年（51）改名司徒，與太尉、司空並爲三公，分掌宰相職能，秩萬石。　袁隗：字次陽。袁安曾孫。獻帝初，隗爲太傅。後被董卓殺害。事見本書卷四五《袁安傳》。

　　[2]【今注】高第：舊稱考試或官吏考績列入優等。

　　[3]【今注】侍御史：官名。西漢時爲御史大夫屬官，掌受公卿奏事，監察文武官員等，秩六百石。王莽時改侍御史爲執法。東漢復舊，爲御史臺屬官，於糾彈本職之外，常奉命出使州郡，巡行風俗，督察軍旅，職權頗重。

　　[4]【今注】案，正，紹興本、大德本、殿本作"政"。王先謙《後漢書集解》引劉攽曰："案，典爲御史，非執政者。政當作正。"

　　[5]【今注】滎陽：縣名。治所在今河南鄭州市西北古滎鎮。

　　[6]【今注】牾：牴觸。

　　[7]【今注】案，七年，《華嶠書》作"十年"。

　　靈帝崩，[1]大將軍何進秉政，[2]典與同謀議，三遷羽林中郎將。[3]獻帝即位，[4]三公奏典前與何進謀誅閹官，功雖不遂，忠義炳著。詔拜家一人爲郎，賜錢二十萬。

　　[1]【今注】靈帝：東漢靈帝劉宏，公元 168 年至 189 年在位。紀見本書卷八。

　　[2]【今注】何進：字遂高，南陽宛（今河南南陽市卧龍區）人。傳見本書卷六九。

　　[3]【李賢注】《華嶠書》曰"遷平津都尉、鉤盾令、羽林中郎將"也。【今注】羽林中郎將：西漢宣帝令中郎將監羽林禁軍，稱羽林中郎將，主羽林郎，掌宿衛侍從。屬光禄勳，秩比二千石。東漢沿置，多由外戚或功臣子弟等親信充任。案，王先謙《後漢書集解》引劉攽曰："案，平津非郡，何得有都尉。蓋是平準令誤。準爲津，因轉令爲都尉也。典又爲鉤盾令，故知其必是中都官也。"而陳景雲曰："靈帝中平元年，因黄巾之變，特置八關都尉官，平津其一也。見《帝紀》注。劉説非。"

　　[4]【今注】獻帝：東漢獻帝劉協，公元 189 年至 220 年在位。紀見本書卷九。

　　從西入關，拜御史中丞，[1]賜爵關内侯。車駕都許，[2]遷光禄勳。建安六年，[3]卒官。

　　[1]【今注】御史中丞：西漢始置，東漢獨立爲御史臺長官，名義上隸少府，專掌監察、執法，領治書侍御史、侍御史，常受命領兵，出督軍旅。與司隸校尉、尚書令並號"三獨坐"，爲京師顯官，職權甚重。秩千石。

　　[2]【今注】許：在今河南許昌市東古城。東漢建安初，曹操

迎獻帝都此。

〔3〕【今注】建安：東漢獻帝劉協年號（196—220）。

鸞字始春，焉弟子也。[1]少立操行，褞袍糟食，不求盈餘。[2]以世濁，州郡多非其人，恥不肯仕。

〔1〕【李賢注】《東觀記》曰"鸞父良，龍舒侯相"也。

〔2〕【李賢注】《東觀記》曰"鸞貞亮之性，著乎幼沖。學覽六經，莫不貫綜。推財孤寡，分賄友朋。泰於待賢，狹於養己。常著大布褞袍，糲食醋餐"也（糲，大德本誤作"廳"）。【今注】褞袍：粗布衣服。 糟食：粗劣的飲食，或言苦食。

年四十餘，時大守向苗有名迹，乃舉鸞孝廉，遷爲膠東令。[1]始到官而苗卒，鸞即去職奔喪，終三年然後歸，淮汝之間高其義。後爲巳吾、汲二縣令，[2]甚有名迹。諸公並薦，復徵辟拜議郎。[3]上陳五事：舉賢才，審授用，黜佞倖，省苑囿，息役賦。書奏御，啎內豎，故不省。以病免。中平元年，[4]年七十七，卒于家。子曄。

〔1〕【今注】膠東：縣名。東漢改鬱秩縣置，屬北海國。治所在今山東平度市。案，中華本校勘記曰："《校補》引錢大昭説，謂鸞，沛國人，苗當爲國相，桓典之爲孝廉，國相王吉舉之，是其證。此云'太守'誤。"

〔2〕【李賢注】《東觀記》曰："陳留巳吾長（殿本'陳'前有'除'字），旬月閒遷河內汲令。"【今注】巳吾：縣名。東漢和帝永元十一年（99）置，屬陳留郡。治所在今河南寧陵縣西南三十九里巳吾城。 汲：縣名。治所在今河南衛輝市西南二十里

汲城。

　　[3]【今注】案，王先謙《後漢書集解》引劉攽曰："案，徵則上徵之，辟則諸府辟之。議郎當云徵而已。明多'辟'字。"

　　[4]【今注】中平：東漢靈帝劉宏年號（184—189）。

　　曄字文林，一名嚴，[1]尤修志介。[2]姑爲司空楊賜夫人。初鸞卒，姑歸寧赴哀，[3]將至，止於傳舍，整飾從者而後入，曄心非之。及姑勞問，終無所言，號哭而已。賜遣吏奉祠，因縣發取祠具，曄拒不受。後每至京師，未嘗舍宿楊氏。其貞忮若此。[4]賓客從者，皆祗其志行，[5]一餐不受於人。仕爲郡功曹。後舉孝廉、有道、方正、茂才，[6]三公並辟，皆不應。

　　[1]【李賢注】《東觀記》"嚴"作"礹"。

　　[2]【今注】志介：猶言志節。

　　[3]【今注】歸寧：已嫁女子回娘家省親。

　　[4]【李賢注】忮，堅也。【今注】貞忮：堅貞。

　　[5]【今注】案，大德本"其"前有"直"字。

　　[6]【今注】方正：賢良方正，中國古代選拔人才的科目之一。賢良，指品德高尚；方正，指品行端正。　茂才：即秀才。東漢時避光武帝劉秀諱而稱茂才。漢代選拔人才的科目之一。每年由郡國推舉一人。

　　初平中，[1]天下亂，避地會稽，[2]遂浮海客交阯，[3]越人化其節，至閭里不爭訟。爲凶人所誣，遂死于合浦獄。[4]

　　[1]【今注】初平：東漢獻帝劉協年號（190—193）。

[2]【今注】會稽：郡名。秦始皇二十五年（前222）置，治吳縣（今江蘇蘇州市）。東漢順帝永建四年（129）徙治山陰縣（今浙江紹興市）。

[3]【李賢注】《東觀記》曰"礭到吳郡，揚州刺史劉繇振給穀食衣服所乏者，悉不受。後東適會稽，住止山陰縣故魯相鍾離意舍，太守王朗餉給糧食、布帛、牛羊，一無所當（當，殿本作'留'，是）。臨去之際，屋中尺寸之物，悉疏付主人，纖微不漏。移居揚州從事屈豫室中，中庭橘樹一株，遇實孰（孰，殿本作'熟'，是），乃以竹藩樹四面，風吹落兩實，以繩繫著樹枝。每當危亡之急，其志彌固，賓客從者皆肅其行"也。【今注】交阯：郡名。治龍編縣（今越南河北省仙遊東）。

[4]【今注】合浦：郡名。西漢武帝元鼎六年（前111）置，治徐聞縣（今廣東徐聞縣南）。東漢移治合浦縣（今廣西浦北縣南舊州村）。

彬字彥林，焉之兄孫也。

父麟，字元鳳，早有才惠。[1]桓帝初，[2]爲議郎，入侍講禁中，以直道牾左右，出爲許令，[3]病免。會母終，麟不勝喪，未祥而卒，[3]年四十一。所著碑、誄、讚、説、書凡二十一篇。[4]

[1]【李賢注】《華嶠書》曰"酆生麟"也。

[2]【今注】桓帝：東漢桓帝劉志，公元146年至167年在位。紀見本書卷七。

[3]【李賢注】許，縣名，今許州許昌縣也。【今注】許：縣名。治所在今河南許昌市。

[4]【李賢注】案摯虞《文章志》，麟文見在者十八篇，有碑九首，誄七首，《七説》一首，《沛相郭府君書》一首。

彬少與蔡邕齊名。[1]初舉孝廉，拜尚書郎。[2]時中常侍曹節女壻馮方亦爲郎，[3]彬厲志操，與左丞劉歆、右丞杜希同好交善，[4]未嘗與方共酒食之會，方深怨之，遂章言彬等爲酒黨。事下尚書令劉猛，雅善彬等，[5]不舉正其事。節大怒，劾奏猛，以爲阿黨，請收下詔獄，在朝者爲之寒心。猛意氣自若，旬日得出，免官禁錮。彬遂以廢。光和元年，[6]卒於家，年四十六。諸儒莫不傷之。

[1]【今注】蔡邕：字伯喈，陳留圉（今河南杞縣）人。精通經史、天文、音律，善辭賦，工書法，尤善隸書，熹平年間曾爲太學石經書丹。所著《獨斷》《勸學》《釋誨》等各體文共一百多篇，爲東漢末著名學者。傳見本書卷六〇下。

[2]【今注】尚書郎：漢制，尚書自令、僕射、丞下有郎，初任稱守尚書郎，任滿一年稱郎中，滿三年稱侍郎。西漢員四人，分隸尚書。東漢增至三十四人，皆秩四百石，主文書起草。

[3]【今注】中常侍：官名。初稱常侍，漢元帝以後稱中常侍。凡列侯、將軍、卿大夫、將、都尉、尚書以至郎中，加此得出入禁中，常侍皇帝左右。武帝以後參與朝議，成爲中朝官。無定員。《資治通鑑》卷二八《漢紀》孝元皇帝初元元年胡三省注根據《百官公卿表》，指出侍中、中常侍皆加官，西漢時參用士人，東漢時乃以宦者爲中常侍。

[4]【今注】劉歆：字子駿。沛（今江蘇沛縣）人。劉向之子。西漢古文經學家、目録學家。曾受詔與其父劉向領校群書。劉向死後，劉歆繼續領校書籍，成《七略》，爲中國歷史上第一部圖書分類目録。王莽時爲國師。傳見《漢書》卷三六。

[5]【今注】案，殿本“雅”前有“猛”字。語義更順。

[6]【今注】光和：東漢靈帝劉宏年號（178—184）。

所著《七説》及書凡三篇，蔡邕等共論序其志，僉以爲彬有過人者四：[1]夙智早成，岐嶷也；[2]學優文麗，至通也；仕不苟禄，絶高也；辭隆從窊，絜操也。[3]乃共樹碑而頌焉。

[1]【今注】僉：衆人，大家。

[2]【李賢注】夙，早也。岐，行兒也（兒，殿本作"貌"）。嶷然有所識也。《詩》曰"克岐克嶷"也。【今注】岐嶷：形容行爲中表現有學識。語出《詩·大雅·生民》。

[3]【李賢注】窊，下也，音烏瓜反。【今注】從窊：從下。比喻謙讓。

劉猛，琅邪人。[1]桓帝時爲宗正，直道不容，自免歸家。靈帝即位，太傅陳蕃、大將軍竇武輔政，[2]復徵用之。

[1]【今注】琅邪：郡名。秦置，治琅邪縣（今山東青島市黄島區琅琊鎮）。西漢移治東武縣（今山東諸城市）。東漢章帝建初五年（80）改琅邪國，移治開陽縣（今山東臨沂市北）。

[2]【今注】陳蕃：字仲舉，汝南平輿（今河南平輿縣北）人。與太尉李固等反對宦官專權，後謀誅宦官而事洩被殺。傳見本書卷六六。　竇武：字游平，扶風平陵（今陝西咸陽市西北）人。長女爲桓帝皇后。在位多辟名士，清身疾惡。因立靈帝有功，拜爲大將軍，輔朝政。與太傅陳蕃共商誅滅宦官，不成而自殺。傳見本書卷六九。

論曰：伏氏自東西京相襲爲名儒，以取爵位。[1]中興而桓氏尤盛，自榮至典，世宗其道，父子兄弟代作帝師，受其業者皆至卿相，顯乎當世。子曰："古之學者爲己，今之學者爲人。"[2]爲人者，憑譽以顯物；爲己者，因心以會道。桓榮之累世見宗，豈其爲己乎！

[1]【李賢注】謂伏生已後至伏湛也。【今注】伏氏：指伏生至伏湛的伏氏一族。伏生，字子賤。秦博士。西漢文帝時撰《尚書大傳》。伏湛，字惠公。東漢光武帝時拜大司徒，封陽都侯。傳見本書卷二六。　東西京：代指東漢、西漢。

[2]【李賢注】《論語》文也（文，大德本、殿本作"云"）。【今注】案，語出《論語·憲問》。爲己，修養自己的道德與學業。爲人，向人炫燿。又案，"子曰"大德本、殿本作"孔子曰"。

丁鴻字孝公，[1]潁川定陵人也。[2]

[1]【今注】孝公：王先謙《後漢書集解》謂李善《文選》注作"季公"。

[2]【今注】定陵：縣名。治所在今河南舞陽縣東北。

父綝，字幼春，王莽末守潁陽尉。世祖略地潁陽，潁陽城守不下，綝説其宰，[1]遂與俱降，世祖大喜，厚加賞勞，以綝爲偏將軍，[2]因從征伐。綝將兵先度河，[3]移檄郡國，攻營略地，下河南、陳留、潁川二十一縣。[4]

[1]【今注】宰：縣令。

[2]【今注】偏將軍：西漢置，爲主將之下的副將、小將。新莽時曾普賜諸郡卒正、連帥、大尹此號。東漢時爲雜號將軍中地位較低者，僅高於裨將軍。

[3]【今注】案，度，殿本作"渡"。

[4]【今注】河南：郡名。治河南縣（今河南洛陽市東北）。
陳留：郡名。治陳留縣（今河南開封市東南陳留鎮）。

建武元年，拜河南太守。及封功臣，帝令各言所
樂，諸將皆占豐邑美縣，唯綝願封本鄉。或謂綝曰：
"人皆欲縣，子獨求鄉，何也？"綝曰："昔孫叔敖勑其
子，受封必求墝埆之地，[1]今綝能薄功微，得鄉亭厚
矣。"帝從之，封定陵新安鄉侯，食邑五千户，後徙封
陵陽侯。[2]

[1]【李賢注】孫叔敖，楚相也。墝埆，瘠薄之地。叔敖將
死，戒其子曰："王封汝，必無居利地也（利地，大德本誤作'地
利'）。楚、越之間，有寢丘者，甚惡，可長有以食也。"見《吕
氏春秋》也。【今注】墝（qiāo）埆（què）：貧瘠的土地。

[2]【今注】陵陽：西漢置，初屬鄣郡。武帝元封二年（前
109）屬丹陽郡。治所在今安徽青陽縣南五十里陵陽鎮。

鴻年十三，從桓榮受《歐陽尚書》，三年而明章
句，善論難，爲都講，[1]遂篤志精鋭，布衣荷擔，不遠
千里。

[1]【今注】都講：學舍的主講。

初，綝從世祖征伐，鴻獨與弟盛居，憐盛幼小而
共寒苦。及綝卒，鴻當襲封，上書讓國於盛，不報。
既葬，乃挂縗絰於冢廬而逃去，[1]留書與盛曰："鴻貪

經書，不顧恩義，弱而隨師，[2]生不供養，死不飯唅，[3]皇天先祖，並不祐助，身被大病，不任茅土。[4]前上疾狀，願辭爵仲公，[5]章寢不報，迫且當襲封。謹自放弃，逐求良醫。如遂不瘳，永歸溝壑。"[6]鴻初與九江人鮑駿同事桓榮，[7]甚相友善，及鴻亡封，與駿遇於東海，[8]陽狂不識駿。駿乃止而讓之曰："昔伯夷、吳札亂世權行，故得申其志耳。[9]《春秋》之義，不以家事廢王事。[10]今子以兄弟私恩而絕父不滅之基，可謂智乎？"鴻感悟，垂涕歎息，乃還就國，開門教授。鮑駿亦上書言鴻經學至行，顯宗甚賢之。[11]

[1]【今注】縗絰：喪服中最重的一種。本爲臣爲君、子爲父所服，自漢代起弟子亦可爲老師服此。

[2]【李賢注】弱，少也。

[3]【今注】飯唅：古時殯禮，將珠玉放入死者口中叫飯唅。

[4]【李賢注】任，堪也。【今注】茅土：指受封爲王侯。古代帝王祭祀土地神的神壇用五色土建成，分封諸侯時，按封地所在的方向取壇上的一色土，用茅包裹，叫作茅土，交給受封者所在封國內建社。案，袁宏《後漢紀》作"身被大病，上不任爲蕃輔，下不能守土"。

[5]【李賢注】仲公，盛之字也。

[6]【今注】溝壑：代指死亡。

[7]【今注】九江：秦置，治壽春縣（今安徽壽縣）。東漢復移治陰陵縣（今安徽定遠縣西北）。　案，駿，袁宏《後漢紀》作"俊"。

[8]【今注】東海：郡名。治郯縣（今山東郯城縣西北）。

[9]【李賢注】伯夷，孤竹君之子，讓其弟叔齊，餓死於首陽之山。吳札，吳王壽夢之季子也，諸兄欲讓其國，季子乃舍其

室而耕。皆是權時所行（皆是，殿本作“是皆”），非常之道也。伯夷當紂時，吳札當周之末，故言亂也（也，殿本作“世”，是）。

[10]【李賢注】《春秋》衞靈公卒，孫輒立，父蒯聵與輒爭國。《公羊傳》曰：“輒者曷爲？蒯聵之子。然則曷爲不立蒯聵而立輒？蒯聵無道，靈公逐之而立輒。然則輒之義可以立乎？曰可。不以父命辭於王命，不以家事辭於王事。”故駿引以爲言也。

[11]【李賢注】《續漢書》載駿書曰：“臣聞武王克殷，封比干之墓，表商容之閭，二人無功，下車先封之，表善顯仁，爲國之砥礪也。伏見丁鴻經明行修，志節清妙。”由是上賢之也。

永平十年詔徵，鴻至即召見，説《文侯之命篇》，[1]賜御衣及綬，稟食公車，[2]與博士同禮。頃之，拜侍中。十三年，兼射聲校尉。[3]建初四年，徙封魯陽鄉侯。[4]

[1]【李賢注】周平王東遷洛邑，晉文侯仇有輔佐之功，平王賜以車馬、弓矢而策命之，因以名篇，事見《尚書》也。【今注】文侯之命：《尚書》篇名。

[2]【李賢注】稟，給也。公車，署名，公車所在，因以名。諸待詔者，皆居以待命，故令給食焉。【今注】公車：本爲漢代官署名，設公車令，掌管宮殿中車馬警衞等事。漢代常用公家車馬接送應舉的人。

[3]【今注】射聲校尉：官名。漢武帝置，爲北軍八校尉之一，掌待詔射聲士，秩二千石。所謂待詔射聲士，須詔而射。此士皆善射者，能於冥冥中聞聲而射中，故名。東漢射聲校尉秩比二千石，掌宿衞兵，有司馬一人，秩千石。

[4]【李賢注】《東觀記》曰：“魯陽鄉在尋陽郡”也。【今注】魯陽：縣名。西漢置，治所在今湖北黃梅縣西南。

　　肅宗詔鴻與廣平王羨及諸儒樓望、成封、桓郁、賈逵等，論定五經同異於北宮白虎觀，[1]使五官中郎將魏應主承制問難，[2]侍中淳于恭奏上，[3]帝親稱制臨決。鴻以才高，論難最明，諸儒稱之，帝數嗟美焉。時人嘆曰："殿中無雙丁孝公。"[4]數受賞賜，擢徙校書，[5]遂代成封爲少府。門下由是益盛，遠方至者數千人。彭城劉愷、北海巴茂、九江朱倀皆至公卿。[6]元和三年，徙封馬亭鄉侯。[7]

　　[1]【李賢注】廣平王羨，明帝子也。《東觀記》曰"與大常樓望、少府成封、屯騎校尉桓郁、衞士令賈逵等集議"也。白虎，門名。於門立觀，因之以名焉（之以名，大德本、殿本作"以名之"，文意更順）。【今注】樓望：字次子，陳留雍丘（今河南杞縣）人。傳見本書卷七九下。　賈逵：字景伯，扶風平陵（今陝西咸陽市）人。傳見本書卷三六。　白虎觀：北宮一宮觀。常在此論議經學。

　　[2]【今注】五官中郎將：官名。秦置。西漢隸光禄勳，主中郎，秩比二千石。東漢時，部分侍郎、郎中亦歸其統率。職掌宿衞殿門，出充車騎。

　　[3]【今注】淳于恭：字孟孫，北海淳于（今山東安丘市東北）人。傳見本書卷三九。

　　[4]【李賢注】《東觀記》曰："上嘆嗟其才，號之曰'殿中無雙丁孝公'，賜錢二十萬。"《續漢書》亦同。而此書獨作"時人歎"也。

　　[5]【今注】擢徙校書：王先謙《後漢書集解》引劉攽曰："案，漢校書者郎官而已，鴻已爲二千石，不當以校書爲擢徙也。明衍'校書'二字。"惠棟《後漢書補注》亦曰："案，如劉説，則'擢徙'二字無所附麗，或作'尚書'。"

[6]【今注】彭城：縣名。治所在今江蘇徐州市。　劉愷：字伯豫，沛國豐（今江蘇豐縣）人。傳見本書卷三九。　北海：郡名。西漢治營陵縣（今山東昌樂縣東南）。東漢改爲國，移治劇縣（今山東昌樂縣西）。　朱倀：字孫卿。官至司徒。

[7]【李賢注】《東觀記》曰："元和二年，車駕東巡狩，鴻以少府從。上奏曰：'臣聞古之帝王，統治天下，五載巡狩，至于岱宗，柴祭於天，望秩山川，協時月正日，角斗斛權衡（角，大德本、殿本作"同"，是），使人不爭。陛下尊履蒸蒸，奉承弘業，祀五帝於明堂，配以光武，二祖四宗，咸有告祀。瞻望大山（大，紹興本、大德本、殿本作"太"，是），嘉澤降澍，柴祭之日，白氣上升，與燎煙合，黃鵠群翔，所謂神人以和，答響之休符也。'上善焉。"又曰"以廬江郡爲六安國"，所以徙封爲馬亭侯。【今注】元和：東漢章帝劉炟年號（84—87）。

和帝即位，遷大常。永元四年，代袁安爲司徒。[1]是時竇太后臨政，憲兄弟各擅威權。鴻因日食，上封事曰：[2]

[1]【今注】袁安：字邵公，汝南汝陽（今河南商水縣西北）人。少習《孟氏易》。章帝時任楚郡太守，大膽處理楚王劉英謀逆積案，釋放無罪者數百家。歷遷河南尹、太僕、司空、司徒。和帝時，竇氏專權，他常上書指斥，無所回避，並貶其私黨四十餘人。傳見本書卷四五。

[2]【今注】封事：臣下上書奏事。防有漏泄，用袋封緘，稱封事。

臣聞日者陽精，[1]守實不虧，君之象也；月者陰精，盈毀有常，臣之表也。故日食者，臣乘君，[2]陰陵陽；月滿不虧，下驕盈也。昔周室衰季，皇甫之屬專權於外，黨類強盛，侵奪主執，則日月薄食，[3]故《詩》曰："十月之交，朔月辛卯，日有食之，亦孔之醜。"[4]春秋日食三十六，殺君三十二。[5]變不空生，各以類應。夫威柄不以放下，利器不可假人。[6]覽觀往古，近察漢興，傾危之禍，靡不由之。是以三桓專魯，田氏擅齊，六卿分晉；諸呂握權，統嗣幾移；哀、平之末，廟不血食。[7]故雖有周公之親，而無其德，不得行其執也。[8]

[1]【今注】陽精：陽氣的光輝。

[2]【今注】乘：侵犯，欺淩。

[3]【李賢注】周室衰謂幽王時也。皇甫即幽王后之黨也。《詩‧小雅》曰："皇甫卿士，番惟司徒（惟，大德本、殿本作'維'），家伯維宰（維，殿本作'冢'），仲允膳夫。"其類非一，故言之屬也。

[4]【李賢注】《十月之交》，《詩‧小雅》篇名也。孔，甚也。醜，惡也。周之十月，夏之八月也。八月朔，日月交而日食，陰侵陽，臣侵君之象也。日辰之義，日爲君，辰爲臣。辛，金也。卯，木也。又以卯侵金，故甚惡也。【今注】案，朔月，大德本、殿本作"朔日"。

[5]【今注】案，殺，大德本、殿本作"弒"。

[6]【李賢注】劉向上書云："弒君三十六。"今據《春秋》與劉向同，而《東觀》及《續漢》范氏諸本皆云"三十二"，蓋誤也。威柄謂周禮之八柄，即爵、祿、生、置、予、奪、廢、誅也。利器謂國之權執。假，借也。《左傳》曰"唯器與名，不可以假人"也。

[7]【李賢注】三桓謂季孫氏、叔孫氏、仲孫氏。三家皆出自魯桓公，故言三桓。並專權魯國。至魯昭公，遂爲季氏所逐，平子乃攝行君事。田氏，陳敬仲之後，因自陳奔齊，改爲田氏，遂執齊政，至田和乃篡齊。六卿謂晉之智氏、中行氏、范氏、韓氏、趙氏、魏氏，並專晉政，韓、趙、魏卒三分晉國也。諸呂謂呂產、呂祿也。產領南軍，祿領北軍，謀危劉氏，故曰“統嗣幾移”。

[8]【李賢注】言親賢兼重，方可執政。孟子曰：“有伊尹之心則可（心，殿本作‘志’，本注下同），無伊尹之心則篡也。”

今大將軍雖欲勑身自約，不敢僭差，然而天下遠近皆惶怖承旨，刺史二千石初除謁辭，求通待報，[1]雖奉符璽，受臺勑，[2]不敢便去，久者至數十日。背王室，向私門，此乃上威損，下權盛也。人道悖於下，效驗見於天，雖有隱謀，神照其情，垂象見戒，以告人君。間者月滿先節，過望不虧，[3]此臣驕溢背君，專功獨行也。陛下未深覺悟，故天重見戒，誠宜畏懼，以防其禍。《詩》云：“敬天之怒，不敢戲豫。”[4]若勑政責躬，杜漸防萌，則凶妖銷滅，[5]害除福湊矣。

[1]【今注】初除謁辭求通待報：王先謙《後漢書集解》：“《通鑑》胡注：‘初除而謁之官則辭，求通者求通名也。待報者，得謁與不得謁，得辭與不得辭，皆待報也。’惠棟曰：‘初除者先謁辭于大將軍，然後之官也。胡氏以爲初除則謁之官則辭，殊爲費解。’王補曰：‘觀下文雖奉符璽受臺勑，不敢便去，畢竟以胡注爲長。’”

[2]【今注】臺勑：《資治通鑑》卷四八《漢紀》孝和皇帝永

元四年胡三省注曰："初除者詣尚書臺受敕。"

[3]【李賢注】《易》曰"天垂象，見吉凶"，故言見戒也。月滿先節謂未及望而滿也。《東觀記》亦云作"先節"（紹興本無"云"字），俗本作"失節"，字之誤也。

[4]【李賢注】《詩·大雅》也。雷電震燿，天怒也。戲豫猶逸豫也。不敢自逸，所以敬天也。

[5]【今注】案，凶，紹興本爲空格。

夫壞崖破巖之水，源自涓涓；干雲蔽日之木，起於蔥青。禁微則易，救末者難，人莫不忽於微細，以致其大。恩不忍誨，義不忍割，去事之後，未然之明鏡也。[1]臣愚以爲左官外附之臣，[2]依託權門，傾覆諂諛，以求容媚者，宜行一切之誅。間者大將軍再出，威振州郡，莫不賦斂吏人，遣使貢獻。大將軍雖云不受，[3]而物不還主，部署之吏無所畏憚，縱行非法，不伏罪辜，故海內貪猾，競爲姦吏，小民吁嗟，怨氣滿腹。臣聞天不可以不剛，不剛則三光不明；[4]王不可以不彊，不彊則宰牧從橫。[5]宜因大變，改政匡失，以塞天意。

[1]【今注】未然之明鏡：《資治通鑑》卷四八《漢紀》孝和皇帝永元四年胡三省注曰："言禍伏於隱微，人多忽之，及發見之後，昭昭而不可掩，是爲未然之明鏡。"案，"明鏡"二字，紹興本爲空格。

[2]【李賢注】《前書》："左官附益阿黨之法設。"左官者，人道尚右，舍天子而事諸侯爲左官。外附謂背正法而附私家。

[3]【今注】案，大德本、殿本無"云"字，可從。

[4]【李賢注】三光，日、天、星也（天，紹興本、殿本作

"月",是）。天道尚剛。《周易》曰："乾,健也。"《左傳》曰："天爲剛德（左傳日天爲剛德,大德本、殿本作'天道終日乾乾是其剛也'）。"【今注】案,王先謙《後漢書集解》引王應麟曰:"《春秋繁露》'天不剛則列星亂其行,君不堅則邪臣亂其官,故爲天者務剛其氣,爲君者務堅其政。'丁鴻封事,言出于此。"

[5]【今注】宰牧:泛指大臣與地方官。

書奏十餘日,帝以鴻行大尉兼衛尉,屯南、北宮。於是收竇憲大將軍印綬,憲及諸弟皆自殺。

時大郡口五六十萬舉孝廉二人,小郡口二十萬并有蠻夷者亦舉二人,帝以爲不均,下公卿會議。鴻與司空劉方上言:"凡口率之科,[1]宜有階品,蠻夷錯雜,不得爲數。自今郡國率二十萬口歲舉孝廉一人,四十萬二人,六十萬三人,八十萬四人,百萬五人,百二十萬六人。不滿二十萬二歲一人,不滿十萬三歲一人。"帝從之。

[1]【今注】口率之科:按人口數推舉孝廉的法則。

六年,鴻薨,賜贈有加常禮。子湛嗣。卒,[1]子浮嗣。浮卒,子夏嗣。[2]

[1]【今注】案,殿本"卒"前有"湛"字。
[2]【李賢注】《東觀記》及《續漢書》"夏"字作"夔"也。

論曰:孔子曰"大伯三以天下讓,民無得而稱焉"。[1]孟子曰"聞伯夷之風者,貪夫廉,懦夫有立志"。若乃大伯以天下而違周，伯夷率絜情以去國，並未始有其讓也。[2]故大伯稱至德，伯夷稱賢人。後世聞其讓而慕其風，徇其名而昧其致，所以激詭行生而取與妄矣。[3]至夫鄧彪、劉愷，讓其弟以取義，使弟受非服而己厚其名，於義不亦薄乎！[4]君子立言，非苟顯其理，將以啓天下之方悟者；立行，非獨善其身，將以訓天下之方動者。言行之所開塞，可無慎哉！原丁鴻之心，[5]主於忠愛乎？何其終悟而從義也！異夫數子類乎徇名者焉。[6]

[1]【李賢注】此上《論語》載孔子之言也。鄭玄注云："大伯（大伯，大德本、殿本作'泰伯'，本注下同），周大王之長子（大，大德本作'泰'，殿本作'太'），次子仲雍，次子季歷。大王見季歷賢（大，大德本、殿本作'太'），又生文王有聖人表，故欲立之，而未有命。大王疾（大，大德本作'泰'，殿本作'太'），大伯因適吳、越採藥，大王歿而不返（大，殿本作'太'），季歷爲喪主，一讓也。季歷赴之，不來奔喪，二讓也。免喪之後，遂斷髮文身，三讓也。三讓之美皆蔽隱不著，故人無得而稱焉。"【今注】案，語出《論語·泰伯》。大伯，大德本、殿本作"泰伯"。下同。

[2]【李賢注】違，去也。未始猶未嘗也。言太伯、伯夷率性清絜（太伯，大德本、殿本作"泰伯"），超然去國，未嘗故有求讓之名。

[3]【李賢注】徇，營也。言二子非故立讓風以求聲譽，故至德稱於前古。後代之人直欲營慕其名，而昧其深致，所以激射詭譎之行生，而取與之間多詐妄矣（間，大德本作"閒"）。

[4]【李賢注】彪讓國異母弟荊及鳳，愷以國讓弟憲，帝皆許焉。弟不當襲爵，故言非服，而彪、愷皆獨受美名（皆，大德

本、殿本誤作"豈"），而陷弟於不義也。【今注】鄧彪：字智伯，南陽新野（今河南新野縣）人。傳見本書卷四四。　非服：不合禮法。

[5]【今注】原：推究。

[6]【今注】案，惠棟《後漢書補注》曰："以上皆華嶠之詞。"

　　贊曰：五更待問，應若鳴鍾。[1]庭列輜駕，堂修禮容。穆穆帝則，[2]擁經以從。[3]丁鴻翼翼，[4]讓而不飾。高論白虎，深言日食。[5]

[1]【李賢注】《禮記》曰："夙夜強學以待問。"又曰"善待問者如撞鍾，扣之以小者則小鳴，扣之以大者則大鳴，待其從春而後盡其聲（紹興本無'從'字，'春'字後有'容'字；春，大德本、殿本作'容'），不善答問者反此"也。

[2]【今注】穆穆：儀表端莊。

[3]【李賢注】從，就也。

[4]【今注】翼翼：繁盛的樣子。

[5]【李賢注】《春秋經》書"日有食之"。杜注云（杜注，大德本、殿本作"杜預注"）："日食者，月掩日。聖人不言月掩日，而以自食爲文（自，大德本、殿本作'日'，是），闕於所不見也。"

後漢書　卷三八

列傳第二十八

張宗　法雄　滕撫　馮緄　度尚　揚琁

　　張宗字諸君，南陽魯陽人也。[1]王莽時，[2]爲縣陽泉鄉佐。[3]會莽敗，義兵起，[4]宗乃率陽泉民三四百人起兵略地，西至長安，[5]更始以宗爲偏將軍。[6]宗見更始政亂，因將家屬客安邑。[7]

　　[1]【今注】南陽：郡名。治宛縣（今河南南陽市臥龍區）。魯陽：縣名。治所在今河南魯山縣。

　　[2]【今注】王莽：字巨君。西漢元帝王皇后侄。漢末以外戚掌權。成帝時封新都侯。哀帝死，與王皇后立平帝，專制朝政，稱安漢公。元始五年（5），毒死平帝，另立孺子劉嬰，自稱假皇帝。初始元年（8）稱帝，改國號爲新，年號始建國。實行改制。地皇四年（23），爲綠林、赤眉等義軍推翻，被殺。傳見《漢書》卷九九。

　　[3]【李賢注】《續漢書》曰："鄉佐，主佐鄉收税賦。"【今注】陽泉：鄉名。治所在今安徽霍丘縣西北。魯陽縣轄鄉。　鄉佐：官名。鄉嗇夫之副，協助鄉嗇夫收取賦稅，鄉有秩處理鄉中日

常事務，不必祇主鄉中賦稅。本書《百官志五》敘鄉官，在有秩、嗇夫、三老、游徼下，謂"鄉佐，屬鄉，主民收賦稅"。《尹灣漢墓簡牘·東海郡吏員簿》載有東海郡下轄各縣鄉佐的設置情況（詳見連雲港市博物館、中國社會科學院簡帛研究中心、東海縣博物館、中國文物研究所編《尹灣漢墓簡牘》，中華書局 1997 年版，第79—84 頁）。長沙五一廣場簡見南鄉佐、劇鄉佐等。

［4］【今注】義兵：指當時劉縯等人率領的反對王莽的隊伍。

［5］【今注】長安：西漢都城。在今陝西西安市西北。漢高祖五年（前 202），定都長安，置長安縣。在秦興樂宮基礎上建長樂宮。高祖七年，自櫟陽（今陝西西安市閻良區東南）遷至長安。命蕭何、陽成延築未央宮東闕、北闕、前殿以及武庫和太倉。高祖九年，建成未央宮、北宮。公元前 194 年，惠帝開始營建都城城牆。至惠帝五年（前 190）完工。公元前 189 年，建西市。武帝時，又進行第二次大規模修建，建光明宮、桂宮、建章宮及上林苑，擴建了北宮，開鑿昆明池。西漢末年，王莽又在長安城南郊修建了禮制建築等。（參見劉慶柱、李毓芳《漢長安城》，文物出版社 2003 年版，第 8—13 頁）

［6］【今注】更始：指劉玄。公元 23 年，光武帝族兄劉玄被擁稱帝，建元更始，劉玄被稱爲"更始帝"。後以"更始"代稱劉玄。更始三年（25），劉玄投降於包圍長安的赤眉軍，被封爲長沙王，不久被殺。事迹見本書卷一一《劉玄傳》。　偏將軍：武官名。雜號將軍。大將軍的輔佐，其職在裨將軍之上。王莽托古改制，曾置前後左右中大司馬之位，賜諸州牧號爲大將軍，郡卒正、連帥、大尹爲偏將軍。偏將軍爲出征用兵臨時而設，系戰時臨時指揮官，其領兵多寡，依戰爭規模大小而定。偏將軍制度爲更始政權和東漢所繼承。重慶出有"偏將軍印章"，龜紐金印，現藏重慶市博物館。

［7］【今注】安邑：縣名。治所在今山西夏縣西北。

及大司徒鄧禹西征，[1]定河東，[2]宗詣禹自歸。禹聞宗素多權謀，乃表爲偏將軍。[3]禹軍到枸邑，[4]赤眉大衆且至，[5]禹以枸邑不足守，欲引師進就堅城，而衆人多畏賊追，憚爲後拒。[6]禹乃書諸將名於竹簡，署其前後，亂著笥中，令各探之。[7]宗獨不肯探，曰："死生有命，張宗豈辭難就逸乎！"禹歎息謂曰："將軍有親弱在營，[8]奈何不顧？"宗曰："愚聞一卒畢力，百人不當；萬夫致死，可以橫行。宗今擁兵數千，以承大威，[9]何遽其必敗乎！"[10]遂留爲後拒。諸營既引兵，[11]宗方勒屬軍士，堅壘壁，[12]以死當之。禹到前縣，[13]議曰："以張將軍之衆，當百萬之師，猶以小雪投沸湯，雖欲戮力，[14]其埶不全也。"[15]乃遣步騎二千人反還迎宗。[16]宗引兵始發，而赤眉卒至，宗與戰，却之，乃得歸營，於是諸將服其勇。及還到長安，宗夜將銳士入城襲赤眉，[17]中矛貫胂，[18]又轉攻諸營保，[19]爲流矢所激，皆幾至於死。

[1]【今注】大司徒：官名。三公之一。西漢哀帝元壽二年（前1），正三公官分職，改丞相爲大司徒。王莽托古改制，重新確定三公分職。東漢光武帝建武二十七年（51），去"大"字，稱司徒。掌全國民政、教化等事宜。秩萬石。東漢三公名稱固定爲太尉、司徒、司空。　鄧禹：字仲華，南陽新野（今河南新野縣）人。更始年間爲劉秀大將。東漢光武帝建武元年，攻取河東，封酇侯。光武帝末期封高密侯。明帝時爲太傅。傳見本書卷一六。

[2]【今注】河東：郡名。治安邑縣（今山西夏縣西北）。

[3]【今注】表：啓奏。向皇帝上奏章。

[4]【今注】枸邑：縣名。治所在今陝西旬邑縣東北。案，紹興本作"拘邑"，下同。"拘"爲形近而誤，當以"枸"爲是。

[5]【今注】赤眉：新莽末年起義軍。新莽天鳳五年（18），琅邪（今山東青島市黃島區西南）人樊崇在莒（今山東莒縣）起兵，因以赤色塗眉爲標志，號稱"赤眉"。又作"赤麋"。赤眉主要事迹，參見本書卷一一《劉盆子傳》。

[6]【今注】後拒：指居後以抗擊敵人的部隊。原指雞的後脚趾。又作"後距"。

[7]【李賢注】笥以竹爲之。鄭玄注《禮記》云："圓曰簞，方曰笥。"【今注】笥：用竹篾所做的長方形盛具，由相套合的蓋和底兩部分組成，用於盛裝衣物或飯食。有的口緣用藤條或竹片加固，塗漆，施以彩繪。

[8]【今注】親弱：親指父母，弱指妻子、兒女。

[9]【今注】大威：有聲望的事。

[10]【今注】案，何遽其必敗乎，王先謙《後漢書集解》以爲"何"下當有"知"字。

[11]【今注】引兵：退兵。引，退却。

[12]【今注】壘壁：軍營的圍墻。

[13]【今注】前縣：指枸邑。

[14]【今注】戮力：指齊心合力。戮，通"勠"。

[15]【今注】案，執，殿本作"勢"。二字可通。

[16]【今注】步騎：指步兵和騎兵。

[17]【今注】銳士：指精銳部隊。

[18]【李賢注】胛，背上兩膊間。

[19]【今注】營保：營房堡壘。保，通"堡"。

及鄧禹徵還，光武以宗爲京輔都尉，[1]將突騎與征西大將軍馮異共擊關中諸營保，[2]破之，遷河南都尉。[3]建武六年，[4]都尉官省，[5]拜大中大夫。[6]八年，潁川桑中盜賊群起，[7]宗將兵擊定之。後青、冀盜賊屯聚山澤，[8]宗以謁者督諸部兵討平之。[9]十六年，琅邪、北海盜賊復起，^[10]宗督二郡兵討之，乃設方略，明購賞，^[11]皆悉破散，於是沛、楚、東海、臨淮群賊懼其威武，^[12]相捕斬者數千人，青、徐震慄。^[13]後遷琅邪相。^[14]其政好嚴猛，敢殺伐。永平二年，^[15]卒於官。

[1]【李賢注】秦每郡有尉一人，典兵禁，景帝更名都尉。武帝元鼎四年，置京輔都尉，各一人（各，底本誤作"名"，據紹興本、大德本、殿本改），二千石，見《前書》也。【今注】光武：東漢光武帝劉秀，公元 25 年至 57 年在位。紀見本書卷一。京輔都尉：官名。三輔都尉之一。西漢武帝元鼎四年（前 113）置三輔都尉，有京輔都尉、左輔都尉、右輔都尉，秩二千石。有丞，六百石。掌徼循京師。其中京輔都尉治華陰縣（今陝西華陰市東），左輔都尉治高陵縣（今陝西西安市高陵區西南），右輔都尉治郿縣（今陝西眉縣）。

[2]【今注】突騎：指用以突破敵陣的騎兵。《漢書》卷四九《晁錯傳》顏師古注："突騎，言其驍銳可用衝突敵人也。" 征西大將軍：重號將軍名。東漢光武帝建武三年（27）置，以偏將軍馮異爲之，掌統兵征討赤眉。《東觀漢記》作馮異"拜爲征西將軍"。 馮異：字公孫，潁川父城（今河南寶豐縣東）人。傳見本書卷一七。 關中：古代地理區域名稱，一般指函谷關以西的地區。函谷關原位於今河南靈寶市，西漢武帝元鼎三年，徙至今河南新安縣。

[3]【今注】河南：即河南尹。治洛陽縣（今河南洛陽市東）。原爲河南郡，漢高祖二年（前 205）改三川郡所置。東漢時，因建都洛陽，建武十五年改稱河南尹。 都尉：武官名。原作郡尉，西漢景帝時改爲都尉。掌統兵作戰，職位次於將軍。

[4]【今注】建武：東漢光武帝劉秀年號（25—56）。

[5]【今注】都尉官省：建武六年，爲強化皇權，光武帝廢除了內郡的都尉。本書《百官志五》："中興建武六年，省諸郡都尉，

並職太守，無都試之役。省關都尉，唯邊郡往往置都尉及屬國都尉，稍有分縣，治民比郡。"

[6]【今注】大中大夫：官名。秦置，居諸大夫之首。西漢武帝太初元年（前104），次於光祿勳，秩比千石。掌顧問應對、參謀議政、奉詔出使。東漢秩千石。案，紹興本、大德本、殿本作"太中大夫"。"大"古通"太"，下同。

[7]【今注】潁川：郡名。治陽翟縣（今河南禹州市）。 桑中：地名。在今河南許昌市一帶。

[8]【今注】青：青州。西漢武帝所置十三州部刺史之一。東漢治臨菑縣（今山東淄博市臨淄區北）。 冀：冀州。西漢武帝所置十三州部刺史之一。東漢治高邑縣（今河北柏鄉縣固城店），末年移至鄴縣（今河北臨漳縣西南）。

[9]【今注】謁者：官名。戰國始置。西漢隸中郎將（光祿勳屬官），主賓贊受事。秩比六百石。設謁者僕射統領，秩比千石。東漢謁者僕射秩比千石，爲謁者臺率，主謁者，天子出，掌在前導引。屬下有常侍謁者，秩比六百石，掌殿上時節威儀；給事謁者四百石，灌謁者郎中比三百石，掌賓贊受事及上章報問。多從郎官、孝廉中選拔。 案，部，紹興本、大德本、殿本作"郡"。據下文"宗督二郡兵討之"，應以"郡"爲是。

[10]【今注】琅邪：郡國名。秦置琅邪郡。西漢呂后七年（前181）改爲琅邪國。新莽改名爲"塡夷"。光武帝封其子劉京爲琅邪王，立琅邪國，治開陽縣（今山東臨沂市北）。 北海：郡國名。西漢景帝時置。建武十三年省菑川、高密、膠東三國，以其縣屬北海。東漢治劇縣（今山東昌樂縣西北），屬青州刺史部。建武二十八年，光武帝徙魯王劉興爲北海王。北海由郡爲國。

[11]【今注】購賞：懸賞。居延新簡 EPF22：221 至 235 簡有《捕斬匈奴虜反羌購賞科別》簡冊。購賞科別，《中國簡牘集成》認爲即懸賞的不同規定（《中國簡牘集成》十二冊，敦煌文藝出版社 2001 年版，第 79 頁）。額濟納簡"王莽詔書下行文"殘冊中，有關於"購賞科條"的簡文〔參見張忠煒《居延新簡所見"購賞

科別”册書復原及相關問題之研究——以〈額濟納漢簡〉“購賞科條”爲切入點》，《文史哲》2007 年第 6 期；宋國華《秦漢律“購賞”考》，《法律科學（西北政法大學學報）》2013 年第 5 期；張忠煒《“購賞科條”識小》，《歷史研究》2006 年第 2 期〕。

[12]【今注】沛：郡國名。原爲秦泗水郡。西漢高祖改爲沛郡。新莽改名爲吾符郡。東漢光武帝建武二十年改爲沛國，治相縣（今安徽濉溪縣西北）。屬豫州刺史部。　楚：國名。西漢高祖時初置。宣帝地節元年（前 69）更爲彭城郡。黄龍元年（前 49）復故。新莽改名爲和樂。東漢建武十七年復爲楚國。治彭城縣（今江蘇徐州市），屬徐州刺史部。　東海：郡國名。西漢高祖時初置。新莽改名爲沂平郡。治郯縣（今山東郯城縣西北），屬徐州刺史部。東漢建武十五年，光武帝封皇子劉陽爲東海公。建武十七年，劉陽進爵東海王。建武十九年，更爲東海國。建武二十八年，徙治魯縣（今山東曲阜市）。　臨淮：郡國名。西漢武帝元狩六年（前 117）置。治徐縣（今江蘇泗洪縣南），屬徐州刺史部。新莽改名爲淮平郡。東漢建武十五年，光武帝封劉衡爲臨淮公。建武十七年六月，劉衡未及進爵而薨，國除。明帝永平十五年（72），更置下邳國。治下邳縣（今江蘇邳州市南）。

[13]【今注】徐：西漢武帝所置十三州部刺史之一。東漢治郯縣（今山東臨沂市郯城縣北）。　震慄：因恐懼而顫抖。慄，通“栗”。

[14]【今注】琅邪相：琅邪國相。相，官名。諸侯王國内最高行政長官。初名相國，西漢惠帝元年（前 194）更名爲丞相，景帝中元五年（前 145）更名爲相。

[15]【今注】永平：東漢明帝劉莊年號（58—75）。

法雄字文彊，扶風郿人也，[1]齊襄王法章之後。[2]秦滅齊，子孫不敢稱田姓，故以法爲氏。[3]宣帝時，[4]徙三輔，[5]世爲二千石。[6]雄初仕郡功曹，[7]辟大傅張禹府，[8]舉雄高第，[9]除平氏長。[10]善政事，好發擿姦伏，[11]盜賊稀發，吏人畏愛之。南陽大守鮑得上其理狀，[12]遷宛陵令。[13]

[1]【今注】扶風：漢三輔之一。即右扶風。西漢武帝太初元年（前 104）改主爵都尉置。相當於郡。治長安縣（今陝西西安市西北）。東漢移治槐里縣（今陝西興平市東南）。　郿：縣名。治所在今陝西眉縣東。兩漢屬右扶風。

[2]【今注】齊襄王法章：戰國末期齊國國君，公元前 283 年至前 265 年在位。《史記》卷八二《田單列傳》載：“初，淖齒之殺湣王也，莒人求湣王子法章，得之太史嫩之家，爲人灌園。嫩女憐而善遇之。後法章私以情告女，女遂與通。及莒人共立法章爲齊王，以莒距燕，而太史氏女遂爲后，所謂‘君王后’也。”

[3]【李賢注】法章，齊湣王子也（王，底本作“三”，紹興本、大德本、殿本作“王”，據改）。法章子建立，爲秦所滅。見《史記》也（大德本、殿本無“也”字）。《史記·田中敬完世家》：湣王之遇殺，其子法章變名姓爲莒太史敫家庸。太史敫女奇法章狀貌，以爲非恒人，憐而常竊衣食之，而與私通焉。淖齒既以去莒，莒中人及齊亡臣相聚求湣王子，欲立之。法章懼其誅己也，久之，乃敢自言“我湣王子也”。於是莒人共立法章，是爲襄王。以保莒城而布告齊國中：“王已立在莒矣。”【今注】以法爲氏：齊國國君本是嬀姓，田氏。齊襄王田氏名法章，後人以“法”氏代替“田”氏。

[4]【今注】宣帝：西漢皇帝劉詢，公元前 74 年至前 49 年在位。紀見《漢書》卷八。

[5]【今注】三輔：地區名。漢代京畿地區的合稱。西漢景帝前元二年（前 155）分內史爲左右內史，與主爵中尉（後改主爵都尉），同治京城長安城中。因所轄皆爲京畿地區，相當今陝西關中地區，故合稱“三輔”。武帝太初元年（前 104），左、右內史、主

爵都尉分別改名爲左馮翊、京兆尹、右扶風。東漢時，扶風移治槐里（今陝西興平市東南），馮翊移治高陵（今陝西西安市高陵區）。

[6]【今注】二千石：因漢代所得俸禄以米穀爲準，故官秩等級以"石"名。漢朝二千石爲中央政府機構的九卿等列卿及地方州牧郡守、諸侯王國相等。又可細分爲中二千石、二千石、比二千石三等。此處泛指朝廷的高級官員。

[7]【李賢注】《續漢志》曰"郡皆置諸曹掾史，功曹史，主選署功勞"也（大德本、殿本脫"署"字）。【今注】郡功曹：官名。指郡府所置功曹掾、功曹史的簡稱。掌統率諸曹，並有升遷黜免衆吏的權力。秩百石。

[8]【今注】大傅：官名。位居上公。掌輔助皇帝，使無過失，無常職。東漢光武帝以卓茂爲太傅，卓茂薨後，因省。此後每帝初即位，置太傅録尚書事，薨後輒省。案，大，紹興本、殿本作"太"。

[9]【今注】高第：漢代博士弟子、賢良文學等考試優等或官員考課成績第一。

[10]【李賢注】平氏，縣，屬南陽郡，故城今唐州平氏縣也。【今注】平氏：縣名。治所在今河南桐柏縣西北。　長：縣長。漢代萬户以上縣的長官稱縣令，不足萬户稱長。

[11]【今注】發摘（tī）姦伏：揭發隱蔽的奸人壞事。指吏治清明。摘，揭發。

[12]【今注】大守：官名。秦漢郡的最高行政長官，掌一郡政務。秩二千石。原稱郡守，西漢景帝時改稱太守。案，紹興本、大德本、殿本作"太守"。下同不注。　鮑得：鮑永之子。修志節，有名稱。爲南陽太守。當時多荒災，祇有南陽豐穰，號爲"神父"。因郡學久廢，修起橫舍，行禮奏樂。又尊饗國老，宴會諸儒。徵拜大司農，卒於官。曹金華《後漢書稽疑》指出，得，本書卷二九《鮑永傳》載，永平十七年，"除子得爲郎"，又作"子德"。《陳寵傳》、《書鈔》卷七五引《華嶠書》亦作"德"。（中華書局2014年

版，第412頁）　理狀：政績。指官吏執政辦事的成績。

[13]【今注】宛陵：縣名。治所在今安徽宣城市宣城區。曹金華《後漢書稽疑》認爲，宛陵屬丹陽郡（治宛陵縣），此指河南郡之苑陵，"宛"當作"苑"。此處作南陽太守鮑得"上其理狀"，南陽郡有"宛縣"，則宛陵或當作"宛"，即法雄或遷爲宛令。（第499頁）

　　永初三年，[1]海賊張伯路等三千餘人，冠赤幘，[2]服絳衣，[3]自稱"將軍"，寇濱海九郡，[4]殺二千石令長。[5]初，遣侍御史龐雄督州郡兵擊之，[6]伯路等乞降，尋復屯聚。明年，伯路復與平原劉文河等三百餘人稱"使者"。[7]攻厭次城，殺長吏，[8]轉入高唐，[9]燒官寺，[10]出繫囚，渠帥皆稱"將軍"，共朝謁伯路。伯路冠五梁冠，佩印綬，[11]黨衆浸盛。[12]乃遣御史中丞王宗持節發幽、冀諸郡兵，[13]合數萬人，乃徵雄爲青州刺史，[14]與王宗并力討之。連戰破賊，斬首溺死者數百人，餘皆奔走，收器械財物甚衆。會赦詔到，賊猶以軍甲未解，不敢歸降。於是王宗召刺史大守共議，皆以爲當遂擊之。雄曰："不然。兵，凶器；戰，危事。[15]勇不可恃，勝不可必。賊若乘船浮海，深入遠島，攻之未易也。及有赦令，可且罷兵，以慰誘其心，執必解散，然後圖之，可不戰而定也。"宗善其言，即罷兵。賊聞大喜，乃還所略人。而東萊郡兵獨未解甲，[16]賊復驚恐，遁走遼東，[17]止海島上。五年春，乏食，復抄東萊間，雄率郡兵擊破之，賊逃還遼東，遼東人李久等共斬平之，於是州界清靜。

［1］【今注】永初：東漢安帝劉祜年號（107—113）。

［2］【今注】冠赤幘：頭上戴着赤色的布巾。赤，紅色。幘，古代用來包裹頭髮的布巾。蔡邕《獨斷》卷下云：“古之卑賤執事不冠者之所服也……元帝額有壯髮，不欲使人見，始進幘服之，群臣皆隨焉。然尚無巾。”至王莽乃加巾，故言王莽秃幘施屋。本書《輿服志下》載：古者有冠無幘，秦加武將首飾爲絳袙，以表貴賤。其後稍稍作顔題。漢興，續其顔，却摞之；施巾連題，却覆之。今喪幘是其制也，名之曰幘。幘者，賾也，頭首嚴賾也。至孝文，乃高顔題，續之爲耳，崇其巾爲屋，合後施收上下，群臣貴賤皆服之。文者長耳，武者短耳。尚書賾收，方三寸，名曰納言。未冠童子幘無屋。

［3］【今注】服絳衣：穿着軍服。古代軍服常用絳色。絳，深紅色。

［4］【今注】濱海九郡：指勃海、平原、濟南、千乘、北海、東萊、秦山、遼東等。本書卷五《安帝紀》載，此事發生於安帝永初三年（109）秋七月。

［5］【今注】令長：縣令、縣長。漢代萬户以上縣的長官稱令，不足萬户稱長。

［6］【今注】侍御史：官名。御史中丞屬官。有十五人，掌察舉非法，受公卿群吏奏事，有違失舉劾之。秩六百石。 龐雄：巴郡（今重慶市江北區）人。本書卷四七《梁懂傳》載，永初三年冬，任中郎將，與梁懂等大破南單于。四年，位至大鴻臚。

［7］【今注】平原：郡國名。治平原縣（今山東平原縣南）。東漢殤帝延平元年（106）封劉勝爲平原王。安帝建光元年（121）又爲郡。桓帝建和二年（148）封劉碩爲平原王。獻帝建安十一年（206）又爲郡。（參見周振鶴、李曉傑、張莉《中國行政區劃通史·秦漢卷》，復旦大學出版社2017年版，第722—723頁）

［8］【李賢注】厭次，今棣州縣是也。【今注】厭次：縣名。治所今山東德州市陵城區。西漢高祖六年（前201）封功臣爰類爲厭次侯。後改爲縣。宣帝時改爲富平縣，屬平原郡。東漢明帝復改

爲厭次縣。獻帝建安十八年改屬樂陵國。　長吏：級別較高的官吏。一般指六百石以上。二百石至四百石的縣吏也稱長吏。秦漢時期郡守（太守）、郡尉（都尉）、王國相、三輔（京兆尹、左馮翊、右扶風）、都官、侯國相等都被稱作長吏；道、三輔所轄縣、障候等機構的主要負責人也都稱長吏（參見張欣《秦漢長吏再考——與鄒水傑先生商榷》，《中國史研究》2010 年第 3 期）。此處指縣之令、丞、尉等。案，本書卷五《安帝紀》作"攻厭次城，殺縣令"。

［9］【李賢注】高唐，今博州縣。【今注】高唐：縣名。治所在今山東禹城市西。

［10］【今注】官寺：官署。寺，是"侍"之本詞，本義爲"内小臣"，即内侍之官，相當於後世之宦官；寺，由朝廷内侍之官居止之所及其機構名，後擴大引申爲朝廷内外官員居止之所及其機構名，即"官寺"的含義（參見陳寶勤《試論"寺"自"官寺"義到"佛寺"義的演化》，《南開語言學刊》2005 年第 1 期）。案，大德本、殿本誤作"宫寺"。

［11］【李賢注】《漢官儀》曰"諸侯冠進賢三梁，卿大夫、尚書、二千石冠兩梁，千石以下至小吏冠一梁"，無五梁制者也（本書卷二《明帝紀》李賢注引作"三公、諸侯冠進賢三梁，卿、大夫、尚書、二千石、博士冠兩梁"）。【今注】五梁冠：頂部帶有五根梁脊的進賢冠。案，本書《輿服志下》："進賢冠，古緇布冠也，文儒者之服也。前高七寸，後高三寸，長八寸。公侯三梁，中二千石以下至博士兩梁，自博士以下至小史私學弟子，皆一梁。宗室劉氏亦兩梁冠，示加服也。"漢代五梁冠相關記載僅見於此，恐有誤。　印綬：印信和繫在印鈕上的絲帶。顏色不同代表官職高低。此處代指印信。

［12］【今注】浸盛：逐漸强盛。

［13］【今注】御史中丞：官名。御史大夫屬官。西漢時監御史在殿中，掌密舉非法，受公卿章奏，糾察百僚。成帝綏和元年

（前 8）轉爲司空，因別留中，爲御史臺長官，後又屬少府。掌受公卿官吏奏事，舉劾違法，監察威儀。秩千石。領治書侍御史、侍御史。與司隸校尉、尚書令並稱“三獨坐”。　持節：指持符節調動軍隊。符節以竹、木或金屬爲之，上書文字，剖分爲二，各執其一，使用時以兩片相合爲驗（參見孫機《漢代物質資料圖説》，上海古籍出版社 2008 年版，第 178 頁）。　幽：幽州。西漢武帝時所置十三刺史部之一。東漢治所在薊縣（今北京市西南）。

　[14]【今注】青州：西漢武帝時所置十三刺史部之一。東漢治所在臨菑縣（今山東淄博市臨淄區北）。　刺史：官名。西漢武帝元封五年（前 106）置，共十三部（州）。每部置刺史一人，秩六百石。每年八月奉詔以六條問事，省察郡國二千石長吏、強宗豪右、諸侯王等，並審理冤獄，每年歲末入奏。成帝綏和元年，更名州牧，秩二千石。哀帝建平二年（前 5），復爲刺史。元壽二年（前 1），又稱州牧。東漢光武帝建武元年（25），復置牧。建武十一年省。十八年，罷州牧，置刺史。秩六百石。高於郡級地方行政長官。掌監察、選舉、劾奏、領兵等。靈帝中平五年（188），改置州牧。

　[15]【李賢注】《史記》范蠡之詞。【今注】案，《史記》卷四一《越王句踐世家》載：“臣聞兵者凶器也，戰者逆德也，争者事之末也。”

　[16]【今注】東萊：郡名。治黃縣（今山東龍口市東南）。

　[17]【今注】遼東：郡名。治襄平縣（今遼寧遼陽市白塔區）。

　　雄每行部，[1]録囚徒，[2]察顔色，多得情僞，[3]長吏不奉法者皆解印綬去。[4]

　[1]【今注】行部：漢制，刺史、太守於每年八月巡視所屬郡縣，考察行政，審理刑獄。

　[2]【今注】録囚徒：巡視記録郡縣囚徒情況，察看是否有冤

獄並決定可否赦宥。

[3]【今注】情僞：真實情況。

[4]【今注】解印綬：指辭去官職。

在州四年，遷南郡大守，[1]斷獄省少，戶口益增。郡濱帶江沔，[2]又有雲夢藪澤，[3]永初中，多虎狼之暴，前大守賞募張捕，[4]反爲所害者甚衆。雄乃移書屬縣曰："凡虎狼之在山林，猶人之居城市。古者至化之世，猛獸不擾，[5]皆由恩信寬澤，仁及飛走。[6]大守雖不德，敢忘斯義。記到，[7]其毀壞檻穽，不得妄捕山林。"[8]是後虎害稍息，[9]人以獲安。在郡數歲，歲常豐稔。[10]元初中卒官。[11]

[1]【今注】南郡：郡名。治江陵縣（今湖北荆州市荆州區西北）。東漢章帝建初四年（79），改爲江陵國。至元和二年（85），復爲郡。

[2]【李賢注】《水經》曰："沔水出武都沮縣東狼谷中，至江夏沙羡縣北，南入于江。"羡音夷。【今注】江沔：長江和漢水。

[3]【李賢注】雲夢澤今在安州。【今注】雲夢藪澤：澤名。即雲夢澤。在今湖北安陸縣東南與雲夢縣交界處。

[4]【今注】賞募張捕：懸賞招募設網捕捉。

[5]【李賢注】《禮記》曰："大道之行，四靈以爲畜。龍以爲畜，故魚鮪不淰；鳳以爲畜，故鳥不獝；麟以爲畜，故獸不狘。"是不擾之也。【今注】案，此句指古代聖賢實行教化，各種禽獸都十分馴服。見《禮記·禮運》，原作"四靈以爲畜，故飲食有由也。何謂四靈？麟鳳龜龍，謂之四靈。故龍以爲畜，故魚鮪不淰；鳳以爲畜，故鳥不獝；麟以爲畜，故獸不狘；龜以爲畜，故人情不失"。

[6]【今注】飛走：飛禽走獸。

[7]【今注】記：此指郡太守下達給屬縣的文書。記是一種比書、檄更爲隨意的文書形式。《長沙五一廣場東漢簡牘選釋》一〇六號簡稱“廷移府記曰”。五四號簡又云“記到”“奉得記”，指縣級官吏收至府記後責成具體辦事人員處理案件（參見王朔《讀〈長沙五一廣東漢簡牘選釋〉劄記》，《簡帛》第14輯，上海古籍出版社2017年版，第185—194頁）。

[8]【李賢注】檻謂捕獸之機也。穽謂穿地陷獸也。

[9]【今注】虎害稍息：曹金華《後漢書稽疑》認爲“虎害”當作“虎狼”。本傳前云“多虎狼之暴”，法雄移書屬縣曰“凡虎狼之在山林，猶人民之居城市”，故“虎害”當作“虎狼”。（第500頁）

[10]【李賢注】稔，熟也。【今注】豐稔：農作物豐收。

[11]【今注】元初：東漢安帝劉祜年號（114—120）。案，大德本、殿本脱“元”字。

子真，在《逸人傳》。[1]

[1]【今注】逸人傳：即本書卷八三《逸民傳》。錢大昕《廿二史考異》卷一一《後漢書二》認爲，“逸人”即“逸民”，李賢避諱唐太宗李世民諱，改爲“人”字，後來追改，不及遍檢其他列傳，故有的已改有的未改。

滕撫字叔輔，北海劇人也。[1]初仕州郡，[2]稍遷爲涿令，[3]有文武才用。大守以其能，委任郡職，兼領六縣。[4]風政修明，流愛于人，[5]在事七年，道不拾遺。

[1]【今注】劇：縣名。治所在今山東昌樂縣西北。

　　[2]【今注】初仕州郡：指被州郡長官辟除爲吏。《隸釋》卷八《衛尉衡方碑》、卷一一《益州太守高頤碑》有"仕郡辟州"，《隸續》卷一五《成皋令任伯嗣碑》、卷一九《封丘令王元賓碑》有"仕極州郡"。

　　[3]【今注】涿：縣名。治所在今河北涿州市。

　　[4]【李賢注】《續漢志》涿郡領七縣，除涿以外，有遒、故安、范陽、良鄉、北新城、方城六縣，使撫兼領之。

　　[5]【今注】流愛：推愛及人。

　　順帝末，[1]揚、徐盜賊群起，[2]磐牙連歲。[3]建康元年，[4]九江范容、周生等相聚反亂，[5]屯據歷陽，[6]爲江淮巨患，[7]遣御史中丞馮緄將兵督揚州刺史尹燿、九江大守鄧顯討之。[8]燿、顯軍敗，爲賊所殺。又陰陵人徐鳳、馬勉等復寇郡縣，[9]殺略吏人。鳳衣絳衣，[10]帶黑綬，[11]稱"無上將軍"，[12]勉皮冠黃衣，[13]帶玉印，稱"黃帝"，[14]築營於當塗山中。[15]乃建年號，置百官，遣別帥黃虎攻没合肥。[16]明年，廣陵賊張嬰等復聚衆數千人反，[17]據廣陵。朝廷博求將帥，三公舉撫有文武才，[18]拜爲九江都尉，與中郎將趙序助馮緄合州郡兵數萬人共討之。[19]又廣開賞募，錢、邑各有差。梁大后慮群賊屯結，[20]諸將不能制，又議遣大尉李固。[21]未及行，會撫等進擊，大破之，斬馬勉、范容、周生等千五百級，徐鳳遂將餘衆攻燒東城縣。[22]下邳人謝安應募，[23]率其宗親設伏擊鳳，[24]斬之，封安爲平鄉侯，[25]邑三千户。拜撫中郎將，督揚、徐二州事。撫復進擊張嬰，斬獲千餘人。趙序坐畏懦不進，詐增首級，徵還棄市。[26]又歷陽賊華孟自稱"黑

帝"，[27]攻九江，殺郡守。撫乘勝進擊，破之，斬孟等
三千八百級，虜獲七百餘人，牛馬財物不可勝第。於
是東南悉平，振旅而還。以撫爲左馮翊，[28]除一子爲
郎。[29]撫所得賞賜，盡分於麾下。

　　[1]【今注】順帝：東漢順帝劉保，公元 125 年至 144 年在位。
紀見本書卷六。

　　[2]【今注】揚：揚州。西漢武帝時所置十三刺史部之一。東
漢時治歷陽縣（今安徽和縣）。東漢末年移治壽春（今安徽壽縣）。
　徐：徐州。西漢武帝時所置十三刺史部之一。東漢時治所在郯縣
（今山東郯城縣）。

　　[3]【李賢注】磐牙謂相連結。

　　[4]【今注】建康：東漢順帝劉保年號（144）。

　　[5]【今注】九江：郡名。治壽春縣（今安徽壽縣）。章和元
年（87），徙治陰陵縣（今安徽定遠縣西北）。

　　[6]【李賢注】歷陽，今和州縣。【今注】歷陽：縣名。治所
在今安徽和縣。

　　[7]【今注】江淮：長江中下游與淮河之間的地區，指今江
蘇、安徽中部。

　　[8]【今注】尹燿：本書卷六《沖帝紀》、卷八四《列女傳》
並作"尹耀"。

　　[9]【今注】陰陵：縣名。治所在今安徽定遠縣西北。

　　[10]【今注】絳衣：指軍服。本書卷一八《陳俊傳》引《華
嶠書》曰："拜爲彊弩偏將軍，賜絳衣九百領，以衣中堅同心士。"

　　[11]【今注】黑綬：黑色的綬帶。東漢時千石、六百石官吏
皆用黑綬。

　　[12]【今注】無上將軍："無上"指最高的，後來用以指
"天"和"道"。《太平經》以天爲無上，故云："比若清者，樂上
行爲天，天乃無上也。"又稱："故能爲天，最稱神也，最名無上之

君也。"《太平經》又將道置於天之上："天乃無上，道復尚之。道乃天皇之師法也，乃高尚天。"則無上將軍實即大道將軍或天道將軍，指將軍屬於太上大道或天帝，無上將軍是大道化身，是天帝的神使（參見黃景春《中國宗教性隨葬文書研究》，上海人民出版社2018年版，第139頁）。《後漢紀》卷一九《孝順皇帝紀下》作"九江盜賊徐鳳稱上將軍"。本書卷八《靈帝紀》載，靈帝中平五年（188），"甲子，帝自稱'無上將軍'，燿兵於平樂觀"。

[13]【今注】皮冠：鹿皮冠。古代隱士戴的帽子。　黃衣：傳說黃帝服黃衣、戴黃冕。一般爲道士的衣服。

[14]【今注】黃帝：本書卷六《質帝紀》永憙元年（145）"三月，九江賊馬勉稱'黃帝'"。《東觀漢記》卷三載，漢質帝初即位，"傳勉頭及所帶玉印、鹿皮冠、黃衣詣洛陽，詔懸夏城門外，章示百姓"。

[15]【李賢注】當塗縣之山也，在今宣州（宣州，當依下邳惠王傳注作"濠州"）。【今注】當塗山：即塗山。在今安徽懷遠縣東南淮河南岸。王先謙《後漢書集解》引吳仁傑說，以爲當有兩當塗縣，一在九江郡，一在宣州。宣州的當塗，晉成帝始置，東漢時期並不存在。

[16]【李賢注】合肥故城在今廬州北也。【今注】別帥：指統率主力之外軍隊的將領。　合肥：國名。治所在今安徽合肥市蜀山區。東漢末國除爲縣。

[17]【今注】廣陵：郡國名。西漢武帝元狩六年（前117）改江都國置，治廣陵縣（今江蘇揚州市西北蜀岡上）。東漢光武帝建武十八年（42）改爲廣陵郡。東漢末移治射陽縣（今江蘇寶應縣東北射陽鎮）。

[18]【今注】三公：官名。西周時指太師、太傅、太保或司徒、司馬、司空。西漢初指丞相、御史大夫、太尉。武帝建元二年（前139）省太尉。元狩四年置大司馬。成帝綏和元年（前8）改御史中丞爲大司空。哀帝元壽二年（前1）改丞相爲大司徒。此後以丞相（大司徒）、大司馬、御史大夫（大司空）爲三公。王莽定三

公之號曰大司馬、大司徒、大司空。東漢初，因而不改。光武帝建武二十七年，大司馬改爲太尉，大司徒、大司空去“大”字，亦稱“三司”。掌參議朝政，監察百官。

[19]【今注】中郎將：官名。掌領諸郎官。西漢武帝設五官、左、右三將，隸光禄勳，秩比二千石。東漢省併郎署，中郎、侍郎、郎中悉歸五官、左、右三署。五官、左、右中郎將仍隸光禄勳。掌考核選拔郎官。又置虎賁、羽林中郎將掌宫禁宿衞侍從，匈奴中郎將管理南匈奴事務。

[20]【今注】案，大后，紹興本、大德本、殿本作“太后”。下同不注。

[21]【今注】大尉：官名。西漢爲最高武官，掌軍事。武帝元狩四年（前119）改稱大司馬。東漢光武帝建武二十七年，改大司馬爲太尉，與司徒、司空並列三公，秩萬石。如加録尚書事，掌參議軍政事務，考核地方官吏。屬吏有長史等，又置諸曹，分管各種行政事務。案，紹興本、大德本、殿本作“太尉”。下同不注。

李固：字子堅，漢中南鄭（今陝西漢中市）人。傳見本書卷六三。

[22]【李賢注】東城縣故城在今豪州定遠縣東南（豪州，中華本校勘記認爲，王先謙《後漢書集解》作“濠州”。《元和郡縣志》謂隋開皇三年改高齊之西楚州爲濠州，因水爲名，大業三年改爲鍾離郡，唐武德五年復改爲濠州。中間誤去“水”旁作“豪”，元和三年又加“水”旁）。【今注】東城縣：治所在今安徽定遠縣東南。

[23]【今注】下邳：縣名。治所在今江蘇邳州市南。

[24]【今注】宗親：同宗的親屬。

[25]【今注】平鄉：縣名。治所在今河北平鄉縣西南。

[26]【今注】棄市：刑罰名。在鬧市執行死刑，尸體暴露街頭，表示與衆人共棄之。案，曹金華《後漢書稽疑》以爲，《質帝紀》云“中郎將趙序坐事棄市”，注引《東觀記》曰“取錢縑三百

七十五萬”，與此處不同（第 501 頁）。

[27]【今注】黑帝：曹金華《後漢書稽疑》按，此傳載稱
“黑帝”於十一月，《後漢紀》卷二〇作“十二月”（第 133 頁）。

[28]【今注】左馮翊：官名。所治政區亦名左馮翊。西漢武
帝改左内史置。《漢書・百官公卿表上》注：“馮，輔也。翊，佐
也。”職掌相當於郡太守，轄區相當於一郡。治所在長安（今陝西
西安市西北），東漢時移至高陵（今陝西西安市高陵區西南）。轄
境範圍相當於今陝西渭河以北、涇河以東的洛河中下游地區。東漢
都洛陽，改河南郡爲尹，因陵廟在三輔，故不改京兆尹、左馮翊、
右扶風之名，祇減其俸。

[29]【今注】郎：官名。掌守宫門，備諮詢，出充車騎。東
漢於光禄勳下設五官、左、右中郎將署，主管諸中郎、侍郎、郎
中，實爲儲備官吏人才的機構，其郎官多達二千餘人。

　　性方直，不交權埶，宦官懷忿。[1]及論功當封，大
尉胡廣時録尚書事，[2]承旨奏黜撫，天下怨之。卒
於家。

[1]【今注】宦官：在宫内侍奉皇帝及其後宫的人員。本書卷
七八《宦官傳》：“中興之初，宦官悉用閹人，不復雜調它士。”

[2]【今注】胡廣：字伯始，南郡華容（今湖北潛江市西南）
人。傳見本書卷四四。　　録尚書事：官名。總領尚書事。西漢中後
期，以尚書掌天下章奏，置左右曹諸吏分平尚書奏事，以位高權重
者始領尚書事。初稱領尚書事。東漢章帝時，以太傅趙憙、太尉牟
融録尚書事。和帝之後，置太傅録尚書事，位在三公之上。（參見
李宜春《兩漢領、録尚書事制度比較研究》，《晉陽學刊》1999 年
第 5 期）

　　馮緄字鴻卿，[1]巴郡宕渠人也，[2]少學《春秋》

《司馬兵法》。[3]父煥，安帝時爲幽州刺史，[4]疾忌姦惡，數致其罪。時玄菟大守姚光亦失人和。[5]建光元年，[6]怨者乃詐作璽書譴責煥、光，[7]賜以歐刀。[8]又下遼東都尉龐奮使速行刑，[9]奮即斬光收煥。煥欲自殺，緄疑詔文有異，止煥曰："大人在州，志欲去惡，實無它故，必是凶人妄詐，規肆姦毒。願以事自上，甘罪無晚。"煥從其言，上書自訟，果詐者所爲，徵奮抵罪。會煥病死獄中，帝愍之，賜煥、光錢各十萬，以子爲郎中。[10]緄由是知名。

[1]【今注】案，鴻卿，《隸釋》卷七《漢車騎將軍馮緄碑》作"皇卿"。

[2]【李賢注】宕渠，縣，故城在今渠州東北。緄音古本反。【今注】巴郡：治江州縣（今重慶市北嘉陵江北岸）。 宕渠：縣名。治所在今四川渠縣東北。

[3]【李賢注】《謝承書》曰，緄學《公羊春秋》。《史記》曰，司馬穰苴者，田完之苗裔也，當景公時，善用兵。至齊威王時，使大夫追論古者《司馬兵法》，而附穰苴其中，號曰《司馬穰苴》也。【今注】春秋：此指《公羊春秋》。公羊說經，記事較爲簡略，重點在闡釋《春秋》微言大義，爲今文經。公羊，公羊高，戰國時齊國人。子夏弟子。治《春秋》。西漢景帝時，玄孫公羊壽與齊人胡毋子書之於竹帛。 司馬兵法：指司馬穰苴兵法。《史記》卷六四《司馬穰苴列傳》載，齊威王使大夫追論《司馬兵法》，附穰苴於其中，號稱《司馬穰苴兵法》。《隋志》載，梁有《司馬法》三卷，又云，河間獻王得《司馬穰苴兵法》一百五十五篇。沈欽韓《漢書疏證》認爲，此書出於戰國。相傳周公所作，後太公、孫子、王子成、司馬穰苴皆有兵法著作，齊威王合衆家所著，共有一百五十五篇。今《司馬穰苴兵法》存五篇。《隸釋》卷

七《漢車騎將軍馮緄碑》作"治《春秋嚴》《韓詩倉氏》，兼《律大杜》"。（參見何如月《漢車騎將軍馮緄碑志考釋》，《考古與文物》2006 年第 1 期）

［4］【今注】安帝：東漢安帝劉祜，公元 106 年至 125 年在位。紀見本書卷五。　幽州：西漢武帝時所置十三刺史部之一。東漢治薊縣（今北京市西南）。

［5］【今注】玄菟：郡名。治高句驪縣（今遼寧新賓滿族自治縣永陵鎮西南）。　姚光：東漢官吏。安帝建光元年（121），高句麗攻玄菟郡，與幽州刺史馮煥、遼東太守蔡諷伐之。蔡諷戰死。據本書卷五《安帝紀》載，姚光被殺事發生在建光元年三月甲戌。

［6］【今注】建光：東漢安帝劉祜年號（121—122）。

［7］【今注】璽書：皇帝的詔敕。古代將文書書寫於簡牘上，兩片合一，以繩縛之，在繩結上用泥密封，鈐以印璽。春秋戰國時，國君大夫之印稱璽，秦以後作爲皇帝專用。

［8］【今注】歐刀：漢代行刑用的刀。《資治通鑑》卷五〇《漢紀》安皇帝延光元年夏四月條，胡三省注謂，古代歐冶子善作劍，故稱"歐刀"。但宋傑認爲此說不確，認爲"歐刀"當作"甌刀"，即將刀刃向上橫架在某種器具上，犯人受刑時投身就刃而死。在刀架之下也應該放置一件盛血的容器。（參見宋傑《"伏劍"與"歐刀"：東周秦漢"隱戮"行刑方式的演變》，《中國史研究》2013 年第 2 期）本書卷五八《虞詡傳》載，獄吏勸詡自引，詡曰："寧伏歐刀以示遠近。"

［9］【今注】龐奮：東漢雁門太守。和帝永元七年（95）行度遼將軍。永元八年，南匈奴右溫禺犢王叛，寇邊。奮以行度遼將軍及領中郎將與馮柱追討之，大敗匈奴軍，斬右溫禺犢王。十二年，遷河南尹。後爲遼東屬國都尉。案，曹金華《後漢書稽疑》云，本書《安帝紀》、《三國志·魏書·公孫淵傳》俱作"遼東屬國都尉"（第 501 頁）。

［10］【今注】郎中：官名。西漢爲郎中令屬官，有車、戶、騎三將，秩比千石。掌守衛門戶，出充車騎。東漢罷郎中三將，遂

分隸五官、左、右中郎將三署，名義上備宿衛，實爲後備官吏人材。

　　家富好施，賑赴窮急，爲州里所歸愛。[1]初舉孝廉，[2]七遷爲廣漢屬國都尉，[3]徵拜御史中丞。順帝末，以緄持節督揚州諸郡軍事，與中郎將滕撫擊破群賊，[4]遷隴西大守。[5]後鮮卑寇邊，[6]以緄爲遼東大守，曉喻降集，虜皆弭散。[7]徵拜京兆尹，[8]轉司隸校尉，[9]所在立威刑。遷廷尉、大常。[10]

　　[1]【今注】歸愛：愛戴並擁護。

　　[2]【今注】孝廉：漢代選拔舉薦人才的方式之一。孝指孝悌，廉指廉潔。漢制規定，每年郡國從所屬吏民中推舉孝、廉各一人。東漢和帝時始以人口爲標準，每二十萬人中歲舉孝廉一人。

　　[3]【今注】廣漢：郡名。西漢治梓潼縣（今四川梓潼縣）。東漢永初二年（108）移治涪縣（今四川綿陽市東北），又徙治雒縣（今四川廣漢市北）。　屬國都尉：官名。西漢武帝後置屬國於西北邊郡，安置内附少數民族，設都尉主之，掌民政軍事，兼掌戍衛邊塞。秩比二千石。宣帝以後，屬國或增置，或廢罷，兼安置羌人。東漢西北、東北、西南等邊境地區皆置，多從諸郡中分以安置降附、内屬匈奴、胡、羌等少數民族。屬官又或設長史、主簿等員。案，宋趙明誠《金石録》卷一六指出，據《漢車騎將軍馮緄碑》，自舉孝廉至廣漢郡屬國都尉，凡十一遷。

　　[4]【今注】群賊：指馬勉、范容、周生等。

　　[5]【今注】隴西：郡名。初治狄道縣（今甘肅臨洮縣），安帝永初五年（111）徙治襄武縣（今甘肅隴西縣東南）。東漢延光三年（124）復治狄道縣。。

　　[6]【今注】鮮卑：古族名。東胡的一支，因別依鮮卑山，故稱。漢初，爲冒頓所敗，入遼東塞外，與烏桓相接。東漢初，與匈

奴攻遼東。和帝永元中，北匈奴西遷後，徙據其地。因兼併其衆，逐漸強盛，多次攻漢邊郡。桓帝時，首領檀石槐建庭立制，分爲東、中、西三部，各置大人率領。其後聯合體瓦解，步度根、軻比能等首領各擁其衆，附屬曹魏。

[7]【李賢注】弭，止也。

[8]【今注】京兆尹：官名。西漢京畿地方行政長官之一。武帝時改右内史置，職掌如郡太守。其地屬京畿，爲三輔之一，故不稱郡。因治京師，又得參與朝政，故又有中央官性質。秩中二千石，地位高於郡守，位列諸卿。東漢秩二千石。

[9]【今注】司隸校尉：官名。掌察舉三輔（京兆、左馮翊、右扶風）、三河（河東、河内、河南）、弘農七郡的犯法者。西漢成帝元延四年（前9）省，哀帝時復置，改名司隸，隸大司空。東漢仍名司隸校尉，掌糾察宮廷皇親、貴戚百官，兼領兵、搜捕罪犯，並爲司隸州行政長官。治洛陽縣（今河南洛陽市）。秩比二千石。光武帝特詔朝會時與御史中丞、尚書令並專席而坐，時號"三獨坐"。

[10]【今注】廷尉：官名。西漢景帝中元六年（前144）改名大理。武帝建元四年（前137）復舊。掌司法刑獄，主管詔獄。秩中二千石。王莽改稱作士。東漢復名廷尉，秩中二千石。　大常：官名。掌祭祀社稷、宗廟和朝會、喪葬禮儀，管理、巡視陵廟所在縣邑，兼管博士和博士弟子的考核、薦舉。西漢景帝中元六年名奉常。王莽時改名秩宗。秩中二千石。東漢時掌禮儀祭祀及博士選拔考核。案，紹興本、殿本作"太常"。下同不注。又案，曹金華《後漢書稽疑》云《漢車騎將軍馮緄碑》載緄爲"隴西太守，坐問吏辜旬不分去官。以羌駭動，爲四府所表，復家拜隴西太守。上病，辟同産弟，徵議郎。復治書侍御史、尚書、遼東太守、廷尉、太常"，與此不同。又《風俗通義・怪神》作拜緄"遼東太守、廷尉、太常"，也不云"拜京兆尹、轉司隸校尉"。（第501頁）

時長沙蠻寇益陽，[1]屯聚積久，至延熹五年，[2]衆轉盛，而零陵蠻賊復反應之，[3]合二萬餘人，攻燒城郭，殺傷長吏。又武陵蠻夷悉反，[4]寇掠江陵間，[5]荆州刺史劉度、南郡大守李肅並奔走荆南，[6]皆没。於是拜緄爲車騎將軍，[7]將兵十餘萬討之，詔策緄曰：“蠻夷猾夏，久不討攝，[8]各焚都城，蹈籍官人。[9]州郡將吏，死職之臣，[10]相逐奔竄，曾不反顧，可愧言也。將軍素有威猛，是以擢授六師。[11]前代陳湯、馮、傅之徒，以寡擊衆，[12]郅支、夜郎、樓蘭之戎，頭懸都街，[13]衛、霍北征，功列金石，是皆將軍所究覽也。[14]今非將軍，誰與修復前迹？進赴之宜，權時之策，將軍一之，出郊之事，不復内御。[15]已命有司祖于國門。[16]《詩》不云乎：‘進厥虎臣，闞如虓虎，敷敦淮濆，仍執醜虜。’將軍其勉之！”[17]

[1]【今注】長沙蠻：指東漢活動在長沙郡境内的少數民族。在今湖南洞庭湖東南部和資江、湘江二水流域中下游。東漢時在雪峰山的北端，包括今湖南長沙市的一些縣市（參見伍新福《長沙蠻初考》，《中南民族大學學報》1986 年第 4 期；張雄《漢晉以來“長沙蠻”的族屬試析》，《廣西民族研究》1986 年第 4 期）。長沙，郡名。治臨湘縣（今湖南長沙市）。案，本書卷七《桓帝紀》載，延熹三年（160）十二月，武陵蠻寇江陵，車騎將軍馮緄討，皆降散。荆州刺史度尚討長沙蠻，平之。　益陽：縣名。治所在今湖南益陽市東。

[2]【今注】延熹：東漢桓帝劉志年號（158—167）。

[3]【今注】零陵蠻：東漢時活動於今湖南南部的少數民族。零陵，郡名。治泉陵縣（今湖南永州市零陵區）。

[4]【今注】武陵蠻：東漢時分布在今湖南東北部、湖北西南

部的少數民族。漢初在其地置武陵郡。東漢光武帝建武二十三年（47）十二月，武陵蠻叛，寇掠郡縣，遣劉尚討之，戰於沅水，尚軍敗歿。武陵，郡名。治臨沅縣（今湖南常德市）。

[5]【今注】江陵：縣名。治所在今湖北荆州市荆州區西北。

[6]【今注】荆州：西漢武帝元封五年（前106）置十三刺史部之一。東漢治所在漢壽縣（今湖南常德市東北）。獻帝初平元年（190），劉表徙治襄陽（今湖北襄陽市漢水南岸襄陽城）。 荆南：地區名。指荆州長江以南的地區。

[7]【今注】車騎將軍：武官名。重號將軍。西漢初爲臨時將軍名，掌領車騎士。臨時設置，事訖即罷。武帝後常設，地位次於大將軍、驃騎將軍。掌京城、皇宮禁衛軍隊，出征時常總領諸將軍。東漢時位比三公，常以貴戚充任。秩萬石。掌領兵征伐，參議朝政。靈帝時作爲加官或贈官。中平元年（184）分置左、右。案，本書卷七《桓帝紀》載，延熹五年冬十月，武陵蠻叛，寇江陵，南郡太守李肅坐奔北棄市；辛丑，以太常馮緄爲車騎將軍，討之。

[8]【李賢注】猾，亂也。夏，華夏也。攝，持也。《書》曰："蠻夷猾夏。"【今注】蠻夷猾夏：蠻夷擾亂華夏。見《尚書·舜典》。 討攝：討伐威懾。

[9]【今注】案，籍，大德本、殿本作"藉"。二字可通。

[10]【今注】死職之臣：殉職的官吏。《荀子·議兵》云："將死鼓，御死轡，百吏死職，士大夫死行列。"

[11]【李賢注】六師猶六軍也，《詩》云"整我六師，以修我戎"也。【今注】六師：原指周天子率領的軍隊編制。因在西土王畿，又稱西六師。《周禮》稱六軍，《地官·小司徒》："五人爲伍，五伍爲兩，四兩爲卒，五卒爲旅，五旅爲師，五師爲軍。"此處泛指軍隊。

[12]【李賢注】陳湯字子公，山陽瑕丘人也。元帝時，爲西域副校尉，矯發西域諸國兵四萬人（《漢書》卷九《元帝紀》作"撟發戊己校尉屯田吏士及西域胡兵"，《漢書》卷七〇《陳湯傳》

作"漢兵胡兵四萬餘人"），誅斬郅支單于，傳首長安，懸於棄
街。馮奉世字子明，上黨潞人也。宣帝時，以衛尉持節送大宛諸
國客到伊修城（衛尉，殿本作"衛候"。此事《漢書》卷七九
《馮奉世傳》作"奉世以衛候使持節送大宛諸國客"。當以"衛
候"爲是）。時莎車王萬年殺漢使者，子明乃以節告諸國王，發兵
五千人擊莎車，殺其王，傳首詣長安。傅介子，北地人。昭帝時，
爲平樂監。時樓蘭國數反覆，霍光白遣介子與士卒，齎金幣以賜
外國爲名，至樓蘭，樓蘭王與介子飲，乃令壯士二人刺殺之，持
首詣闕。

[13]【李賢注】夜郎，西南夷之國也。成帝時，夜郎王興數
不從命，牂柯大守陳立行縣至夜郎（牂柯大守，紹興本、殿本作
"牂柯太守"，大德本作"將柯太守"），召興，興從邑君數十人
見立，立數責，因斷興頭。案：夜郎王首不傳京師，殺之者陳立，
又非陳湯、馮、傅，此蓋泛論誅戮戎夷耳。【今注】郅支：地區
名。在今哈薩克斯坦江布爾城。《漢書·陳湯傳》載，建昭三年
（前36），陳湯伐匈奴郅支單于，攻郅支城。　夜郎：西南古國名。
治夜郎城（今貴州關嶺南）。西漢武帝元鼎六年（前111）於其地
置牂柯郡。　樓蘭：西域古國名。後改名鄯善。都扜泥城（今新疆
若羌縣東北羅布泊西岸樓蘭古城遺址）。　都街：都城街道。指都
城內。

[14]【李賢注】衛青、霍去病俱出擊匈奴，青至寘顏山，斬
首九千級，去病斬首七萬餘級，次到狼居胥山廼選也（到，殿本
作"封"；選，紹興本、大德本、殿本作"還"。按《漢書》卷六
《武帝紀》作"封狼居胥山乃還"，當以"封""還"爲是）。

[15]【李賢注】一猶專也，言出郊以外，不復由內制御也。
《淮南子》曰"夫命將（夫，紹興本、大德本、殿本作'凡'，
是），主親授鉞曰：'從此上至天，將軍制之。'將答曰：'國不可
從外理，軍不可從中御'"也。【今注】內御：由皇帝指揮。《公
羊傳》襄公十九年："大夫以君命出，進退在大夫也。"何休注：

"禮，兵不從中御外，臨時制宜，當敵爲師，唯義所在。"徐彥疏："《司馬法》云：闡外之事，將軍裁之。故云：禮，用兵之道，不得國中制御於外也。凡爲將軍之法，必須臨時制宜，謂專進退也。"

　　[16]【李賢注】祖，道祭也。鄭玄注《禮記》云："天子九門：路門也，應門也，雉門也，庫門也，皋門也，國門也，近郊門也，遠郊門也，關門也。"【今注】有司祖于國門：官員在國門祭祀道路之神。案，應劭《風俗通》卷八《祀典》引《禮傳》云"共工氏之子曰脩，好遠游，舟車所至，足迹所達，靡不窮覽，故祀以爲祖神"。

　　[17]【李賢注】《詩·大雅》也。當周宣王時，徐方、淮夷反叛，宣王乃進其虎猛之臣，謂方叔、召虎之類也。虓虎，怒聲也。水涯曰濆。敷，布也。醜，衆也。仍，因也。言布兵敦逼淮水之涯，因執得衆虜。引詩誡緄（誡，大德本作"誠"，殿本作"戒"，當以"誡"屬是），令其勉也。

　　時天下飢饉，帑藏虛盡，[1]每出征伐，常減公卿奉禄，假王侯租賦，前後所遣將帥，宦官輒陷以折耗軍資，[2]往往抵罪。[3]緄性烈直，不行賄賂，懼爲所中，乃上疏曰："執得容姦，伯夷可疑；苟曰無猜，盜跖可信。[4]故樂羊陳功，文侯示以謗書。[5]願請中常侍一人監軍財費。"[6]尚書朱穆奏緄以財自嫌，[7]失大臣之節。有詔勿劾。

　　[1]【今注】帑藏：儲藏財物的府庫。指國庫。
　　[2]【今注】折耗：損失、耗費。
　　[3]【今注】抵罪：按相應的法律條文治罪。《史記》卷八《高祖本紀》《索隱》引韋昭曰："抵，當也。謂使各當其罪。"
　　[4]【李賢注】《莊子》曰，孔子與柳下季爲友，弟名曰盜

踞，從卒九千人，橫行，侵暴諸侯，驅人馬牛，取人婦女，貪虐無親（虐，大德本、殿本誤作"得"），萬人苦之。【今注】伯夷：與叔齊均是商末孤竹國國君之子。其父欲立叔齊，叔齊讓於伯夷。伯夷認爲是父命，逃去。叔齊也逃走。後聞文王姬昌善養老，入周。見武王伐紂，叩馬而諫。武王滅商後，不食周粟，隱居首陽山，後餓死。

　　[5]【李賢注】樂羊，魏將軍也。《史記》曰，魏文侯令樂羊將而攻中山，三年而拔之。樂羊反而論功，文侯示之謗書一篋。樂羊再拜曰："此非臣之功也。"

　　[6]【今注】中常侍：官名。初稱"常侍"，掌侍從皇帝。西漢武帝後參與朝議，爲中朝官。元帝後稱"中常侍"，爲加官。東漢時非加官，成爲專職。掌侍從皇帝，顧問應對。初秩千石，又增秩爲比二千石。本無員數，明帝時定爲四人。章帝、和帝時，漸以宦官擔任。

　　[7]【今注】尚書：官名。西漢初爲掌文書小吏。武帝後置四員分曹治事，領諸郎。又置中書，以宦者擔任。成帝建始四年（前29），增爲五員。掌文書章奏詔命。東漢尚書臺分六曹，各置尚書，秩六百石，位在令、僕射下，丞、郎上。掌接納章奏、擬定詔令，位輕權重。與令、僕射合稱"八座"。案，大德本"尚書"前有"賞"字，誤。　　自嫌：心有不滿和疑忌。

　　緄軍至長沙，賊聞，悉詣營道乞降。[1]進擊武陵蠻夷，斬首四千餘級，受降十餘萬人，[2]荊州平定。詔書賜錢一億，固讓不受。振旅還京師，[3]推功於從事中郎應奉，[4]薦以爲司隸校尉，而上書乞骸骨，[5]朝廷不許。[6]監軍使者張敞承宦官旨，[7]奏緄將傅婢二人戎服自隨，[8]又輒於江陵刻石紀功，請下吏案理。[9]尚書令黃儁奏議，[10]以爲罪無正法，不合致糾。[11]會長沙賊復起，攻桂陽、武陵，[12] 緄以軍還盜賊復發，策免。[13]

[1]【李賢注】營道，今道州縣也。【今注】營道：曹金華《後漢書稽疑》認爲章懷注："營道，今道州縣也。"按，"營道"東漢屬零陵郡，與長沙没有關係。《書鈔》卷六四引《謝承書》作"緄下長沙，賊悉詣營乞降"。"營道"恐非地名。（第503頁）《資治通鑑》卷五四《漢紀》桓帝延熹五年亦作："十一月，緄軍至長沙，賊聞之，悉詣營乞降。"

[2]【今注】案，《隸釋》卷七《漢車騎將軍馮緄碑》作"南征五溪蠻夷黄加少高、相法氏、趙伯、潘鴻等，斬首萬級，没溺以千數，降者十萬人，收逋賨布卅萬匹"。宋王象之《輿地紀勝》卷一六二引《華陽國志》作"斬首四千，獲生口十萬"。（參見曹金華《後漢書稽疑》，第504頁）又案，餘萬，殿本作"萬餘"。

[3]【今注】振旅：休整軍隊。

[4]【今注】從事中郎：官名。東漢大將軍、車騎將軍屬官。掌參謀議事。大將軍府所屬員二人，秩六百石。　應奉：字世叔，汝南南頓（今河南項城市）人。傳見本書卷四八。延熹中，武陵蠻復寇亂荆州，車騎將軍馮緄以奉有威恩，爲蠻夷所服，上請與俱征。拜從事中郎。奉勤設方略，賊破軍罷，緄推功於奉，薦爲司隸校尉。糾舉姦違，不避豪戚，以嚴厲爲名。李賢注引《謝承書》曰："時詔奉曰：'蠻夷叛逆作難，積惡放恣，鑊中之魚，火熾湯盡，當悉燋爛，以刷國恥。朝廷以奉昔守南土，威名播越，故復式序重任。奉之廢興，期在於今。賜奉錢十萬，駮犀方具劍、金錯把刀劍、革帶各一。奉其勉之！'"

[5]【今注】乞骸骨：向皇帝乞求骸骨歸葬故鄉。這是古代官員申請退休或引咎辭職的習慣用語。

[6]【今注】案，《隸釋》卷七《漢車騎將軍馮緄碑》作"振旅還師，臨當受封，以謠言奏河内太守、中常侍左悺弟，坐遜位"。

[7]【今注】監軍使者：官名。西漢武帝時始置。東漢沿置，掌監軍中違法作奸者。案，張敞，惠棟《後漢書補注》卷一〇引《渚宮舊事》作"張叔"。

[8]【今注】傅婢：侍侯衣食起居的奴婢。《漢書》卷七二《王吉傳》載，王吉爲傅婢所毒。顏師古注："凡言傅婢者，謂傅相其衣服袵席之事。一説傅曰附，謂近幸也。"

[9]【今注】案理：審查處理。

[10]【今注】尚書令：官名。西漢爲尚書署長官，掌文書，爲少府屬官。秩六百石。武帝以後，職權稍重，掌傳達詔命章奏。秩千石。東漢爲尚書臺長官，掌決策詔令、總領朝政。如以公兼任，增秩至二千石。朝會時，與御史中丞、司隸校尉皆專席坐，時號"三獨坐"。

[11]【今注】不合致糾：不應該被糾劾。

[12]【今注】桂陽：郡名。治郴縣（今湖南郴州市北湖區）。

[13]【今注】案，本書卷七《桓帝紀》載，延熹六年（163）秋七月，武陵蠻復叛，太守陳奉與戰，大破降之。八月，車騎將軍馮緄免。

　　頃之，拜將作大匠，[1]轉河南尹。[2]上言"舊典，中官子弟不得爲牧人職"，[3]帝不納。復爲廷尉。時山陽大守單遷以罪繫獄，[4]緄考致其死。遷，故車騎將軍單超之弟，[5]中官相黨，遂共誹章誣緄，坐與司隸校尉李膺、大司農劉祐俱輸左校。[6]應奉上疏理緄等，[7]得免。後拜屯騎校尉，[8]復爲廷尉，[9]卒於官。[10]

　　[1]【今注】將作大匠：官名。原作將作少府，西漢景帝中元六年（前144）改名。又簡稱"將作""大匠"。秩二千石。新莽改名都匠。東漢復舊，位次河南尹，光武帝建武中元二年（57）省，以謁者領之。章帝建初元年（76）復置。掌修建宗廟、路寢、宮

室、陵園等土木工程，及植桐梓等樹於道旁。秩二千石。

[2]【今注】河南尹：官名。東漢光武帝建武十五年（39）置，爲京都洛陽所在河南郡長官。秩二千石。

[3]【今注】案，"舊典，中官子弟不得爲牧人職"，本書卷五四《楊秉傳》載"舊典，中臣子弟不得居位秉執"。牧人，即牧民。即管理百姓。

[4]【今注】山陽：郡名。治昌邑縣（今山東巨野縣東南）。

[5]【今注】單超：宦官。河南（今河南洛陽市）人。東漢桓帝初爲中常侍。與徐璜等五人定謀佐助桓帝誅殺外戚梁冀兄弟，以功封新豐侯，食邑二萬户。傳見本書卷七八。

[6]【今注】李膺：字元禮，潁川襄城（今河南襄城縣）人。傳見本書卷六七。　大司農：官名。原爲秦治粟内史。西漢景帝後元元年（前143）更名大農令。武帝太初元年（前104）改大農令置。秩中二千石。掌管全國錢穀金帛諸貨幣及各郡國錢穀簿、邊郡財物調度等。新莽先後改名"羲和""納言"。東漢掌皇室財政開支。　劉祐：字伯祖，中山安國（今河北博野縣東南）人。傳見本書卷六七。　左校：官名。領本署工徒修造宮室、宗廟、陵園、道路等。秩六百石。官吏犯法，常輪左校爲工徒。本書卷六七《劉祐傳》載："時中常侍蘇康、管霸用事於内，遂固天下良田美業，山林湖澤，民庶窮困，州郡累氣。祐移書所在，依科品没入之。"

[7]【今注】理：申訴。本義指治獄官。

[8]【今注】屯騎校尉：官名。西漢武帝時始置，爲北軍八校尉之一。領本營騎士，掌戍衞京師，兼任征伐。秩二千石。東漢初改名驍騎校尉。光武帝建武十五年復舊，隸北軍中候，爲北軍五校尉之一。掌宿衞禁兵。秩比二千石。

[9]【今注】復爲廷尉：清諸以敦《熊氏後漢書年表校補》認爲，李膺於是年十月陳蕃表讓太尉，尚稱弛刑徒，則免罪復官在十月之後。緄爲太尉，當在明年。

[10]【今注】案，《隸釋》卷七《漢車騎將軍馮緄碑》作"拜將作大匠、河南尹，復拜廷尉，表荆州刺史李隗、南陽太守成晉、

太原太守劉瓆不宜以重論，坐正法作左校。後詔書特員，拜屯騎校尉，復廷尉，奏中臣子弟不宜典牧州郡，獲過左右，遜位。永康元年十二月薨"。與此不同。

緄弟允，[1]清白有孝行，能理《尚書》，[2]善推步之術。[3]拜降虜校尉，[4]終於家。[5]

[1]【今注】緄弟允：《華陽國志》卷一二云："降虜都尉馮元，字公信。緄弟。"

[2]【今注】尚書：書名。古稱《書》，至漢代稱《尚書》。基本內容是古代帝王的文告和君臣談話內容的記錄，相傳為孔子編定。其內容有典、謨、訓、誥、誓、命六種。秦末伏生藏於壁中。漢初仍存二十九篇，以漢朝派晁錯聽伏生講授並以當時文字記錄，以漢代通行的隸書書寫，即"今文尚書"。西漢武帝時，魯恭王劉餘獲孔壁所藏"古文尚書"。經孔安國校理並作傳，比伏生所傳二十九篇增加十六篇。

[3]【李賢注】推步謂究日月五星之度，昏旦節氣之差。【今注】推步之術：推算天象曆法。本書《律曆志中》："自太初元年，始用《三統曆》。"錢大昕《廿二史考異》卷一三《續漢書二》卷一："《三統》與《太初》異名而同實。劉子駿用《太初法》推衍之，以說《尚書》《春秋》，又追日月五星同起牽牛之始，以爲太極、上元，初非別立一術，則三統之名不自歆始也。"

[4]【今注】降虜校尉：官名。東漢置，職位低於將軍而高於都尉。掌帥軍征伐。

[5]【李賢注】《謝承書》曰："緄子鷙，舉孝廉，除郎中。"

度尚字博平，山陽湖陸人也。[1]家貧，不修學行，不爲鄉里所推舉。[2]積困窮，乃爲宦者同郡侯覽視田，[3]得爲郡上計吏，[4]拜郎中，除上虞長。[5]爲政嚴峻，明於發擿姦非，吏人謂之神明。^[6]遷文安令，^[7]遇時疾疫，穀貴人飢，尚開倉稟給，^[8]營救疾者，百姓蒙其濟。時冀州刺史朱穆行部，^[9]見尚甚奇之。

[1]【今注】湖陸：縣名。治所在今山東魚臺縣東南。王莽改湖陵曰湖陸。東漢初又名湖陵。章帝改爲湖陸侯國，後又改爲湖陸縣。

[2]【李賢注】《續漢書》曰：“尚少喪父，事母至孝，通《京氏易》《古文尚書》。爲吏清絜，有文武才略。”與此不同。

[3]【今注】宦者：宦官。 侯覽：宦官。山陽防東（今山東單縣東北）人。傳見本書卷七八。 視田：管理田產。

[4]【今注】上計吏：官名。地方政府派赴中央呈遞計簿的官員。西漢縣道上計郡國及郡國上計中央，由縣令長丞尉及郡丞、國長吏擔任。東漢改派地位較高的掾史。上計吏往往受到皇帝的召見（參見侯旭東《丞相、皇帝與郡國計吏：兩漢上計制度變遷探微》，《中國史研究》2014 年第 4 期）。

[5]【李賢注】上虞，縣，故城在今越州餘姚縣西。【今注】上虞：縣名。治所在今浙江紹興市上虞區。

[6]【李賢注】《謝承書》曰：“尚進善愛人，坐以待旦，擢門下書佐米儁（米，紹興本、大德本、殿本作‘朱’，是），恒嘆述之，以爲有不凡之操。儁後官至車騎將軍，遠近奇尚有知人之鑒。”

[7]【李賢注】文安，縣，故城在今瀛州文安縣東北。【今注】文安：縣名。治所在今河北文安縣東北。

[8]【今注】案，稟，大德本、殿本作“廩”。二字可通。

[9]【今注】朱穆：字公叔，南陽宛（今河南南陽市臥龍區）人。東漢順帝末，爲大將軍梁冀掌兵事。桓帝時爲冀州刺史。後拜尚書，反對宦官。傳見本書卷四三。

延熹五年，長沙、零陵賊合七八千人，自稱“將軍”，入桂陽、蒼梧、南海、交阯，[1]交阯刺史及蒼梧大守望風逃奔，二郡皆没。遣御史中丞盛修募兵討之，[2]不能尅。豫章艾縣人六百餘人，[3]應募而不得賞直，怨恚，遂反，焚燒長沙郡縣，寇益陽，[4]殺縣令，衆漸盛。又遣謁者馬睦，督荆州刺史劉度擊之，軍敗，睦、度奔走。[5]桓帝詔公卿舉任代劉度者，[6]尚書朱穆舉尚，自右校令擢爲荆州刺史。[7]尚躬率部曲，[8]與同勞逸，廣募雜種諸蠻夷，明設購賞，進擊，大破之，降者數萬人。桂陽宿賊渠帥卜陽、潘鴻等畏尚威烈，[9]徙入山谷。尚窮追數百里，遂入南海，破其三屯，多獲珍寶。而陽、鴻等黨衆猶盛，尚欲擊之，而士卒驕富，莫有鬭志。尚計緩之則不戰，逼之必逃亡，乃宣言卜陽、潘鴻作賊十年，習於攻守，今兵寡少，未易可進，當須諸郡所發悉至，爾乃并力攻之。申令軍中，恣聽射獵。兵士喜悦，大小皆相與從禽。[10]尚乃密使所親客潛焚其營，珍積皆盡。獵者來還，莫不泣涕。[11]尚人人慰勞，深自咎責，因曰：“卜陽等財寶足富數世，諸卿但不并力耳。所亡少少，何足介意！”衆聞咸憤踊，尚敕令秣馬蓐食，[12]明旦，徑赴賊屯。陽、鴻等自以深固，不復設備，吏士乘鋭，遂大破平之。

[1]【今注】蒼梧：郡名。治廣信縣（今廣西梧州市長洲區）。南海：郡名。治番禺縣（今廣東廣州市番禺區）。　交阯：郡名。西漢及東漢前期治贏縣（今越南河內市西北）。東漢順帝永和年間，周敞爲交阯太守，徙郡治於龍編縣（今越南北寧省北寧市）。交阯，或作“交趾”。

　　[2]【今注】募兵：以錢物雇募平民充兵（參見張鶴泉《東漢募兵論略》，《史學集刊》1988 年第 4 期）。

　　[3]【今注】豫章：郡名。治南昌縣（今江西南昌市東湖區）。艾縣：縣名。治所在今江西修水縣西司前鄉龍崗坪。案，中華本校勘記云，"豫章艾縣人六百餘人"，王先謙《後漢書集解》案上下文衍一"人"字。疑本作"豫章艾縣民六百餘人"，後避唐太宗諱，改"民"爲"人"。縣人，殿本作"縣民"。

　　[4]【李賢注】益陽，縣，在益水之陽（在，殿本作"名"，誤；大德本"益水"前有"今"字，是），故城在今潭州益陽縣東。【今注】案，本書卷七《桓帝紀》李賢注引《東觀記》曰："時賊乘刺史車，屯據臨湘，居太守舍。賊萬人以上屯益陽，殺長吏。"

　　[5]【今注】案，本書卷八六《南蠻西南夷傳》載，武陵蠻六千餘人寇江陵，荊州刺史劉度、謁者馬睦、南郡太守李肅皆奔走。

　　[6]【今注】桓帝：東漢桓帝劉志，公元 146 年至 167 年在位。紀見本書卷七。　公卿：三公、九卿，後泛指朝廷中的高級官員。

　　[7]【今注】右校令：官名。將作大匠屬官，領本署工徒修造宮室宗廟陵園道路等。秩六百石。官吏犯法，常輸右校爲工徒。西漢分爲前、後、左、右、中五校。東漢祇留左、右二校。

　　[8]【今注】部曲：部下。漢代軍隊編制名稱。本書《百官一》曰："大將軍營有五部，部三校尉。部下有曲，曲有軍候一人，比六百石。"

　　[9]【今注】渠帥：首領。渠，大。

　　[10]【今注】案，禽，殿本作"命"，據文意可從。

　　[11]【今注】案，泣涕，殿本作"涕泣"。

　　[12]【今注】秣馬蓐食：使戰馬和士兵飽食，準備作戰。《左傳》文公七年："訓卒，利兵，秣馬，蓐食，潛師夜起。"《方言》："蓐，厚也。"蓐食謂厚食。戰前必令士卒飽餐。

尚出兵三年，群寇悉定。七年，封右鄉侯，[1]遷桂
陽太守。明年，徵還京師。時荊州兵朱蓋等，征戍役
久，財賞不贍，忿恚，復作亂，與桂陽賊胡蘭等三千
餘人復攻桂陽，焚燒郡縣，大守任胤棄城走，賊衆遂
至數萬。[2]轉攻零陵，大守陳球固守拒之。[3]於是以尚
爲中郎將，將幽、冀、黎陽、烏桓步騎二萬六千人救
球，[4]又與長沙大守抗徐等發諸郡兵，[5]并執討擊，大
破之，斬蘭等首三千五百級，餘賊走蒼梧。詔賜尚錢
百萬，餘人各有差。

[1]【今注】鄉侯：爵名。東漢置。食地爲鄉的列侯。本書
《百官志五》：“功大者食縣，小者食鄉、亭，得臣其所食吏民。”

[2]【今注】案，本書卷七《桓帝紀》載，延熹八年（165），
桂陽胡蘭、朱蓋等復反，攻没郡縣，轉寇零陵，零陵太守陳球拒
之；遣中郎將度尚、長沙太守抗徐等擊蘭、蓋，大破斬之。蒼梧太
守張叙爲賊所執，又桂陽太守任胤背敵畏儒，皆棄市。

[3]【今注】陳球：字伯真，下邳淮浦（今江蘇漣水縣西）
人。傳見本書卷五六。案，本書《陳球傳》載，球到零陵，“設方
略，期月閒，賊虜消散。而州兵朱蓋等反，與桂陽賊胡蘭數萬人轉
攻零陵。零陵下溼，編木爲城，不可守備，郡中惶恐。掾史白遣家
避難，球怒曰：‘太守分國虎符，受任一邦，豈顧妻孥而沮國威重
乎？復言者斬！’乃悉内吏人老弱，與共城守，弦大木爲弓，羽矛
爲矢，引機發之，遠射千餘步，多所殺傷。賊復激流灌城，球輒於
内因地埶反決水淹賊。相拒十餘日，不能下。會中郎將度尚將救兵
至，球募士卒，與尚共破斬朱蓋等”。

[4]【今注】黎陽：縣名。治所在今河南浚縣東。　烏桓：部
族名。東胡的一支。秦末爲匈奴所敗，退居烏桓山。西漢武帝後歸
漢，分布於上谷、漁陽、右北平、遼西、遼東五郡塞外。漢廷置護

烏桓校尉監領之。

[5]【今注】長沙：郡名。治臨湘縣（今湖南長沙市嶽麓區）。

　　時抗徐與尚俱爲名將，數有功。徐字伯徐，丹陽人，[1]鄉邦稱其膽智。初試守宣城長，[2]悉移深林遠藪椎髻鳥語之人置於縣下，[3]由是境内無復盜賊。後爲中郎將宗資別部司馬，[4]擊大山賊公孫舉等，[5]破平之，斬首三千餘級，封烏程東鄉侯五百户。[6]遷大山都尉，[7]寇盜望風奔亡。及在長沙，宿賊皆平。卒於官。桓帝下詔追增封徐五百户，并前千户。

　　[1]【今注】丹陽：郡名。治宛陵縣（今安徽宣州市宣州區）。案，本書卷七《桓帝紀》李賢注引《謝承書》曰：“抗徐字伯徐，丹陽人。少爲郡佐史，有膽智策略，三府表徐有將率之任，特遷長沙太守。”

　　[2]【今注】宣城：縣名。治所在今安徽南陵縣東弋江鎮。

　　[3]【李賢注】宣城，縣，故城在今宣州南陵縣東。椎，獨髻也，音直追反。鳥語謂語聲似鳥也。《書》曰：“島夷卉服。”【今注】椎髻鳥語：指結如椎之髻，説似鳥鳴之語。指古代南方人的妝飾和語言。“島夷卉服”，見《尚書·禹貢》。錢大昕《三史拾遺》卷四説，《禹貢》“島夷”，《漢書·地理志》作“鳥夷”，鄭玄、王肅本皆同，故李賢注引以證鳥語之義。後人依今本《尚書》改此處“鳥”字爲“島”，而此注並不能解釋原義。案，王先謙《後漢書集解》謂注引“島夷”當作“鳥夷”。

　　[4]【今注】宗資：字叔都，南陽安衆（今河南鄧州市東北）。本書卷六七《黨錮傳》李賢注引謝承《後漢書》云：“家世爲漢將相名臣。祖父均，自有傳（本書卷四一《宋均傳》）。資少在京師，學孟氏易、歐陽尚書。舉孝廉，拜議郎，補御史中丞、汝南太

守。署范滂爲功曹，委任政事，推功於滂，不伐其美。任善之名，聞於海内。" 別部司馬：武官名。大將軍領兵五部（營），每部置校尉一人，軍司馬一人。其別營領屬爲別部司馬。掌領兵征伐。

[5]【今注】大山：郡名。即泰山。治奉高縣（今山東泰安市東）。案，殿本作"太山"。"大""太"可通。以下不注。又案，曹金華《後漢書稽疑》據沈欽韓説，謂以紀傳參考，平公孫舉者段熲，平叔孫無忌者宗資。抗徐爲宗資司馬，此作"公孫舉"，誤。段熲破斬太山賊公孫舉在桓帝永壽二年（156）七月，宗資討破太山賊叔孫無忌在延熹三年（160）十二月，其間相距數年。(第501頁)

[6]【李賢注】烏程，今湖州縣。【今注】烏程：縣名。治所在今浙江湖州市西南。

[7]【今注】案，大山，紹興本、殿本作"太山"。

復以尚爲荆州刺史。尚見胡蘭餘黨南走蒼梧，懼爲己負，乃僞上言蒼梧賊入荆州界，[1]於是徵交阯刺史張磐下廷尉。辭狀未正，[2]會赦見原。磐不肯出獄，方更牢持械節，[3]獄吏謂磐曰："天恩曠然而君不出，何乎？"[4]磐因自列曰：[5]"前長沙賊胡蘭作難荆州，[6]餘黨散入交阯。磐身嬰甲胄，[7]涉危履險，討擊凶患，斬殄渠帥，餘燼鳥竄，[8]冒遁還奔。荆州刺史度尚懼磐先言，怖畏罪戾，[9]伏奏見誣。磐備位方伯，[10]爲國爪牙，[11]而爲尚所枉，受罪牢獄。夫事有虚實，法有是非。磐實不辜，赦無所除。如忍以苟免，永受侵辱之恥，生爲惡吏，死爲獘鬼。[12]乞傳尚詣廷尉，[13]面對曲直，足明真偽。尚不徵者，磐埋骨牢檻，[14]終不虚出，望塵受枉。"廷尉以其狀上，詔書徵尚到廷尉，辭窮受罪，以先有功得原。磐字子石，丹陽人，以清白稱，終於廬江大守。[15]

[1]【今注】案，僞，紹興本作“爲”。二字假借可通。

[2]【今注】辭狀：口供。本書《百官志五》劉昭注引胡廣曰：“縣邑囚徒，皆閱録視，參考辭狀，實其真僞。有侵冤者，即時平理也。”

[3]【今注】械節：枷械等刑具的接合處。王先謙《後漢書集解》引胡三省曰：“竹約爲節。械節亦械之刻約處也。”

[4]【今注】案，何乎，中華本校勘記云，殿本作“何也”。《資治通鑑》卷五五《漢紀》孝桓皇帝延熹八年作“可乎”。

[5]【今注】自列：自陳，自白。

[6]【今注】案，曹金華《後漢書稽疑》據本傳前文、《桓帝紀》、《陳球傳》作“桂陽賊胡蘭”，《太平御覽》卷六五二引《謝承書》同（第501頁）。

[7]【今注】案，嬰，大德本、殿本作“膺”。二字意義可通。

[8]【今注】案，爐，紹興本作“盡”。二字可通。

[9]【李賢注】戾亦罪也。【今注】怖畏罪戾：因怕承擔過失而恐懼。

[10]【今注】備立方伯：充任刺史。方伯，地方長官。指刺史。

[11]【李賢注】爪牙，以猛獸爲喻，言爲國之扦衞也（扦，大德本、殿本作“捍”，“扦”是“捍”的古字，二字可通）。《詩》曰“圻父（圻，大德本、殿本作‘祈’，二字假借可通），予王之爪牙”也。【今注】爪牙：指將軍等武官。《漢官儀》：“武帝西征西夷有前後左右將軍，爲國爪牙，所以揚示威靈，折衝萬里。”

[12]【今注】敝鬼：厲鬼。敝，同“憋”，凶惡。

[13]【今注】乞傳尚詣廷尉：惠棟《後漢書補注》卷一〇引胡三省注，以傳車召致廷尉。案，漢律四篇有告、劾、傳、覆，故

東漢順帝永建元年（126）詔曰："亡徒當傳勿傳。"度有罪當傳捕之，非傳召之。

　[14]【今注】牢檻：牢獄。

　[15]【今注】廬江：郡名。治舒縣（今安徽廬江縣西南）。

　　尚後爲遼東大守，數月，鮮卑率兵攻尚，與戰，破之，戎狄憚畏。年五十，延熹九年，[1]卒於官。[2]

　[1]【今注】延熹：東漢桓帝劉志年號（158—167）。

　[2]【今注】按，趙明誠《金石錄》卷一六跋尾六："度自右校令擢爲荆州刺史，破長沙零陵賊，以功封右鄉侯，遷桂陽太守。徵還京師，以中郎將破賊胡蘭等，復爲荆州刺史，後爲遼東太守，卒於官。今以碑考之，云封右鄉侯，遷遼東太守，拜中郎，復拜荆州刺史，以故秩居，蓋未嘗爲桂陽太守，而曰卒於遼東者，皆史之誤。"

　　揚琁字機平，[1]會稽烏傷人也。[2]高祖父茂，本河東人，從光武征伐，爲威寇將軍，[3]封烏傷新陽鄉侯。[4]建武中就國，傳封三世，有罪國除，因而家焉。父扶，交阯刺史，有理能名。[5]兄喬，爲尚書，容儀偉麗，數上言政事，桓帝愛其才兒，[6]詔妻以公主，喬固辭不聽，遂閉口不食，七日而死。

　[1]【今注】案，揚琁，紹興本、大德本作"楊琁"，殿本作"楊璇"。二字可通。下同不注。

　[2]【今注】會稽：郡名。治山陰縣（今浙江紹興市越城區）。烏傷：縣名。治所在今浙江義烏市。

　[3]【今注】威寇將軍：雜號將軍名。東漢光武帝時置，掌帥

兵征伐。

　　[4]【今注】新陽：鄉名。在今浙江浦江縣。

　　[5]【今注】有理能名：因爲有治理政事的才能而著名。

　　[6]【今注】案，兒，大德本、殿本作“貌”。二字可通。下同不注。

　　琁初舉孝廉，稍遷，靈帝時爲零陵大守。是時蒼梧、桂陽猾賊相聚，攻郡縣，賊衆多而琁力弱，吏人憂恐。琁乃特制馬車數十乘，以排囊盛石灰於車上，[1]繫布索於馬尾，又爲兵車，專轂弓弩，[2]剋共會戰。[3]乃令馬車居前，順風鼓灰，賊不得視，因以火燒布，然馬驚，[4]奔突賊陣，因使後車弓弩亂發，鉦鼓鳴震。[5]群盜波駭破散，追逐傷斬無數，梟其渠帥，郡境以清。[6]荊州刺史趙凱，誣奏琁實非身破賊，而妄有其功。琁與相章奏，凱有黨助，遂檻車徵琁。[7]防禁嚴密，無由自訟，乃嚙臂出血，書衣爲章，[8]具陳破賊形執，及言凱所誣狀，潛令親屬詣闕通之。詔書原琁，拜議郎，[9]凱反受誣人之罪。

　　[1]【李賢注】排囊即今囊袋也。排音蒲拜反。【今注】排囊：鼓風用的革囊。

　　[2]【今注】專轂弓弩：使勁張弓弩。轂，張滿弓。

　　[3]【今注】案，剋共會戰，中華本校勘記云，《兩漢書刊誤》謂已言會戰，何用“共”字，蓋本是“期”，誤作“其”，遂轉作“共”。當據改。剋期會戰，約定時間進行決戰。

　　[4]【今注】案，大德本、殿本“然馬驚”前有“布”字，是。此句當作“因以火燒，布然馬驚。”

　　[5]【今注】鉦鼓鳴震：以鉦鼓指揮軍隊前進。鉦，古代行軍

的樂器，似鐘，有長柄，使用時口向上槌敲擊。

[6]【李賢注】梟，懸也。

[7]【今注】檻車：有原始木籠和封閉式車廂的囚車。如犯罪的爲貴族，則往往使用條件舒適的輻車。

[8]【今注】章：漢代大臣呈給皇帝的書面報告。蔡邕《獨斷》卷上云：“凡群臣上書於天子者有四名，一曰章，二曰奏，三曰表，四曰駁議。章者，需頭稱稽首上書謝恩陳事詣闕通者也。”

[9]【今注】議郎：官名。西漢爲光禄勳屬官。掌顧問應對，參與議政。秩比六百石。東漢除議政外，也給事宮中。

　　琁三遷爲勃海大守，[1]所在有異政，以事免。後尚書令張溫特表薦之，徵拜尚書僕射。[2]以病乞骸骨，卒於家。

[1]【今注】勃海：郡名。東漢治南皮縣（今河北南皮縣）。案，大德本、殿本作“渤海”，勃、渤二字可通。

[2]【今注】尚書僕射：官名。西漢爲尚書令副貳，秩六百石。東漢爲尚書臺次官。若公兼任，增秩至二千石。掌章奏文書、參議政事、監察百官等。

　　論曰：安順以後，風威稍薄，寇攘寖橫，緣隙而生，剽人盜邑者不閴時月，[1]假署皇王者蓋以十數。[2]或託驗神道，或矯妄冕服。然其雄渠魁長，未有聞焉，[3]猶至壘盈四郊，奔命首尾。[4]若夫數將者，並宣力勤慮，以勞定功，[5]而景風之賞未甄，膚受之言互及。[6]以此而推，政道難乎以免。[7]

[1]【李賢注】閴，息也。【今注】不閴時月：指此類事情時

有發生。不闋，不停息。

[2]【今注】假署皇王：假借皇帝名號。指起義軍假稱黄帝、黑帝等。

[3]【今注】雄渠魁長未有聞焉：起義軍的首領並非知名將領。

[4]【李賢注】壘，軍壁也。《禮記》曰："四郊多壘，卿大夫之辱。"奔命謂有命即奔赴之。《左傳》曰"余必使爾罷於奔命"也。【今注】壘盈四郊：軍隊的營壘遍布郊外。四郊，城外的周邊郊野地區。《禮記・曲禮上》："四郊多壘，此卿大夫之辱也。"

奔命首尾：形容東漢政府爲鎮壓起義軍而調集的軍隊很多。奔命，指軍隊。《漢書》卷七《昭帝紀》應劭注："舊時郡國皆有材官騎士以赴急難，今夷反，常兵不足以討之，故權選取精勇。聞命奔走，故謂之奔命。"

[5]【李賢注】宣，布也。《尚書》曰："宣力四方。"《禮記》曰："以勞定國則祀之。"

[6]【李賢注】景風至則行賞，解見《和紀》。甄，明也。膚受謂得皮膚之言而受之，不深知其情核者也。孔子曰："膚受之愬不行焉，可謂明矣。"【今注】案，此二句指雖有功勞而未能獲得獎賞，却遭到讒言的一再詆毁。景風，祥和之風。《淮南子・天文》："清明風至四十五日，景風至。"《春秋考異郵》："夏至四十五日，景風至，則封有功也。"古人於此風來時，進行賞賜。膚受之言，對於人身的言語攻擊。

[7]【李賢注】《論語》孔子曰："不有祝鮀之佞（殿本此後有'而有宋朝之美'六字），難乎免於今之世矣。"【今注】政道難乎以免：治理國家難受到這種現象（指奸佞之人）的影響。

贊曰：張宗神禹，敢殿後拒。[1] 江、淮、海、岱，[2] 虔劉寇阻。[3] 其誰清之？雄、尚、緄、撫。琁能用譎，[4] 亦云振旅。

［1］【李賢注】殿音丁見反。

［2］【今注】江淮：指江（長江）、淮（淮河）一帶。廣義上指江南、淮南地區，狹義上指長江、淮河之間的地區，即今江蘇、安徽的中部地區。 海岱：今山東渤海至泰山之間的地帶。

［3］【李賢注】虔、劉皆殺也。【今注】虔劉：劫掠、殺戮。劉，殺。

［4］【今注】譎：詭計。

後漢書　卷三九

列傳第二十九[1]

劉平　趙孝　淳于恭　江革　劉般 子愷　周磐　趙咨

[1]【今注】案，本卷主要叙述東漢以孝著稱、品德高尚的劉平、王扶、趙孝、王琳、淳于恭、江革、劉般、劉愷、周磐、趙咨等人的事迹。周天游《八家後漢書輯注》輯華嶠《後漢書》卷二作《孝子傳》載，"《史通·序例篇》曰：'迫華嶠《後漢》，多同班氏。如劉平、江革等傳，其序先言孝道，次述毛義養親。此則《前漢·王貢傳》體，其篇以四皓爲始也。'又《列傳篇》曰：'亦有事迹雖寡，名行可崇，寄在他篇，爲其標冠。若商山四皓，事列王陽之首；廬江毛義，名在劉平之上。'據此則諸孝子合爲一傳，始自華嶠《書》也。范曄因而不改，自沈約以下，遂相沿成習。今從黄《輯》，標目《孝子傳》。"（周天游：《八家後漢書輯注》，上海古籍出版社 1986 年版，第 550—551 頁）

　　孔子曰："夫孝莫大於嚴父，嚴父莫大於配天，則周公其人也。"[1]子路曰："傷哉貧也！生無以養，死無以葬。"子曰："啜菽飲水，孝也。"[2]夫鍾鼓非樂云之本，而器不可去；[3]三牲非致孝之主，而養不可廢。[4]存器而忘本，樂之遁也；[5]調器以和聲，[6]樂之成也。

崇養以傷行，孝之累也；[7] 脩己以致禄，養之大也。[8]
故言能大養，則周公之祀，致四海之祭；[9] 言以義養，
則仲由之菽，甘於東鄰之牲。[10] 夫患水菽之薄，干禄
以求養者，是以恥禄親也。[11] 存誠以盡行，孝積而禄
厚者，[12] 此能以義養也。

[1]【李賢注】配天謂宗祀文王於明堂，以配上帝。【今注】
案，此句見《孝經·聖治章》，指萬物始於天，人倫以父爲天，故
孝行之大莫過於尊父。父爲天，人無論貴賤，都要尊父。以父配天
之禮始自周公，故稱"其人"。周公，姬姓，名旦。周武王弟，輔
佐武王滅商，後封於魯。但留在朝中輔政。武王崩，成王年幼，周
公攝政。平定管叔、蔡叔、霍叔之亂。分封諸侯，興建洛邑，制定
禮樂。後返政於成王。

[2]【李賢注】事見《禮記》。啜音昌悦反。《廣雅》云
(云，紹興本作"曰"，二字可通)："啜，食也。"【今注】子路：
即仲由。孔子弟子。春秋時魯國卞(今山東泗水縣東)人，魯國季
孫氏家臣，蒲(今河南長垣縣)大夫。後仕衛，爲衛大夫孔悝邑
宰。孔悝迎立蒯聵爲衛莊公，因不從而被殺。案，《禮記·檀弓下》
載，子路曰："傷哉貧也！生無以爲養，死無以爲禮也。"孔子曰：
"啜菽飲水盡其歡，斯謂之孝。斂首足形，還葬而無椁，稱其財，
斯之謂禮。"比喻子女孝順父母，雖然祇是讓父母食豆飯和飲水，
但祇要能使父母歡悦，也算是克盡孝道。

[3]【李賢注】《論語》孔子曰："樂云樂云，鍾鼓云乎哉？"
言樂之所貴者，移風易俗也，非謂鍾鼓而已，然而不可去鍾鼓。
去音丘呂反。【今注】案，此句見《論語·陽貨》，指音樂之所以
重要，在於可以移風易俗，並非因爲有鍾鼓。但鍾鼓作爲産生音樂
的樂器，也不可或缺。

[4]【李賢注】《孝經》曰："雖日用三牲，猶爲不孝。"言孝
子者，以和顏悦色爲難也，非謂三牲而已，然不可闕甘旨。【今

注】案，此句指如果不孝順父母，雖然每天用三牲供養，仍被視爲不孝。但孝順父母也不能缺少美好的食物。三牲，古代祭祀用的牛、羊、豬。《孝經·孝行章》曰："事親者，居上不驕，爲下不亂，在醜不爭。居上而驕則亡，爲下而亂則刑，在醜而爭則兵。此三者不除，雖日用三牲之養，猶爲不孝也。" 《後漢紀》卷一一《孝章皇帝紀上》引華嶠《後漢書》作"三牲非孝養之主，而養不可廢"。

[5]【李賢注】遯，失也。言盛飾鍾簾之器而忘移風之本，是失樂之意也。【今注】案，此句指祇重視樂器的華美，而忘却了音樂移風易俗的功能，失去了音樂的本質。《後漢紀·孝章皇帝紀上》引華嶠《後漢書》作"務器而忘本，樂之過也"。

[6]【今注】調器以和聲：使各種樂器協調而奏出動聽的音樂。案，能調和樂器，使奏出和諧的音樂，纔是音樂的最高境界。

[7]【李賢注】不義而宗養（宗，紹興本、大德本、殿本作"崇"，意義可通），更爲親憂，是孝之累也。【今注】案，祇重視豐美的供養，却忽視了德行，這對孝道是一種傷害。《後漢紀·孝章皇帝紀上》引華嶠《後漢書》作"崇養以傷行，養之累也"。

[8]【今注】脩己以致禄養之大也：指重視自我修養，歸還爵禄而親自孝敬父母，爲孝之大者。致禄，指辭官。《孝經·開宗明義章》云："立身行道，揚名於後世，以顯父母，孝之終也。"

[9]【今注】四海之祭：《詩序》曰"巡守而祀四嶽河海"。四海，指全國各地、天下。指周公以天下孝父母，稱爲大養。《後漢紀·孝章皇帝紀上》引華嶠《後漢書》作"故定以道養，周公之禮，致四海之祭"。

[10]【李賢注】《易》曰"東鄰殺牛，不如西鄰之禴祭"也。【今注】案，此二句指善養父母，則子路的豆飯要比最豐盛的食物更能體現孝順。見《周易·既濟》。子路之孝屬於義養。《後漢紀·孝章皇帝紀上》引華嶠《後漢書》作"定以義養，則仲由之粥，無驕慢之性"。

[11]【李賢注】干，求也。謂不以道求禄，故可恥也。【今注】案，此三句指因爲水和豆飯的微薄而追求爵禄以奉養父母，並非出於至誠，是君子以俸禄養親爲恥。這種孝屬於干禄以求養。《後漢紀·孝章皇帝紀上》引華嶠《後漢書》作“夫患啜菽粥之粗，干禄以求養，是以禄親也”。

[12]【今注】案，《後漢紀·孝章皇帝紀上》引華嶠《後漢書》作“孜孜於致孝，孝成而禄厚者”。

　　中興，[1]廬江毛義少節，[2]家貧，以孝行稱。南陽人張奉慕其名，[3]往候之。坐定而府檄適至，以義守令，[4]義奉檄而入，喜動顔色。奉者，志尚士也，心賤之，自恨來，固辭而去。及義母死，去官行服。[5]數辟公府，[6]爲縣令，[7]進退必以禮。後舉賢良，公車徵，[8]遂不至。張奉歎曰：“賢者固不可測。往日之喜，乃爲親屈也。斯蓋所謂‘家貧親老，不擇官而仕’者也。”[9]建初中，[10]章帝下詔褒寵義，[11]賜穀千斛，[12]常以八月長吏問起居，[13]加賜羊酒。[14]壽終于家。

　　[1]【今注】中興：西漢滅亡後，王莽改國號爲“新”。後王莽改制失敗，導致綠林、赤眉起義，劉秀起兵恢復漢朝，國號仍爲漢。漢朝由衰轉盛，故稱“中興”。

　　[2]【今注】廬江：郡名。治舒縣（今安徽廬江縣西南）。

　　[3]【今注】南陽：郡名。治宛縣（今河南南陽市臥龍區）。

　　[4]【李賢注】檄，召書也。《東觀記》曰：“義爲安陽尉，府檄到，當守令”也。【今注】檄：古代用於徵召、聲討等的官方文書。　守令：試掌縣令之職。“守”指官吏試守某職，“令”指縣令。曹金華《後漢書稽疑》按，《通鑑》卷四六作“以義守安陽令”，而本書卷二七《鄭均傳》引元和元年詔作“前安邑令毛義”

（第 508 頁）。

[5]【今注】去官行服：辭官服喪守孝。曹金華《後漢書稽疑》按，《後漢紀》卷一一作“義母死，棄官行服，進退必以禮，賢良公車徵，皆不至”，《通鑑》卷四六作“後義母死，徵辟皆不至”（第 508 頁）。

[6]【今注】數辟公府：多次被徵辟爲公府掾屬。公府，東漢指太傅、太尉、司徒、司空和大將軍等的官署（參見張欣《漢代公府掾史秩級問題考辨》，《中國史研究》2015 年第 1 期）。

[7]【今注】縣令：官名。縣級行政機構長官，掌一縣的行政、賦役、捕盜、獄訟等事務，並上計於所屬郡國。本書《百官志五》載，“每縣、邑、道大者置令一人，千石；其次置長，四百石；小者置長，三百石；侯國之相，秩次亦如之”。屬官有丞、尉。屬吏有諸曹掾史、書佐等，由縣令自己辟署。

[8]【今注】公車徵：漢代設公車令，臣民上書及被徵召由公家的車馬接送。公車，指漢代公家的車馬。

[9]【李賢注】《韓詩外傳》曾子曰：“任重道遠，不擇地而息。家貧親老，不擇官而仕。”【今注】案，《韓詩外傳》卷七作“故家貧親老，不擇官而仕。若夫信其志，約其親者，非孝也”。指家裏貧窮，爲了孝養父母，祇要有收入贍養父母，不會挑選官位的大小。

[10]【今注】建初：東漢章帝劉炟年號（76—84）。案，曹金華《後漢書稽疑》認爲，本書卷二七《鄭均傳》載“元和元年，詔告廬江太守、東平相曰：‘議郎鄭均，束脩安貧……又前安邑令毛義，躬履遜讓……其賜均、義穀各千斛，常以八月長吏存問，賜羊酒，顯茲異行。’明年，帝東巡過任城，乃幸均舍”，則此事不在“建初中”。卷三《章帝紀》亦載元和二年東巡狩。《資治通鑑》卷四六亦作元和元年。（第 508 頁）《後漢紀·孝章皇帝紀上》作建初元年八月。

[11]【今注】章帝：東漢章帝劉炟，公元 75 年至 88 年在位。紀見本書卷三。　褒寵：褒獎榮寵。

[12]【今注】斛：古代容量單位，十斗爲一斛，後來改爲五斗。口小肚大，呈平底方形。（參見李建平《先秦兩漢糧食容量制度單位量詞考》，《農業考古》2014 年第 4 期；趙曉軍、關增建《先秦兩漢度量衡制度研究》，上海交通大學出版 2017 年版，第 137—148 頁）

[13]【今注】常以八月：漢制，刺史、太守於八月巡視所屬郡縣，考察行政刑獄。　長吏：級別較高的官吏。一般指六百石以上。二百石至四百石的縣吏也稱長吏。秦漢時期郡守（太守）、郡尉（都尉）、王國相、三輔（京兆尹、左馮翊、右扶風）、都官、侯國相等都被稱作長吏；道、三輔所轄縣、障候等機構的主要負責人也都稱長吏（參見張欣《秦漢長吏再考：與鄒水傑先生商榷》，《中國史研究》2010 年第 3 期）。此處指郡守一級。本書卷三九《江革傳》載，章帝元和中，常以八月長吏存問，致羊酒，以終厥身。《劉愷傳》載，安帝永寧元年（120），稱病上書致仕，有詔優許焉，加賜錢三十萬，以千石祿歸養，河南尹常以歲八月致羊酒。

問起居：問候、請安。

[14]【今注】羊酒：一般爲羊一頭，酒二石。泛指賞賜或饋贈的物品。

　　安帝時，[1]汝南薛包孟嘗，[2]好學篤行，喪母，以至孝聞。及父妻後妻而憎包，[3]分出之，包日夜號泣，不能去，至被歐杖。不得已，廬於舍外，旦入而洒掃，父怒，又逐之。乃廬於里門，[4]昏晨不廢。積歲餘，父母慙而還之。後行六年服，[5]喪過乎哀。既而弟子求分財異居，包不能止，乃中分其財。奴婢引其老者，曰："與我共事久，若不能使也。"田廬取其荒頓者，[6]曰："吾少時所理，意所戀也。"器物取朽敗者，曰："我素所服食，身口所安也。"弟子數破其產，輒復賑給。建光中，[7]公車特徵，至，拜侍中。[8]包性恬虛，稱疾不起，以死自乞。有詔賜告歸，加禮如毛義。[9]年八十餘，以壽終。

[1]【今注】安帝：東漢安帝劉祜，公元106年至125年在位。紀見本書卷五。

[2]【今注】汝南：郡名。治平輿縣（今河南平輿縣北）。案，薛包，《東觀漢記》卷一五、《後漢紀》卷一一作“薛苞”。

[3]【今注】案，父妻之“妻”，紹興本、大德本、殿本作“娶”，意義可通。

[4]【今注】里門：漢代的里設里門若干，定時開閉，有專人管理，統一時間出入。里的外門和內門有專稱，外部之門為“閭”，內部之門為“閻”。

[5]【今注】行六年服：服喪六年。本書卷五《安帝紀》載，元初三年（116）十一月，詔大臣、二千石、刺史行三年喪，服闋還職。建光三年（122）十一月，復繼行三年喪。三年喪短時間成為制度，或影響民間，薛包或受此影響，行六年喪，故下文曰“喪過乎哀”。

[6]【李賢注】頓猶廢也。【今注】荒頓：荒廢。

[7]【今注】建光：東漢安帝劉祜年號（121—122）。

[8]【今注】侍中：官名。西漢時為加官。東漢為正式職官。掌侍從皇帝左右、贊導眾事、顧問應對。皇帝出行則參乘騎從，多由功臣貴戚擔任。秩比二千石，無固定員數。長官本有僕射一人，東漢轉為祭酒，或置或否。

[9]【李賢注】告，請假也。漢制，吏病滿三月當免，天子優賜其告，使得帶印綬，將官屬，歸家養病，謂之賜告也。【今注】賜告：古代稱官吏休假為“告”。官吏因病休假滿三月，本應當免職，但天子優賜其告，使其繼續休假，帶印綬、攜家屬，歸家治病，稱為“賜告”。

　　若二子者，推至誠以爲行，行信於心而感於人，以成名受禄致禮，斯可謂能以孝養也。若夫江革、劉般數公者之義行，猶斯志也。撰其行事著于篇。[1]

　　[1]【李賢注】自此已上，並略華嶠之詞也。【今注】行事：言行事迹。　案，此段以上文字見周天游輯華嶠《後漢書》卷二《孝子傳》。

　　劉平字公子，楚郡彭城人也。[1]本名曠，顯宗後改爲平。[2]王莽時爲郡吏，[3]守菑丘長，[4]政教大行。其後每屬縣有劇賊，[5]輒令平守之，所至皆理，由是一郡稱其能。

　　[1]【今注】楚郡：郡國名。治彭城縣（今江蘇徐州市雲龍區）。東漢章帝章和二年（88）改彭城國。　彭城：縣名。治所在今江蘇徐州市。
　　[2]【今注】顯宗：東漢明帝劉莊，公元57年至75年在位。紀見本書卷二。本書《祭祀志下》載："明帝臨終遺詔，遵儉無起寢廟，藏主於世祖廟更衣。孝章即位，不敢違，以更衣有小別，上尊號曰顯宗廟，閒祠於更衣，四時合祭於世祖廟。語在《章紀》。章帝臨崩，遺詔無起寢廟，廟如先帝故事。和帝即位不敢違，上尊號曰肅宗。後帝承尊，皆藏主于世祖廟，積多無別，是後顯宗但爲陵寢之號。"
　　[3]【今注】王莽：字巨君，魏郡元城（今河北大名縣東北）人。西漢元帝皇后王政君侄子。孺子嬰初始元年（8）稱帝，改國號爲新，年號始建國。傳見《漢書》卷九九。
　　[4]【李賢注】菑丘，縣，屬彭城國。【今注】菑丘：縣名。治所在今安徽宿州市東北。　長：縣長。漢代萬户以上縣的長官稱

縣令，不足萬戶稱長。

　　[5]【今注】劇賊：勢力較大的大盜、賊寇。

　　更始時，[1]天下亂，平弟仲爲賊所殺。其後賊復忽然而至，平扶侍其母，奔走逃難。仲遺腹女始一歲，平抱仲女而弃其子。母欲還取之，平不聽，曰：“力不能兩活，仲不可以絕類。”遂去不顧，與母俱匿野澤中。平朝出求食，逢餓賊，將亨，[2]平叩頭曰：“今旦爲老母求菜，[3]老母待曠爲命，願得先歸，食母畢，還就死。”[4]因涕泣。賊見其至誠，哀而遣之。平還，既食母訖，因白曰：“屬與賊期，義不可欺。”遂還詣賊。衆皆大驚，相謂曰：“常聞烈士，[5]乃今見之。[6]子去矣，吾不忍食子。”於是得全。

　　[1]【今注】更始：新莽末年劉玄年號（23—25）。公元23年，光武帝族兄劉玄被擁稱帝，建元更始，劉玄被稱爲更始帝。後以更始代稱劉玄。更始三年，劉玄投降於包圍長安的赤眉軍，被封爲長沙王，不久後被殺。傳見本書卷一一。

　　[2]【今注】亨：煮。同“烹”。案，殿本作“烹”。宋佚名《後漢書考正》，劉攽曰“亨”下少一“之”字。當據補。

　　[3]【今注】案，求菜，《後漢紀》卷九八《孝明皇帝紀上》作“採苕”。

　　[4]【李賢注】食音飼。下同。

　　[5]【今注】案，常，殿本作“嘗”，二字可通。

　　[6]【今注】案，曹金華《後漢書稽疑》認爲，“乃今”疑作“今乃”，《御覽》卷四二〇引《東觀記》、《後漢紀》卷九皆作“常聞烈士，今乃見之”（第509頁）。

　　建武初，[1] 平狄將軍龐萌反於彭城，[2] 攻敗郡守孫萌。[3] 平時復爲郡吏，冒白刃伏萌身上，被七創，[4] 困頓不知所爲，號泣請曰："願以身代府君。"[5] 賊乃斂兵止，曰："此義士也，勿殺。"遂解去。萌傷甚氣絶，有頃蘇，渴求飲。平傾其創血以飲之。後數日萌竟死，平乃裹創，扶送萌喪，至其本縣。

　　[1]【今注】建武：東漢光武帝劉秀年號（25—56）。

　　[2]【今注】平狄將軍：雜號將軍名。東漢置，掌領軍征伐。龐萌：山陽（今山東巨野縣）人。傳見本書卷一二。　彭城：郡國名。治彭城縣（今江蘇徐州市雲龍區）。東漢初爲楚郡。光武帝建武十五年，封皇子劉英爲楚公，楚郡爲楚公國。建武十七年，楚公劉英進爵爲楚王，楚公國升格爲楚王國。明帝永平十三年（70），楚王劉英謀反被廢，楚國除爲漢郡。和帝章和二年（88），以楚郡爲彭城國，徙六安王劉恭爲彭城王。

　　[3]【今注】案，錢大昭《後漢書辨疑》卷七認爲，此時彭城非郡，不得有郡守。本書卷一上《光武帝紀上》作"楚郡太守孫萌"。

　　[4]【今注】案，七，殿本作"十"。曹金華《後漢書稽疑》按，"十"當作"七"，形近而訛。《後漢紀》卷九也作"七創"。（第509頁）

　　[5]【今注】府君：漢及魏晉時郡太守自辟僚屬如公府，因尊稱爲府君。

　　後舉孝廉，[1] 拜濟陰郡丞，[2] 大守劉育甚重之，[3] 任以郡職，上書薦平。會平遭父喪去官。服闋，[4] 拜全椒長，[5] 政有恩惠，[6] 百姓懷感，人或增貲就賦，[7] 或減年從役。[8] 刺史、大守行部，[9] 獄無繫囚，人自以得所，不知所問，[10]唯班詔書而去。後以病免。

[1]【今注】孝廉：漢朝選拔舉薦人才的方式之一。孝指孝悌，廉指廉潔。漢制規定，每年郡國從所屬吏民中推舉孝、廉各一人。東漢和帝時始以人口爲標準，每二十萬人歲舉孝廉一人。

[2]【今注】濟陰：郡名。治定陶縣（今山東菏澤市定陶區西北）。 郡丞：官名。秦漢郡守（太守）副貳，輔佐郡守治郡。邊郡有長史。東漢光武帝建武六年（30）規定，郡守病時，由丞、長史代行其事。後罷邊郡郡丞，設長史領之。

[3]【今注】大守：官名。秦漢郡的最高行政長官，掌一郡政務。秩二千石。原稱郡守，西漢景帝時改稱太守。案，紹興本、大德本、殿本作“太守”。“太”“大”可通。下同不注。

[4]【今注】服闋：古代父母死後守喪三年，期滿後除去喪服稱“服闋”。

[5]【李賢注】全椒，縣，屬九江郡也。【今注】全椒：縣名。治所在今安徽全椒縣。

[6]【今注】案，政有恩惠，周天游《八家後漢書輯注》引《太平御覽》卷二六七云“掾吏五日一朝，罷門闌卒署，各遣就農”（第551頁）。

[7]【今注】增貲就賦：自報家財時以少報多，從而多納賦稅，故有可能是“算訾”。

[8]【今注】減年從役：指到了免役的年齡而少報年齡繼續服役。

[9]【今注】刺史：官名。西漢武帝元封五年（前106）置，共十三部（州），每部置刺史一人，秩六百石。於每年八月奉詔以六條問事，省察郡國二千石長吏、強宗豪右、諸侯王等，根據治理情況進行罷免或升遷並審理冤獄。每年歲末入奏。成帝綏和元年（前8）更名州牧，秩二千石。哀帝建平二年（前5）復爲刺史，元壽二年（前1）又稱州牧。東漢光武帝建武元年復置牧，十一年

省。十八年，罷州牧，置刺史，秩六百石。高於郡級地方行政長官。掌監察、選舉、劾奏、領兵等。屬吏有從事史、假佐。靈帝中平五年（188），改置州牧。　行部：漢制，刺史、太守於八月巡視所屬郡縣，考察行政刑獄。案，周天游《八家後漢書輯注》引《太平御覽》卷二六七作“刺史行部”（第551頁）。

[10]【李賢注】“所”或作“何”。

　　顯宗初，尚書僕射鍾離意上書薦平及琅邪王望、東萊王扶曰：[1]“臣竊見琅邪王望、楚國劉曠、東萊王扶，[2]皆年七十，執性恬淡，所居之處，邑里化之，脩身行義，應在朝次。[3]臣誠不足知人，竊慕推士進賢之義。”書奏，有詔徵平等，特賜辦裝錢。[4]至皆拜議郎，[5]並數引見。平再遷侍中，永平三年，[6]拜宗正，[7]數薦達名士承宮、郇恁等。[8]在位八年，以老病上疏乞骸骨，[9]卒於家。

[1]【今注】尚書僕射：官名。西漢爲尚書令副貳，秩六百石。東漢爲尚書臺屬官。掌章奏文書、參議政事、監察百官等。秩二千石。　鍾離意：字子阿，會稽山陰（今浙江紹興市越城區）人。傳見本書卷四一。　琅邪：郡國名。東漢章帝建初五年（80）以琅邪郡改置，治開陽縣（今山東臨沂市北）。　東萊：郡名。治黃縣（今山東龍口市東南）。

[2]【今注】楚國：郡國名。東漢初爲楚郡。建武十五年（39），封皇子劉英爲楚公，楚郡爲楚公國。建武十七，劉英封楚王，楚公國爲王國。治彭城縣（今江蘇徐州市雲龍區）。明帝永平十三年（70）楚國除爲楚郡。章帝章和二年（88）改爲彭城國。

[3]【今注】朝次：列爲朝廷官員。同朝列。

[4]【今注】辦裝錢：置辦行裝的費用。

[5]【今注】議郎：官名。西漢爲光禄勳屬官。掌顧問應對，參與議政。秩比六百石。東漢更爲顯要，除議政外，也給事宮中。秩六百石。

[6]【今注】永平：東漢明帝劉莊年號（58—75）。

[7]【今注】宗正：官名。掌管理皇室及外戚事務。西漢平帝元始四年（4）更名宗伯。王莽時併於秩宗（太常）。東漢復名宗正。秩中二千石。

[8]【李賢注】悉字君大，見《黄憲傳》。悉音人甚反。【今注】承宮：字少子，琅邪姑幕（今山東諸城市）人。學《春秋經》。明帝時徵拜博士，遷左中郎將、侍中祭酒。傳見本書卷二七。

郇悉：字君大，太原廣武（今山西代縣）人。事迹見本書卷三九《劉平傳》。《東觀漢記》卷一七作“荀悉”。《後漢紀》卷八《光武皇帝紀》載：“初，太原人郇悉，隱居山澤，不求於世。匈奴嘗入太原，素聞其名，乃不入，郇氏舉宗賴之。建武中，徵悉不至，於是蒼復辟悉而敬禮焉。嘗朝會，上戲悉曰：‘先帝徵君不至，驃騎辟君反來，何也？’對曰：‘先帝秉德以惠下，故得不來；驃騎執法以檢下，臣不敢不至。’月餘辭去，終于家。”

[9]【今注】乞骸骨：向皇帝乞求骸骨歸葬故鄉。這是古代官員申請退休或引咎辭職的習慣用語。

王望字慈卿，客授會稽，[1]自議郎遷青州刺史，[2]甚有威名。是時州郡災旱，百姓窮荒，望行部，道見飢者，裸行草食，[3]五百餘人，愍然哀之，因以便宜出所在布粟，[4]給其廩糧，[5]爲作褐衣。[6]事畢上言，帝以望不先表請，[7]章示百官，[8]詳議其罪。時公卿皆以爲望之專命，[9]法有常條。鍾離意獨曰：“昔華元、子反，楚、宋之良臣，[10]不稟君命，擅平二國，《春秋》之義，[11]以爲美談。[12]今望懷義忘罪，當仁不讓，若繩之以法，忽其本情，將乖聖朝愛育之旨。”帝嘉意議，赦而不罪。

[1]【今注】會稽：郡名。治山陰縣（今浙江紹興市）。

[2]【今注】青州：西漢武帝時所置十三刺史部之一。東漢治所在臨菑縣（今山東淄博市臨淄區北）。

[3]【今注】草食：以草爲食。

[4]【今注】便（biàn）宜：斟酌情勢，不拘規制條文，不須請示，自行處理。

[5]【今注】廩糧：官府倉中所存的糧食。

[6]【李賢注】許慎注《淮南子》曰：“楚人謂袍爲短褐。”【今注】褐衣：用粗布或麻布製成的較爲簡樸粗糙的服裝，爲平民所穿。有短褐、褐衣兩種。短褐短且窄，褐衣稍長。

[7]【今注】表請：上表奏請。

[8]【今注】章示：宣布、公布。

[9]【今注】專命：不待請命而行事。《左傳》閔公二年：“師在制命而已，廩命則不威，專命則不孝。”

[10]【今注】案，曹金華《後漢書稽疑》認爲華元爲宋臣，子反爲楚臣，當作“昔華元、子反，宋、楚之良臣”（第509頁）。

[11]【今注】春秋之義：中華本校勘記認爲，當作“《春秋》義之”。指《春秋》贊賞這種事情。

[12]【李賢注】《春秋》：“楚子圍宋，宋人及楚人平。”《公羊傳》曰：“外平不書，此何以書？大其平乎己也。何大其平乎己（其平乎，殿本誤作‘乎其平’）？莊王圍宋，有七日之糧爾，盡此不勝，將去而歸爾，於是使司馬子反乘堙而闚宋城，宋華元亦乘堙而出見之。子反曰：‘子之國何如？’華元曰：‘憊矣。’曰：‘何如？’曰：‘易子而食之，析骸而炊之。’子反曰：‘諾。吾軍有七日之糧爾。盡此不勝，將去而歸爾。’揖而去之，反於莊王。莊王怒曰：‘吾使子往視之，子曷爲告之！’子反曰：‘以區區之宋，

猶有不欺人之臣，可以楚而無乎？是以告之。’王曰：‘諾。’引師而去之。故君子大其平乎己也。”

　　王扶字子元，掖人也。[1]少脩節行，客居琅邪不其縣，[2]所止聚落化其德。[3]國相張宗謁請，[4]不應，欲强致之，遂杖策歸鄉里。[5]連請，固病不起。大傅鄧禹辟，[6]不至。後拜議郎，會見，恂恂似不能言。[7]然性沈正，不可干以非義，當世高之。永平中，臨邑侯劉復著《漢德頌》，[8]盛稱扶爲名臣云。

　　[1]【李賢注】掖，今萊州縣。【今注】掖：縣名。治所在今山東萊州市。東漢改爲掖侯國。後復爲縣。

　　[2]【今注】不其：縣名。治所在今山東青島市即墨區。

　　[3]【李賢注】小於鄉曰聚。《廣雅》曰：“落，居也。”【今注】聚落：村落。

　　[4]【今注】國相：官名。王國相。王國内最高行政長官。初名相國，西漢惠帝元年（前194）更名爲“丞相”，景帝中元五年（前145）更名爲“相”。　張宗：字諸君，南陽魯陽（今河南魯山縣）人。傳見本書卷三八。　謁請：拜謁請求。

　　[5]【今注】杖策：執馬鞭。謂策馬而行。

　　[6]【今注】大傅：官名。位居上公。掌以善導，無常職。東漢光武帝以卓茂爲太傅，卓茂薨後，因省。此後每帝初即位，置太傅録尚書事，薨後輒省。案，紹興本、大德本、殿本作“太傅”。下同不注。　鄧禹：字仲華，南陽新野（今河南新野縣）人。傳見本書卷一六。

　　[7]【李賢注】恂恂，恭順之皃（皃，大德本、殿本作“貌”，二字可通）。

　　[8]【李賢注】復，光武兄伯升之孫，北海王興之子也。【今

注】臨邑：縣名。治所在今山東東阿縣。　劉復：東漢宗室。能文章。建武三十年（54）封臨邑侯。明帝永平中，掌講學事。　案，本書卷一四《北海靖王興傳》載：“初，臨邑侯復好學，能文章。永平中，每有講學事，輒令復典掌焉。與班固、賈逵共述漢史，傅毅等皆宗事之。”

趙孝字長平，沛國蘄人也。[1]父普，王莽時爲田禾將軍，[2]任孝爲郎。[3]每告歸，常白衣步擔。[4]嘗從長安還，[5]欲止郵亭。[6]亭長先時聞孝當過，[7]以有長者客，掃洒待之。[8]孝既至，不自名，[9]長不肯内，因問曰：“聞田禾將軍子當從長安來，何時至乎？”孝曰：“尋到矣。”於是遂去。[10]及天下亂，人相食。孝弟禮爲餓賊所得，孝聞之，即自縛詣賊，曰：“禮久餓羸瘦，不如孝肥飽。”賊大驚，並放之，謂曰：“可且歸，更持米糒來。”[11]孝求不能得，復往報賊，願就亨。[12]衆異之，遂不害。鄉黨服其義。[13]州郡辟召，[14]進退必以禮。舉孝廉，不應。

　　[1]【李賢注】蘄音機（機，殿本作“幾”，誤。《史記》卷七《項羽本紀》、卷九一《黥布列傳》，《漢書》卷一上《高帝紀上》注皆作“蘄音機”）。【今注】沛：國名。東漢光武帝建武二十年（44）改沛郡置，治相縣（今安徽濉溪縣西北）。　蘄：縣名。治所在今安徽宿州市南蘄縣鎮。
　　[2]【李賢注】王莽時置田禾將軍，屯田北邊。【今注】田禾將軍：將軍名號。新莽置，屯田北邊。
　　[3]【今注】任孝爲郎：以孝行被推薦爲郎。任，保舉。漢制，二千石以上官視事三年以上，可以保舉子弟一人爲郎。郎，官名。掌守宫門，備諮詢，出充車騎。東漢於光禄勳下設五官、左、

右中郎將署，主管諸中郎、侍郎、郎中，實爲儲備官吏人才的機構，其郎官多達二千餘人。

[4]【今注】白衣：平民。古時未做官的人穿白色的衣服。步擔：步行挑擔。

[5]【今注】長安：縣名。治所在今陝西西安市西北。

[6]【今注】郵亭：郵行書舍，謂傳送文書所止處，亦如後世之驛館。

[7]【今注】亭長：官名。掌治安、訴訟和捕盜賊等事。屬吏有亭候、求盜等吏卒。設備五兵，持二尺板以劾賊，索繩以收執賊。

[8]【李賢注】素聞孝高名，故以爲長者客也。"洒"與"灑"通，音所賣反（賣，殿本誤作"買"）。

[9]【李賢注】不稱名也。

[10]【李賢注】《華嶠書》曰："孝報云三日至矣。"

[11]【今注】米糒：米糧。糒，乾飯。

[12]【今注】亨：煮。同"烹"。殿本作"烹"。

[13]【今注】鄉黨：同鄉的人。案，《後漢紀》卷九《孝明皇帝紀上》載，"孝每炊待熟，輒使禮夫婦出有所役，自在後與妻共蔬菜食。及禮還，告以食而以糧飯食之。如此者久，禮心怪之，微察悵恨獨然，遂不肯復出。兄弟怡怡，鄉黨服其義"。

[14]【今注】辟召：漢代高級官員任用屬官的制度。中央最高行政長官如三公，地方官如州牧、郡守，都可自行聘任僚屬，然後向朝廷推薦。

永平中，辟大尉府，[1]顯宗素聞其行，詔拜諫議大夫，[2]遷侍中，又遷長樂衛尉。[3]復徵弟禮爲御史中丞。[4]禮亦恭謙行己，類於孝。帝嘉其兄弟篤行，欲寵異之，詔禮十日一就衛尉府，大官送供具，[5]令共相對盡歡。[6]數年，禮卒，帝令孝從官屬送喪歸葬。後歲餘，復以衞尉賜告歸，[7]卒于家。孝無子，拜禮兩子爲郎。

[1]【今注】大尉：官名。三公之一。東漢光武帝建武二十七年（51）改大司馬爲太尉。掌全國軍事及考課地方官員。與司徒、司空一同參議大政。屬官有長史等，置諸曹分管各種行政事務。案，紹興本、大德本、殿本作“太尉”。下同不注。

[2]【今注】諫議大夫：官名。秦始置。西漢初廢。武帝元狩五年（前118）置諫大夫，秩比八百石。太初元年（前104）更名爲光禄大夫，秩比二千石。東漢光武帝又置諫議大夫。掌侍從顧問、參謀諫議。秩六百石。

[3]【今注】長樂衞尉：官名。太后屬官。掌宮門警衞。不常置，秩二千石。

[4]【今注】御史中丞：官名。御史大夫屬官。西漢時監御史在殿中，掌密舉非法。成帝綏和元年（前8）御史大夫轉爲司空，因別留中，爲御史臺長官，後又屬少府。掌察舉非法，受公卿百官奏事。監察祠祭與朝會、封拜威儀。常受命領兵。秩千石。屬官有治書侍御史、侍御史等。與司隸校尉、尚書令並稱“三獨坐”。

[5]【今注】大官：官名。即太官令。少府屬官。掌御膳飲食。秩六百石。屬吏有左丞、甘丞、湯官丞、果丞各一人。掌飲食、膳具、酒、果等。　供具：陳設酒食的器具。

[6]【今注】案，曹金華《後漢書稽疑》認爲，“共”疑作“其”，前文已提及“兄弟”。《北堂書鈔》卷五三引華嶠《後漢書》作“令相對盡歡”，《後漢紀》卷九作“令其相對盡歡”。（第509頁）

[7]【今注】衞尉：官名。掌宮門衞士及近衞禁兵（南軍），有長樂衞尉、甘泉衞尉、未央衞尉等。西漢景帝初改名爲“中大夫令”，後元元年（前143）復舊稱。王莽改爲“大衞”。東漢復稱衞尉，總領南、北宮衞士令丞，又轄左右都候、諸宮掖門司馬。秩中二千石。

時汝南有王琳巨尉者，[1]年十餘歲喪父母。因遭大亂，[2]百姓奔逃，唯琳兄弟獨守塚廬，[3]號泣不絕。弟季，出遇赤眉，[4]將爲所哺，[5]琳自縛，請先季死，賊矜而放遣，由是顯名鄉邑。後辟司徒府，[6]薦士而退。[7]

[1]【今注】汝南：郡名。治平輿縣（今河南平輿縣北）。

[2]【今注】案，遭，殿本作“遇”，二字意義可通。

[3]【今注】塚廬：墓旁臨時搭建用以居喪的簡陋屋舍。

[4]【今注】赤眉：新莽天鳳五年（18），琅邪（今山東諸城市）人樊崇在莒（今山東莒縣）起兵，因以赤色塗眉爲標誌，號稱“赤眉”。又作“赤糜”。赤眉主要事迹，參見本書卷一一《劉盆子傳》。

[5]【李賢注】哺，食之也。哺音補胡反（殿本無“哺”字）。

[6]【今注】司徒：官名。三公之一。西漢哀帝元壽二年（前1），正三公官分職，改丞相爲大司徒。東漢光武帝建武二十七年（51）去“大”字，稱司徒。掌全國民政、考課、教化等事宜。與太尉、司空一同參議大政。秩萬石。屬官有長史、司空等。辟司徒府，指被辟爲司徒府掾吏。

[7]【今注】薦士：中央最高行政長官如三公，地方官如州牧、郡守，都可自行聘任僚屬，然後向朝廷推薦。

琅邪魏譚少閒者，時亦爲飢寇所獲，等輩數十人皆束縛，[1]以次當亨。[2]賊見譚似謹厚，獨令主爨，[3]暮輒執縛。賊有夷長公，[4]特哀念譚，密解其縛，語曰：“汝曹皆應就食，急從此去。”對曰：“譚爲諸君爨，恒得遺餘，餘人皆茹草菜，不如食我。”[5]長公義之，相曉赦遣，並得俱免。譚永平中爲主家令。[6]

［1］【今注】等輩：同輩。

［2］【今注】案，亨，大德本、殿本作“烹”，二字可通。

［3］【今注】爨：燒火做飯。

［4］【李賢注】夷，姓也。【今注】夷長公：曹金華《後漢書稽疑》認爲，《太平御覽》卷四二〇引《東觀記》作“譚爲夷所得……有夷長公哀譚”，吳樹平《東觀漢記校注》：“按‘夷’疑指少數民族，‘長公’似爲夷族下級頭目之稱。”（中華書局 2008 年版，第 510—511 頁）

［5］【今注】案，《東觀漢記》卷一五《魏譚》載：“我常爲諸君主炊養，食馨肉肌香，餘皆菜食，羸瘦，肉腥臊不可食，願先等輩死。” 又，菜，大德本、殿本作“萊”。草菜，指各種蔬菜。草萊，指野生雜草。當以“草菜”爲是。

［6］【李賢注】公主家令也（大德本、殿本無“也”字）。【今注】主家令：官名。即公主家令。管理家政。秩六百石。丞一人，三百石；其餘屬吏，增減無常。

　　又齊國兒萌子明、[1]梁郡車成子威二人，[2]兄弟並見執於赤眉，[3]將食之，萌、成叩頭，乞以身代，賊亦哀而兩釋焉。[4]

　　［1］【李賢注】兒音五分反。【今注】齊國：王國名。東漢光武帝建武十一年（35）改齊郡爲齊國，治臨淄縣（今山東淄博市東北）。案，吳樹平《東觀漢記校注》據《初學記》卷一七作“倪明，字子明，齊國臨淄人也”（第 662 頁）。《論衡·齊世篇》：“若夫琅邪兒子明，歲敗之時，兄爲飢人所食，自縛叩頭，代兄爲食，餓人美其義，兩舍不食。”蓋因與臨淄接近而誤。

　　［2］【今注】梁郡：郡國名。治睢陽縣（今河南商丘市南）。東漢章帝建初四年（79）復爲梁國。案，周天游《八家後漢書輯注》據《太平御覽》卷三七八引謝承《後漢書》作“梁國車成，

字子威，兄恩都爲赤眉所得，欲饗之，成叩頭曰：'兄瘦我肥，欲得代之。'賊感其義，俱放之。"（第53頁）

　　[3]【今注】案，吳樹平《東觀漢記校注》據《初學記》卷一七作"仁孝敦篤，不好榮貴，常勤身田農。遭歲倉卒，兵革並起，人民餒餓相啖，與兄俱出城采蔬，爲赤眉賊所得，欲殺啖之"（第662頁）。

　　[4]【今注】案，吳樹平《東觀漢記校注》據《初學記》卷一七作"萌詣賊叩頭言：'兄年老羸瘠，不如萌肥健，願代兄。'賊義而不啖，命歸求豆來贖兄。萌歸不能得豆，復自縛詣賊，賊遂放之"（第662頁）。

　　淳于恭字孟孫，北海淳于人也。[1]善説《老子》，[2]清静不慕榮名。家有山田果樹，[3]人或侵盜，輒助爲收採。又見偷刈禾者，恭念其愧，因伏草中，盜去乃起，里落化之。[4]

　　[1]【李賢注】淳于，縣，故城今在密州安丘縣東北（今在，殿本作"在今"，是），故淳于國也。【今注】北海：王國名。治劇縣（今山東昌樂縣西北）。光武帝建武二年（26），封劉興爲魯王。十三年，省菑川、高密、膠東三國，以其縣屬北海。二十八年，徙封北海王。獻帝建安十一年（206），國除。　淳于：縣名。治所在今山東安丘市東北。

　　[2]【今注】老子：書名。道家著作。今本分《道經》和《德經》兩部分，共五千餘言。又稱《道德經》。東漢以前有河上公、安丘望之、嚴遵以及馬王堆帛書、郭店楚簡、北大漢簡等多個版本。西漢劉向定《老子》爲二篇八十一章，上經三十四章，下經四十七章。老子，偃姓，李氏，字伯陽，號聃，楚苦縣（今河南鹿邑縣）人，周守藏室之史。傳見《史記》卷六三。

　　[3]【今注】案，吳樹平《東觀漢記校注》卷一五據《藝文類

聚》卷二一作"家有山田橡樹"（第663頁）。

[4]【今注】里落：鄉里村落。案，吳樹平《東觀漢記校注》卷一五據《太平御覽》卷四〇三又載，"恭家井在門外，上有盆，鄰里牧牛兒爭飲牛。恭惡其爭，多置器其上，爲預汲水滿之。小兒復爭，恭各語其家父母，父母乃禁怒之，里落皆化而不爭"（第664頁）。

王莽末，歲飢兵起，恭兄崇將爲盜所亨，[1]恭請代，得俱免。[2]後崇卒，恭養孤幼，教誨學問，有不如法，輒反用杖自箠，[3]以感悟之，兒惎而改過。初遭賊寇，百姓莫事農桑。恭常獨力田耕，鄉人止之曰："時方淆亂，死生未分，何空自苦爲？"恭曰："縱我不得，它人何傷。"墾耨不輟。[4]後州郡連召，不應，遂幽居養志，潛於山澤。舉動周旋，必由禮度。建武中，郡舉孝廉，司空辟，[5]皆不應，客隱琅邪黔陬山，遂數十年。[6]

[1]【今注】案，亨，大德本、殿本作"烹"。

[2]【今注】案，大德本、殿本"得"後有"與"字。據前文，得免者有崇、恭二人，當有"與"字。

[3]【今注】箠：擊打。同"棰"。

[4]【今注】墾耨：開墾鋤草。

[5]【今注】司空辟：被徵辟爲司空的屬官。司空，官名。即大司空。漢初御史大夫。西漢成帝綏和元年（前8）更名大司空。哀帝建平二年（前5）又稱御史大夫，元壽二年（前1）改稱大司空。東漢初仍稱大司空，光武帝建武二十七年（51）去"大"字，改稱司空。掌築城、溝洫、陵墓等水土工程，及水土工程考核等。與太尉、司徒一同參議大政。屬官有長史、將軍等。

[6]【李賢注】黔陬縣之山也。黔陬故城在今密州諸城縣東北也（陬，紹興本、大德本、殿本作"陬"，是）。【今注】黔陬：縣名。治所在今山東膠州市西南黔陬村東，謂之東陬城。

建初元年，肅宗下詔美恭素行，[1]告郡賜帛二十匹，遣詣公車，除爲議郎。引見極日，[2]訪以政事，遷侍中騎都尉，[3]禮待甚優。其所薦名賢，無不徵用。進對陳政，皆本道德，帝與之言，未嘗不稱善。[4]五年，病篤，使者數存問，[5]卒於官。詔書褒歎，賜穀千斛，刻石表閭。[6]除子孝爲大子舍人。[7]

[1]【今注】肅宗：東漢章帝劉炟，公元 75 年至 88 年在位。謚號爲孝章皇帝，廟號肅宗。紀見本書卷三。案，本書卷四《和帝紀》載，章和二年（88）三月，有司上奏："孝章皇帝崇弘鴻業，德化普洽，垂意黎民，留念稼穡。文加殊俗，武暢方表，界惟人面，無思不服。巍巍蕩蕩，莫與比隆。《周頌》曰：'於穆清廟，肅雝顯相。'請上尊廟曰肅宗，共進武德之舞。"制曰："可。"

[2]【今注】極日：終日、整日。

[3]【今注】侍中騎都尉：官名。秦末漢初，以騎都尉掌統領騎兵，無固定人數和執掌，不統兵時掌侍衛。西漢宣帝時以一人監羽林騎，又以一人領西域都護，秩比二千石。因親近皇帝，多以侍中兼任，故稱。東漢隸屬於光祿勳，秩比二千石。

[4]【今注】案，周天游《八家後漢書輯注》據《北堂書鈔》卷五八引司馬彪《續漢書》作："遷侍中，數侍清晏，所薦無不徵用，進對陳善，皆本道德，上未嘗不稱善。在朝爲群臣表率，聞於四方。"（第 401 頁）

[5]【今注】存問：慰問，慰勞。多指尊對卑，上對下。

[6]【今注】刻石表閭：刻石立闕於閭門。

［7］【今注】大子舍人：官名。秦朝始置。兩漢因之，無員額，掌輪流宿衛，如三署郎中。西漢隸太子太傅、少傅，東漢隸太子少傅。太子闕位則隸少府。秩二百石。案，紹興本、大德本、殿本作“太子舍人”。

　　江革字次翁，[1]齊國臨淄人也。[2]少失父，獨與母居。遭天下亂，盜賊並起，革負母逃難，備經阻險，常採拾以爲養。數遇賊，或劫欲將去，革輒涕泣求哀，言有老母，辭氣願款，有足感動人者。[3]賊以是不忍犯之，或乃指避兵之方，[4]遂得俱全於難。革轉客下邳，[5]窮貧裸跣，行傭以供母，[6]便身之物，[7]莫不必給。

　　［1］【今注】次翁：周天游《八家後漢書校注》據《北堂書鈔》卷五六引謝承《後漢書》作“次伯”（第53頁）。
　　［2］【今注】齊國：王國名。東漢建武十一年（35）改齊郡爲齊國，治臨淄縣（今山東淄博市東北）。　臨淄：縣名。治所在今山東淄博市臨淄區北。
　　［3］【李賢注】願，謹也。款，誠也。
　　［4］【李賢注】《華嶠書》曰“語以避兵道”也。
　　［5］【今注】下邳：縣名。治所在今江蘇邳州市南。
　　［6］【今注】行傭：做雇工。案，吳樹平《東觀漢記校注》卷一五據《太平御覽》卷八二七引《東觀記》作“客東海下邳，傭賃以養父母”（第666頁）。
　　［7］【今注】便身之物：日常使用的物品。

　　建武末年，與母歸鄉里。每至歲時，[1]縣當案比，[2]革以母老，不欲搖動，自在轅中輓車，[3]不用牛馬，由是鄉里稱之曰"江巨孝"。[4]大守嘗備禮召，革以母老不應。及母終，至性殆滅，嘗寢伏冢廬，服竟，不忍除。郡守遣丞掾釋服，[5]因請以爲吏。

[1]【今注】歲時：指一年中特定的季節或時間。當指秋八月。本書《禮儀志中》載，仲秋之月，縣道皆案户比民。

[2]【李賢注】案驗以比之，猶今免閱也（免，殿本作"貌"）。【今注】案比：核查登記每户的人口。本書卷五《安帝紀》引《東觀記》曰："方今八月，案比之時。"謂案驗户口，次比之也（參見錢劍夫《漢代"案比"制度的淵源及其流演》，《歷史研究》1988 年第 3 期）。

[3]【今注】轅：車前駕牲口的兩根直木。　輓：牽引。通"挽"。

[4]【李賢注】巨，大也。《華嶠書》曰"臨淄令楊音高之，設特席，顯異巨孝於稠人廣衆中，親奉錢以助供養"也。

[5]【今注】丞掾：泛指郡守的屬吏。　釋服：脱去喪服。

永平初，舉孝廉爲郎，補楚大僕。[1]月餘，自劾去。[2]楚王英馳遣官屬追之，[3]遂不肯還。復使中傅贈送，[4]辭不受。後數應三公命，[5]輒去。

[1]【今注】僕：官名。即"太僕"，掌楚王車駕和馬政。案，殿本作"太僕"。

[2]【今注】自劾：臣子上書彈劾自己，請求卸任官職。

[3]【今注】楚王英：楚王劉英。東漢光武帝建武十五年（39）封爲楚公，十七年進爵爲王，二十八年就國。明帝永平十三年（70）國除。傳見本書卷四二。　官屬：指楚王下屬官吏。

[4]【今注】中傅：官名。諸侯王國屬官，由朝廷派任，以宦

官充任。掌協助太傅教導諸侯王，傳遞詔令。

[5]【今注】三公：官名。西周時指太師、太傅、太保或司徒、司馬、司空。西漢初指丞相、御史大夫、太尉。武帝建元二年（前 139）省太尉。元狩四年（前 119）置大司馬。成帝綏和元年（前 8）改御史中丞爲大司空。哀帝元壽二年（前 1）改丞相爲大司徒。此後以丞相（大司徒）、大司馬、御史大夫（大司空）爲三公。王莽定三公之號曰大司馬、大司徒、大司空。東漢初，因而不改。光武帝建武二十七年（51），大司馬改爲太尉，大司徒、大司空去“大”字，亦稱“三司”。掌參議朝政，監察百官。

建初初，大尉牟融舉賢良方正，[1] 再遷司空長史。[2] 肅宗甚崇禮之，遷五官中郎將。[3] 每朝會，[4] 帝常使虎賁扶侍，[5] 及進拜，恒目禮焉。[6] 時有疾不會，輒大官送醪膳，[7] 恩寵有殊。於是京師貴戚衛尉馬廖、侍中竇憲慕其行，[8] 各奉書致禮，革無所報受。[9] 帝聞而益善之。後上書乞骸骨，轉拜諫議大夫，賜告歸，因謝病稱篤。

[1]【今注】牟融：字子優，北海安丘（今山東安丘市西南）人。以大夏侯《尚書》教授。先後任司隸校尉，大鴻臚、大司農、太尉。傳見本書卷二六。　賢良方正：漢代選拔官吏的科目之一。西漢文帝二年（前 178），詔舉賢良方正能直言極諫者。賢良，指德才兼備。方正，指處事正直。本書卷三《章帝紀》載，建初元年（76）三月，“令太傅、三公、中二千石、二千石、郡國守相舉賢良方正、能直言極諫之士各一人”。

[2]【今注】司空長史：官名。三公之一司空屬官。掌司空府諸曹事。秩千石。

[3]【今注】五官中郎將：官名。主五官郎及部分侍郎、郎

中。秩比二千石。案，吳樹平《東觀漢記校注》卷一五據《太平御覽》卷四七四作"永平中，江革爲五官中郎將"（第 666 頁）。

　　[4]【今注】朝會：諸侯、臣屬及外國使者朝見天子。古代稱臣見君爲朝，君見臣爲會，合稱朝會。每歲首正月，爲大朝受賀。

　　[5]【今注】虎賁：漢朝屬中央禁衛軍。原名期門，西漢武帝時置，平帝元始元年（1）更名虎賁郎，由虎賁中郎將率領。職掌宿衛，禁衛皇宮。

　　[6]【李賢注】獨視之也。【今注】案，吳樹平《東觀漢記校注》卷一五據《太平御覽》卷四七四作"上輒自禮之"（第 666 頁）。

　　[7]【今注】醪膳：酒食。醪，醇酒，味濃純正的美酒。膳，美好的食物。指肉食。

　　[8]【今注】衛尉：官名。掌宮門衛士和宮內巡察。秩中二千石。　馬廖：字敬平，扶風茂陵（今陝西興平市東北）人。馬援之子。傳見本書卷二四。　竇憲：字伯度，扶風平陵（今陝西咸陽市西北）人。傳見本書卷二三。

　　[9]【李賢注】《華嶠書》曰："終不報書，一無所受。"

　　元和中，[1]天子思革至行，制詔齊相曰：[2]"諫議大夫江革，前以病歸，今起居何如？夫孝，百行之冠，衆善之始也。國家每惟志士，未嘗不及革。縣以見穀千斛賜'巨孝'，[3]常以八月長吏存問，致羊酒，以終厥身。[4]如有不幸，[5]祠以中牢。"[6]由是"巨孝"之稱行於天下。及卒，詔復賜穀千斛。

　　[1]【今注】元和：東漢章帝劉炟年號（84—87）。
　　[2]【今注】制詔：皇帝命令某臣而下的詔書。東漢蔡邕《獨斷》卷上："漢天子正號曰'皇帝'，自稱曰'朕'，臣民稱之曰'陛下'，其言曰'制詔'。"

　　[3]【今注】見穀：現有的糧食。大司農掌全國錢穀金帛等。
郡國四時上月旦見錢穀簿，由大司農根據中央和各地需求進行調濟
〔參見［日］渡邊信一郎《漢代的的財政運作與國家物流》，載劉
俊文主編《日本中青年學者論中國史（上古秦漢卷）》，上海古籍
出版社 1995 年版〕。

　　[4]【李賢注】《華嶠書》曰："致羊一頭，酒二斛。"

　　[5]【今注】不幸：古代對死的諱稱。

　　[6]【今注】中牢：豬羊二牲。

　　劉般字伯興，宣帝之玄孫也。[1]宣帝封子囂於
楚，[2]是爲孝王。[3]孝王生思王衍，[4]衍生王紆，[5]紆生
般。自囂至般，積累仁義，世有名節，而紆尤慈篤。
早失母，同産弟原鄉侯平尚幼，[6]紆親自鞠養，常與共
卧起飲食。及成人，未嘗離左右。平病卒，紆哭泣歐
血，數月亦歿。初，紆襲王封，因值王莽篡位，廢爲
庶人，[7]因家於彭城。

　　[1]【今注】宣帝：西漢宣帝劉詢，公元前 74 年至前 49 年在
位。紀見《漢書》卷八。　　玄孫：曾孫的子女。自本身下數爲第
五代。

　　[2]【今注】囂：劉囂。西漢宣帝甘露二年（前 52）爲定陶
王。三年爲楚王。成帝河平（前 28—前 25）中入朝，四年因疾卒，
謚孝。傳見《漢書》卷八〇。

　　[3]【今注】孝王：楚王劉囂謚號。

　　[4]【今注】衍：劉衍。孝王之子，封平陸侯。西漢成帝陽朔
二年（前 23）封楚王，謚思王。

　　[5]【今注】紆：劉紆。思王之子。西漢哀帝元壽元年（前 2）
封楚王。公元 8 年，貶爲公，次年被廢。

[6]【今注】同産弟：同母所生之兄弟。　原鄉侯平：原鄉，縣名。治所在今浙江安吉縣北。案，惠棟《後漢書補注》卷一〇認爲，《王子侯表》楚思王子有安陸侯平，並無原鄉。

[7]【今注】庶人：無官爵的平民。

般數歲而孤，獨與母居。王莽敗，天下亂，太夫人聞更始即位，[1]乃將般俱奔長安。會更始敗，復與般轉側兵革中，西行上隴，[2]遂流至武威。[3]般雖尚少，而篤志脩行，講誦不怠。其母及諸舅，以爲身寄絕域，死生未必，[4]不宜苦精若此，數以曉般，般猶不改其業。

[1]【李賢注】太夫人，般之母也。《前書音義》曰："列侯之妻稱夫人，母稱太夫人（殿本'母'前有'列侯死子復爲列侯'八字。《漢書》卷四《文帝紀》如淳注有此八字，當據補）。"【今注】案，太夫人，大德本作"大夫人"。

[2]【今注】上隴：上隴阪，今甘肅張家川回族自治縣境内六盤山的南段。

[3]【今注】武威：郡名。治姑臧縣（今甘肅武威市城區）。

[4]【李賢注】"必"或作"分"也。

建武八年，隗囂敗，[1]河西始通，[2]般即將家屬東至洛陽，[3]脩經學於師門。[4]明年，光武下詔，[5]封般爲蓸丘侯，[6]奉孝王祀，使就國。後以國屬楚王，徙封杼秋侯。[7]

[1]【今注】隗囂：字季孟，天水成紀（今甘肅静寧縣西南）人。傳見本書卷一三。

［2］【今注】河西：古地區名。今甘肅、青海兩省黃河以西，即河西走廊與湟水流域。

［3］【今注】洛陽：縣名。東漢光武帝建武元年（25）建都於此。治所在今河南洛陽市東北漢魏故城。

［4］【今注】經學：即注經之學，爲闡釋儒家經典的學問。師門：老師的門下。王充《論衡·量知》云"不入師門，無經傳之教"。

［5］【今注】光武：東漢光武帝劉秀，公元 25 年至 57 年在位。紀見本書卷一。

［6］【今注】葍丘：縣名。治所在今安徽宿州市東北。

［7］【李賢注】杼秋，縣，屬梁國。杼音是與反。【今注】杼秋：縣名。治所在今安徽碭山縣東南。

十九年，行幸沛，詔問郡中諸侯行能。[1]大守薦言般束脩至行，爲諸侯師。[2]帝聞而嘉之，乃賜般綬，[3]錢百萬，繒二百匹。[4]二十年，復與車駕會沛，因從還洛陽，賜穀什物，[5]留爲侍祠侯。[6]

［1］【今注】行能：德行。本書卷四《和帝紀》云："選舉良才，爲政之本。科別行能，必由鄉曲。"《周禮·鄉大夫》："正月之吉，受教灋于司徒，退而頒之于其鄉吏，使各以教其所治，以考其德行，察其道藝。"

［2］【李賢注】束脩謂謹束脩絜也。【今注】束脩至行：約束修正自己的言行，品行卓絕。　諸侯師：以德行爲諸侯之師。《周禮·天官·大宰》"師以賢得民，儒以道得民"。鄭玄注云："師，諸侯師氏，有德行以教民者。儒，諸侯保氏，有六藝以教民者。"

［3］【今注】綬：繫印鈕的絲帶，不同顏色代表官職高低的不同。

［4］【今注】繒：各種帛的總稱。

〔5〕【今注】什物：泛指日常衣服和器物等。

〔6〕【今注】侍祠侯：官爵名。掌侍從祭祀。《史記》卷一〇《孝文本紀》：“諸侯王列侯使者侍祠天子，歲獻祖宗之廟。”《集解》張晏曰：“王及列侯歲時遣使詣京師，侍祠助祭也。”本書卷一六《鄧禹傳》李賢注引《漢官儀》曰：“諸侯功德優盛，朝廷所敬者，位特進，在三公下；其次朝侯，在九卿下；其次侍祠侯；其次下土小國侯，以肺腑親公主子孫，奉墳墓於京師，亦隨時朝見，是爲隈諸侯也。”

永平元年，以國屬沛，徙封居巢侯，[1]復隨諸侯就國。數年，楊州刺史觀恂薦般在國口無擇言，[2]行無怨惡，[3]宜蒙旌顯。顯宗嘉之。十年，徵般行執金吾事，[4]從至南陽，還爲朝侯。[5]明年，兼屯騎校尉。[6]時五校官顯職閑，[7]而府寺寬敞，[8]輿服光麗，伎巧畢給，故多以宗室肺腑居之。[9]每行幸郡國，般常將長水胡騎從。[10]

〔1〕【李賢注】居巢，縣，屬廬江郡也。【今注】居巢：縣名。治所在今安徽桐城市南。

〔2〕【今注】楊州：西漢武帝時所置十三刺史部之一。東漢治壽春縣（今安徽壽縣），順帝永和年間移治歷陽縣（今安徽和縣）（參見王鳴盛《十七史商榷》卷五七）。案，殿本作“揚州”，二字可通。　口無擇言：説出的話沒有不合法度的議論。形容説的話都很正確。

〔3〕【今注】怨惡：怨恨憎惡。《孝經·卿大夫章》：“口無擇言，身無擇行，言滿天下無口過，行滿天下無怨惡。”

〔4〕【今注】執金吾：官名。本爲秦中尉，西漢武帝太初元年（前104）改名執金吾。掌京師治安，督捕盜賊，皇帝出行則充護

衛儀仗。秩中二千石。

　　[5]【今注】朝侯：官爵名。東漢列侯以功德大小而位次不同。有朝位，可參加春秋祭祀，位在九卿下。

　　[6]【今注】屯騎校尉：官名。西漢武帝時始置，爲北軍八校尉之一。領本營騎士，掌戍衛京師，兼任征伐。秩二千石。東漢初改名驍騎校尉。光武帝建武十五年（39）復舊，隸北軍中候，爲北軍五校尉之一。掌宿衛禁兵。秩比二千石。

　　[7]【今注】五校：官名。指屯騎、越騎、步兵、射聲、長水五校尉。掌中央禁軍。秩比二千石。

　　[8]【今注】府寺：古代公卿的官舍，也泛指高級官員的府邸或官署。

　　[9]【李賢注】肺腑，天子之親屬也。【今注】宗室：皇帝的宗族。　　肺腑：指皇帝的親屬或外戚。施之勉《漢書集釋》認爲，肺爲諸藏之主，通陰陽，故十二經脈皆會於太陰，所以決吉凶。

　　[10]【今注】長水胡騎：即長水校尉所領胡騎。西漢武帝初年所置北軍八校尉之一。領長水、宣曲胡騎，屯戍京師，兼任征伐。秩二千石。東漢光武帝建武七年省，十五年復置，爲北軍五校尉之一。隸北軍中候。掌宿衛禁兵，兼領胡騎校尉。秩比二千石。

　　帝曾欲置常平倉，[1]公卿議者多以爲便。[2]般對以“常平倉外有利民之名，而内實侵刻百姓，豪右因緣爲姦，小民不能得其平，置之不便”。帝乃止。是時下令禁民二業，[3]又以郡國牛疫，[4]通使區種增耕，[5]而吏下檢結，[6]多失其實，百姓患之。般上言：“郡國以官禁二業，至有田者不得漁捕。今濱江湖郡率少蠶桑，民資漁採以助口實，[7]且以冬春閑月，不妨農事。夫漁獵之利，爲田除害，有助穀食，無關二家也。[8]又郡國以牛疫、水旱，墾田多減，故詔勑區種，增進頃畝，以爲民也。而吏舉度田，欲令多前，[9]至於不種之處，亦通爲租。可申敕刺史、二千石，[10]務令實覈，其有增加，皆使與奪田同罪。”帝悉從之。[11]

[1]【李賢注】宣帝時，大司農耿壽昌請令邊郡皆築倉，以穀賤時增其價而糴之以利農（賤，大德本作“賊”），穀貴時減價而糶之，名曰常平倉。【今注】常平倉：源於戰國李悝在魏國實行的平糶。西漢宣帝五鳳四年（前54），耿壽昌奏請在邊郡設置糧倉，作爲國家調節穀價，儲糧備荒的方式。元帝初元五年（前44）罷。西漢常平倉是爲了解決國家的財政危機和邊疆軍糧的運輸、供給問題（陳曉東：《西漢常平倉設立原因初探》，《江南大學學報》2018年第2期）。案，平，大德本誤作“二”。

[2]【今注】公卿：三公、九卿，後泛指朝廷中的高級官員。

[3]【李賢注】謂農者不得商賈也（商，紹興本、大德本作“商”，爲形近而誤）。【今注】禁民二業：士農工商祇能從事一種行業，不能同時兼營兩種職業。源自春秋戰國以來的“四民分業”原則。東漢時爲禁止豪强地主兼併（參見朱紹侯《秦漢“禁民二業”政策淺析》，《信陽師範學院學報》1984年第2期；趙光懷《兩漢“禁民二業”政策的歷史考察》，《烟臺大學學報》2002年第2期；陳英《漢代行業貧富差距與“禁民二業”政策》，《山西師大學報》2010年第4期）。

[4]【今注】案，牛疫，本書《五行志四》，明帝永平十八年（75），牛疫死。

[5]【李賢注】《氾勝之書》曰：“上農區田大（大，大德本、殿本作‘法’，是），區方深各六寸，間相去七寸，一畝三千七百區，丁男女種十畝，至秋收區三升粟，畝得百斛。中農區田法，方七寸，深六寸，間相去二尺，一畝千二十七區，丁男女種十畝，秋收粟畝得五十一石。下農區田法，方九寸，深六寸，間相去三尺，秋收畝得二十八石。旱即以水沃之。”【今注】區種增耕：以

區種法增加耕地收成。

[6]【今注】檢結：檢查上報的文書。結，字據。

[7]【今注】口實：口中的食物。指糧食。

[8]【今注】案，家，紹興本、大德本、殿本作"業"，是。

[9]【李賢注】多於前歲。

[10]【今注】二千石：因漢代所得俸祿以米穀爲準，故官秩等級以"石"名。漢朝二千石爲中央政府機構的九卿等列卿，及地方州牧郡守、諸侯王國相等。又可細分爲中二千石、二千石、比二千石三等。此處泛指漢朝廷的高級官員。

[11]【李賢注】《華嶠書》曰"奪"作"脱"也。

　　肅宗即位，以爲長樂少府。[1]建初二年，遷宗正。般妻卒，厚加賵贈，[2]及賜冢塋地於顯節陵下。[3]般在位數言政事。其收恤九族，[4]行義尤著，時人稱之。年六十，建初三年卒。子憲嗣。憲卒，子重嗣。憲兄愷。

[1]【今注】長樂少府：官名。西漢景帝中元六年（前144）改長信詹事爲長信少府，平帝元始四年（4）更名長樂少府。掌皇太后宮中事務。秩二千石。東漢不常置，皆以宮名爲號，居長信宮則曰長信少府，居長樂宮則曰長樂少府。皇太后崩即省。其屬吏皆爲宦者。

[2]【今注】賵贈：贈送車馬、財物等以助人辦喪事。《荀子·大略》："故吉行五十，奔喪百里，賵贈及事，禮之大也。"

[3]【今注】顯節陵：東漢明帝劉莊陵園，位於今河南偃師市寇店鎮李家村西南。本書《禮儀志下》劉昭注："山方三百步，高八丈。無周垣，爲行馬，四出司馬門。石殿、鍾虡在行馬内。寢殿、園省在東。園寺吏舍在殿北。隄封田七十四頃五畝。"

[4]【今注】九族：泛指親屬。經學家認爲"九族"是説每個人都有直近親屬九個家族。這種解釋又分歧爲二：古文經學家説九

個家族是指自高祖至玄孫九代，都是同姓；今文經學家説九個家族包括父族四、母族三、妻族二，有同姓也有異姓。

愷字伯豫，以當襲般爵，讓與弟憲，遁逃避封。久之，章和中，[1]有司奏請絶愷國，肅宗美其義，特優假之，[2]愷猶不出。積十餘歲，至永元十年，[3]有司復奏之，侍中賈逵因上書曰：[4]"孔子稱'能以禮讓爲國，於從政乎何有'，[5]竊見居巢侯劉般嗣子愷，素行孝友，謙遜絜清，讓封弟憲，潛身遠迹。有司不原樂善之心，而繩以循常之法，[6]懼非長克讓之風，成含弘之化。前世扶陽侯韋玄成，[7]近有陵陽侯丁鴻、郾侯鄧彪，[8]並以高行絜身辭爵，未聞貶削，而皆登三事。[9]今愷景仰前修，[10]有伯夷之節，[11]宜蒙矜宥，全其先功，以增聖朝尚德之美。"和帝納之，[12]下詔曰："故居巢侯劉般嗣子愷，當襲般爵，而稱父遺意，致國弟憲，遁亡七年，[13]所守彌篤。蓋王法崇善，成人之美。其聽憲嗣爵。遭事之宜，後不得以爲比。"乃徵愷，拜爲郎，稍遷侍中。

[1]【今注】章和：東漢章帝劉炟年號（87—88）。

[2]【李賢注】假，借也。 【今注】案，特，大德本誤作"持"。

[3]【今注】永元：東漢和帝劉肇年號（89—105）。

[4]【今注】賈逵：字景伯，扶風平陵（今陝西咸陽市）人。東漢古文經學家。傳見本書卷三六。

[5]【李賢注】《論語》之文也。何有者，言善無有也（殿本無此注。善無，中華本校勘記據汲古閣本作"何難之"）。【今

注】案，此句見《論語·雍也》，原文作"能以禮讓爲國乎何有"。指人君能以禮讓爲教治理國家，則治國並不難。

[6]【李賢注】原，本也。繩，政也。

[7]【李賢注】玄成字少翁，韋賢薨，讓封於兄弘（封，殿本作"國"。案，韋玄成嗣父爵，當以"封"爲是）。宣帝高其節，以爲河南太守。元帝時爲御史大夫，又爲丞相。見《前書》也。【今注】前世：指西漢。 扶陽侯韋玄成：字少翁，鄒縣（今山東鄒城市）人。韋賢之子，以父任爲郎。後以明經爲諫大夫，任大河都尉、河南太守、未央衛尉、太常等官。後受楊惲牽連削爵。元帝即位，任少府、太子太傅、御史大夫、丞相等。傳見《漢書》卷七三。扶陽，侯國名。治所在今安徽淮北市北。西漢宣帝本始三年（前71）封丞相韋賢爲扶陽侯，神爵元年（前61）韋玄成嗣。

[8]【李賢注】鴻讓國於弟盛，和帝時爲司徒。彪讓國於弟荊、鳳，明帝時爲太尉。鄳音盲。【今注】陵陽侯丁鴻：字孝公，潁川定陵（今河南舞陽縣東北）人。傳見本書卷三七。陵陽，縣名。治所在今安徽石臺縣東。 鄳侯鄧彪：字智伯，南陽新野（今河南新野縣）人。傳見本書卷四四。鄳，縣名。治所在今河南羅山縣西。

[9]【今注】三事：即三公。指太師、太傅、太保。《詩·小雅·雨無正》："三事大夫，莫肯夙夜。"孔穎達《正義》："三事大夫唯三公耳。"

[10]【今注】案，仰，殿本誤作"化"。

[11]【李賢注】景猶慕也。《詩》云："景行行止。"前修，前賢也。《楚辭》曰："謇吾法夫前修。"【今注】伯夷之節：伯夷與叔齊均是商末孤竹國國君之子。其父欲立叔齊，叔齊讓於伯夷。伯夷認爲是父命，逃去。叔齊也逃走。後聞周文王善養老，入周。見武王伐紂，叩馬而諫。武王滅商後，不食周粟，隱居首陽山，後餓死。

[12]【今注】和帝：東漢和帝劉肇，公元88年至105年在位。

紀見本書卷四。

　　[13]【今注】遁亡七年：自東漢章帝建初三年（78）讓位，至和帝永元十年，共二十年。

　　愷之入朝，在位者莫不仰其風行。遷步兵校尉。[1]十三年，遷宗正，免。復拜侍中，遷長水校尉。[2]永初元年，[3]代周章爲大常。[4]愷性篤古，貴處士，[5]每有徵舉，[6]必先巖穴。[7]論議引正，辭氣高雅。永初六年，[8]代張敏爲司空。[9]元初二年，[10]代夏勤爲司徒。[11]

　　[1]【今注】步兵校尉：官名。西漢武帝時始置，爲北軍八校尉之一。秩二千石。位次列卿。屬官有丞、司馬等。領上林苑門屯兵，戍衛京師，兼任征伐。東漢爲北軍五校尉之一。隸北軍中候。掌宿衛禁兵。秩比二千石。屬官有司馬一員。

　　[2]【今注】長水校尉：官名。西漢武帝初置，爲北軍八校尉之一。秩二千石，位次列卿，屬官有丞、司馬等。領長水、宣曲胡騎，屯戍京師，兼任征伐。東漢光武帝建武七年（31）省，十五年復置，爲北軍五校尉之一。秩比二千石。隸北軍中候。掌宿衛禁兵，下設司馬、胡騎司馬各一員。

　　[3]【今注】永初：東漢安帝劉祜年號（107—113）。

　　[4]【今注】周章：字次叔，南陽隨（今湖北隨州市）人。傳見本書卷三三。　案，大常，紹興本、大德本、殿本作“太常”。周天游《八家後漢書輯注》引華嶠《後漢書》載：“劉愷字伯豫……爲太常，論議常引正大義，諸儒爲之語曰：‘難經伉伉劉太常。’”（第553頁）

　　[5]【今注】處士：古時候稱有德才而隱居不願做官的人，後亦泛指未做過官的士人。

　　[6]【今注】徵舉：徵召薦舉。

　　[7]【今注】巖穴：山巖中的洞穴。代指隱居不做官的人。

　　[8]【今注】案，中華本校勘記云，（永初）六年代張敏爲司空，王先謙《後漢書集解》引蘇輿説，謂上文已有"永初"，則二字當爲衍文。當據删。

　　[9]【今注】張敏：字伯達，河間鄭（今河北任丘市）人。傳見本書卷四四。

　　[10]【今注】元初：東漢安帝劉祜年號（114—120）。

　　[11]【今注】夏勤：字伯宗，九江（今安徽壽縣）人。從樊儵傳《公羊春秋》。爲京、宛二縣令，零陵太守、大鴻臚。東漢安帝永初三年（109）遷至司徒。

　　舊制，公卿、二千石、刺史不得行三年喪，[1]由是内外羣職並廢喪禮。元初中，鄧大后詔長吏以下不爲親行服者，[2]不得典城選舉。[3]時有上言牧守宜同此制，[4]詔下公卿，議者以爲不便。愷獨議曰："詔書所以爲制服之科者，蓋崇化厲俗，以弘孝道也。今刺史一州之表，二千石千里之師，[5]職在辯章百姓，宣美風俗，[6]尤宜尊重典禮，以身先之。而議者不尋其端，至於牧守則云不宜，是猶濁其源而望流清，曲其形而欲景直，不可得也。"[7]太后從之。

　　[1]【今注】不得行三年喪：西漢文帝後元七年（前157）六月，遺詔行短喪。後成爲制度。本書卷一下《光武帝紀下》光武帝遺詔，喪制遵從文帝制度。但西漢至東漢多有行三年喪者，並得到國家提倡。本書卷五《安帝紀》載，元初三年（116）十一月，"初聽大臣、二千石、刺史行三年喪"。李賢注："文帝遺詔以日易月，於後大臣遂以爲常，至此復遵古制也。"建光元年（121）春，絕大臣行三年喪。本書卷四六《陳忠傳》："元初三年有詔，大臣

得行三年喪，服闋還職。忠因此上言：‘孝宣皇帝舊令，人從軍屯及給事縣官者，大父母死未滿三月，皆勿徭，令得葬送。請依此制。’太后從之。”本書卷七《桓帝紀》載，永興二年（154）二月，初聽刺史、二千石行三年喪。永壽二年（156）正月，聽中官得行三年喪。延熹二年（159）三月，復斷刺史、二千石行三年喪。（參見楊天宇《略論漢代的三年喪》，《鄭州大學學報》2002 年第 5 期）

[2]【今注】鄧大后：鄧綏，南陽新野（今河南新野縣）人。和帝皇后。鄧禹孫女。紀見本書卷一〇上。案，大后，紹興本、大德本、殿本作“太后”。

[3]【今注】典城選舉：掌訴訟案件及選舉人才。典城，又作“典成”。《韓非子·難三》：“不任典成之吏，不察參伍之政，不明度量，恃盡聰明，勞智慮，而以知姦，不亦無術乎？”陳奇猷《集釋》引劉師培曰：“平折爭訟謂之成。典成之吏，即主平折獄訟之吏也。”

[4]【今注】牧守：州牧和郡太守的合稱。泛指州郡長官。

[5]【李賢注】《前書》杜欽曰“即以二千石守千里之地（千，大德本誤作‘十’），任兵馬之重，不宜去郡”也。

[6]【李賢注】《尚書》曰：“九族既睦，辯章百姓。”鄭玄注云：“辯，別也。章，明也。”【今注】案，今本《尚書·虞書》作“九族既睦，平章百姓”，爲古文。今文作“辯”。指百姓都和睦融洽，然後辨明各級官員的職守。

[7]【李賢注】《前書》曰：“今淫僻之化流，而欲黎庶敦樸，猶濁其源而求流清也。”【今注】案，《漢書·禮樂志》載哀帝下詔：“鄭衛之聲興則淫辟之化流，而欲黎庶敦朴家給，猶濁其源而求其清流。”

　　時征西校尉任尚以姦利被徵抵罪。[1]尚曾副大將軍鄧騭，[2]騭黨護之，而大尉馬英、司空李郃承望騭旨，[3]不復先請，即獨解尚臧錮，愷不肯與議。後尚書案其事，[4]二府並受譴咎，[5]朝廷以此稱之。

[1]【今注】征西校尉：官名。曹金華《後漢書稽疑》案，"'征西校尉'當作'中郎將'。《安帝紀》載元初五年'中郎將任尚有罪，棄市'。《天文志》載'中郎將任尚坐贓千萬，檻車徵，棄市'"。（第514頁）　任尚：東漢章帝章和二年（88）爲護羌校尉鄧訓長史。和帝永元元年（89）爲竇憲司馬。和帝永元六年任護烏桓校尉。又任西域都護。安帝永初中任征西校尉，封樂亭侯，侍御史。元初中任中郎將、護羌校尉。元初五年（111），因詐增所斬首級，貪贓枉法，遭棄市。　姦利：本書卷八七《西羌傳》載，任尚與遵爭功，又詐增首級，受賕枉法，臧千萬已上，檻車徵棄市，没入田廬奴婢財物。

[2]【今注】大將軍：重號將軍名。西漢武帝以衛青征匈奴有功，封大將軍。此後大將軍常冠大司馬之號，秩萬石，領尚書事。成帝綏和元年（前8），改稱大司馬。東漢光武帝復置，主征伐，事訖皆罷。秩萬石，不冠大司馬之號。多授予貴戚，常兼錄尚書事，與太傅、太尉等共同主持政務。開府置僚屬，屬官有前、後、左、右等雜號將軍。　鄧騭：字昭伯，南陽新野（今河南新野縣）人。傳見本書卷一六。

[3]【今注】馬英：字文思，泰山蓋縣（今山東沂源縣東南蓋冶村）人。安帝元初二年（115）秋七月，任太尉。　李郃：字孟節，漢中南鄭（今陝西漢中市）人。傳見本書卷八二上。

[4]【今注】尚書：官名。西漢初爲掌文書小吏。武帝後置四員分曹治事，領諸郎。又置中書，以宦者擔任。成帝建始四年（前29），增爲五員。掌文書章奏詔命。東漢尚書臺分六曹，各置尚書，秩六百石，位在令、僕射下，丞、郎上。掌接納章奏、擬定詔令，位輕權重。與令、僕射合稱"八座"。

[5]【李賢注】二府即馬英、李郃。

　　視事五歲，永寧元年，[1]稱病上書致仕，[2]有詔優許焉，加賜錢三十萬，以千石禄歸養，[3]河南尹常以歲八月致羊酒。[4]時安帝始親政事，朝廷多稱愷之德，帝乃遣問起居，厚加賞賜。會馬英策罷，[5]尚書陳忠上疏薦愷曰：[6]“臣聞三公上則台階，下象山岳，[7]股肱元首，[8]鼎足居職，[9]協和陰陽，調訓五品，[10]考功量才，以序庶僚，遭烈風不迷，遇迅雨不惑，位莫重焉。[11]而今上司缺職，[12]未議其人。[13]臣竊差次諸卿，考合衆議，咸稱太常朱倀、少府荀遷。[14]臣父寵，[15]前忝司空，倀、遷並爲掾屬，[16]具知其能。倀能説經書而用心褊狹，[17]遷嚴毅剛直而薄於藝文。[18]伏見前司徒劉愷，沈重淵懿，道德博備，克讓爵土，致祚弱弟，躬浮雲之志，兼皓然之氣，[19]頻歷二司，舉動得禮。[20]以疾致仕，側身里巷，處約思純，進退有度，百僚景式，海内歸懷。[21]往者孔光、師丹，近世鄧彪、張酺，皆去宰相，復序上司。[22]誠宜簡練卓異，以猒衆望。”書奏，詔引愷拜大尉。安帝初，清河相叔孫光坐臧抵罪，[23]遂增錮二世，[24]釁及其子。[25]是時居延都尉范邠復犯臧罪，[26]詔下三公、廷尉議。[27]司徒楊震、司空陳褒、廷尉張皓議依光比。[28]愷獨以爲“《春秋》之義，‘善善及子孫，惡惡止其身’，所以進人於善也。[29]《尚書》曰：‘上刑挾輕，下刑挾重。’[30]如今使臧吏禁錮子孫，以輕從重，懼及善人，[31]非先王詳刑之意也”。[32]有詔：“大尉議是。”

[1]【今注】永寧：東漢安帝劉祜年號（120—121）。

[2]【今注】致仕：官吏退休，還禄於君。《禮記注疏》卷一《曲禮上》載，七十曰老，在家則傳家事於子孫，在官致所掌職事還君，退還田里。不説“置”而説“致”，置是廢絶，致是與人，説明朝廷必有賢者取代自已。又班固《白虎通》卷六載，大臣年七十，懸車致仕。大臣以執事趨走爲職，七十陽道極，耳目不聰明，跂踦之屬，是以退老去，避賢者路，所以增加廉潔避免恥辱。懸車，表示不再使用。

[3]【今注】千石禄：趙翼《陔餘叢考》卷二七云，致仕官給俸之例，起於漢平帝。詔天下吏二千石以上年老致仕的，將其禄分爲三份，以其中一份與之終身。蓋當時王莽專政，欲以收買人心，故有此舉。《白虎通》云：“七十致政，其有盛德者留，賜之几杖，在家者三分其禄，以一與之。”又引《王記》曰：“臣致仕於君者，養之以其禄之半。”則是漢代本有此類説法，而王莽竊取之以邀名譽。然《漢書》石奮以上大夫禄歸老於家，周仁以二千石禄歸老，張歐請免，天子也寵以上大夫禄歸老，則優老之典制並不始於王莽，祇不過没有形成制度之前的致仕，給禄須出皇帝特殊恩典，頒布制度以後，則凡是二千石以上官吏致仕的皆可以得到這種待遇。歷代致仕給俸之例，有著爲定令的，也有不著爲定令的。本書卷四四《鄧彪傳》載，鄧彪請老，章帝賜錢三十萬，以二千石禄終其身。卷四一《第五倫傳》載，第五倫請老，以二千石俸終其身。卷七九上《劉昆傳》載，劉昆乞骸骨，詔賜洛陽第舍，以千石禄終其身。則王莽之制，至東漢已廢，其給俸者仍出於特賜。

[4]【今注】河南尹：官名。東漢光武帝建武十五年（39）置，爲京都洛陽所在河南郡長官。掌京都諸事務，勸課農桑，審理刑獄，舉孝廉，典禁兵。秩二千石。

[5]【今注】策罷：惠棟《後漢書補注》卷一〇載，本書卷五《安帝紀》云太尉馬英於建光元年（121）七月壬寅薨，不云“策罷”。司馬光《資治通鑑考異》卷二又云，七月壬寅馬英薨，傳作策罷，誤，今從《安帝紀》。

[6]【今注】陳忠：字伯始，沛國洨（今安徽固鎮縣）人。傳

見本書卷四六。

[7]【李賢注】《前書音義》曰：“泰階者，天之三階也。上階爲天子，中階爲諸侯、公卿、大夫，下階爲士、庶人。”《春秋漢含孳》曰：“三公象五岳。”【今注】三公：本書卷一一《劉玄傳》李賢注引《春秋漢含孳》曰：“三公在天爲三台，九卿爲北斗，故三公象五岳，九卿法河海，二十七大夫法山陵，八十一元士法谷阜，合爲帝佐，以匡綱紀。”

[8]【今注】股肱元首：指君臣關係如頭指揮四肢一樣協調。《尚書·益稷》載：“股肱喜哉，元首起哉，百工熙哉。”“元首明哉，股肱良哉，庶事康哉！”“元首叢脞哉，股肱惰哉，萬事墮哉！”孔穎達疏：“君爲元首，臣爲股肱，耳目大體如一身。足行、手取、耳聽、目視，身雖百體，四者爲大，故舉以爲言。”

[9]【李賢注】《易》曰：“鼎折足，覆公餗。”鼎足，三公之象。

[10]【李賢注】五品，五常之教也。三公燮理陰陽，敬敷五教也。【今注】五品：五常之教。父義，母慈，兄友，弟恭，子孝。

[11]【李賢注】《尚書》：“納舜於大麓，烈風雷雨不迷。”《史記》曰“堯使舜入山林川澤，暴風雨，舜行不迷，堯以爲聖”也。

[12]【今注】上司：漢代稱三公。錢大昕《恒言錄·仕宦》云：漢人稱三公爲上司。本傳云“皆去宰相，復序上司”，《楊震傳》作“吾蒙恩居上司，皆謂三公也”。

[13]【今注】案，議，殿本誤作“識”。

[14]【今注】太常：官名。西漢景帝中元六年（前144）名奉常。掌祭祀社稷、宗廟和朝會、喪葬禮儀，管理、巡視陵廟所在縣邑，兼管博士和博士弟子的考核、薦舉。王莽時改名秩宗。東漢時掌禮儀祭祀及博士選拔考核。秩中二千石。　朱倀：字孫卿，九江壽春（今安徽壽縣）人。東漢安帝時任太中大夫。延光三年（124），與十餘人證太子劉保無罪。順帝即位後，爲太常、長樂少

府，後遷司徒。 少府：官名。掌山澤陂池市肆租税，兼管宮廷日常事務及手工製作。西漢武帝時期將少府部分山澤陂池之税移交大司農。東漢掌宮中服御諸物、寶貨珍膳的供給和服務。秩中二千石。

[15]【今注】寵：陳寵，字昭公，沛國洨（今安徽固鎮縣）人。習律令。撰有《辭訟比》七卷。傳見本書卷四六。

[16]【今注】掾屬：泛指公府及郡縣官府的屬吏，正曰掾，副曰屬，如各曹掾史及其下屬吏員。由公府長官及郡縣官自選，不由朝廷任命。

[17]【今注】悢能説經書而用心褊狹：指其心胸狹窄、學識淺陋。案，大德本、殿本“説”後有“其”字，當衍。

[18]【今注】蓺文：典籍。

[19]【李賢注】孔子曰：“不義而富（殿本‘富’後有‘且貴’二字，是），於我如浮雲。”孟子曰“我善養皓然之氣（皓，大德本、殿本作‘浩’，是），而無怨害，則塞乎天地之間”也。言愷有仲尼、孟軻之德也。【今注】案，皓，大德本、殿本作“浩”，是。

[20]【李賢注】二司謂爲司徒、司空。

[21]【李賢注】景慕以爲法式。【今注】案，殿本此注在“百僚景式”後，可從。

[22]【李賢注】孔光，成帝時丞相，哀帝時免，後以日食徵詣公車，復爲丞相。師丹，哀帝時代王莽爲大司馬，後爲大司空。鄧彪，明帝時爲大尉，章帝元和元年賜策罷，和帝即位，以彪爲大傅，録尚書事。張酺，和帝永元五年爲大尉，後策免，十六年復爲司徒（十六，大德本、殿本誤作“十五”）。

[23]【今注】清河：郡國名。治甘陵縣（今山東臨清市東）。東漢前期有清河郡。章帝建初七年（82），皇太子劉慶被廢黜爲清河王，清河始爲諸侯王國。桓帝建和元年（147），清河王劉蒜被貶爲尉氏侯。建和二年改國名爲甘陵，立安平王劉得（一作“劉

德"）之子劉理爲甘陵王。獻帝建安十一年（206），甘陵王劉忠卒，無子嗣爵，侯國除。

［24］【今注】增錮二世：叔孫光的罪過本止終身，加爲後代二世，故曰增。

［25］【李賢注】二代謂父子俱禁錮。【今注】釁：罪過。

［26］【今注】居延都尉：官名。西漢武帝太初三年（前102），漢武帝遣強弩都尉路博德築居延城（今內蒙古額濟納旗和甘肅金塔縣之間的額濟納河流域居延海一帶），置都尉，隸於張掖太守。掌居延地區屯戍事宜。屬官有都丞、田官、候官等。

［27］【今注】廷尉：官名。西漢景帝中元六年（前144）改名大理。武帝建元四年（前137）復舊。掌司法刑獄，主管詔獄。秩中二千石。王莽改名作士。東漢復舊。掌管平決詔獄，處理郡國奏讞疑罪。秩中二千石。屬官有正、左監、左平。

［28］【李賢注】比，類也。以邪類叔孫光，亦錮及子也。比音庇。【今注】楊震：字伯起，弘農華陰（今陝西華陰市東）人。傳見本書卷五四。　陳褒：字伯仁，廬江郡舒縣（今安徽廬江縣西南）人。東漢安帝永寧元年十月任司空。延光元年免。　張皓：字叔明，犍爲武陽（今四川眉山市彭山區）人。傳見本書卷五六。

［29］【李賢注】《公羊傳》曰："曹公孫會自鄸出奔宋，畔也。曷爲不言畔？爲公子喜時之後諱也，《春秋》爲賢者諱也。何賢乎公子喜時？讓國也。君子之善善也長，惡惡也短。惡惡止其身，善善及子孫。賢者子孫，故君子爲其諱也。"【今注】案，夏，曹國公孫會自鄸邑出奔到宋國。出奔沒有說"自"的，這次說"自"是爲什麼？是反叛。既是反叛，那爲什麼不說他反叛？是爲公子喜時的後人隱諱。《春秋》爲賢者隱諱，爲什麼認爲公子喜時賢惠？因爲他辭讓君位。他辭讓君位是怎麼回事？曹伯廬在軍中去世的時候（成公十三年），不知是公子喜時跟隨在身旁還是公子負芻跟隨在身旁，其中一個人在國中主持，一個人在軍隊中主持。公子喜時看到公子負芻當國主政，就恭順地退讓了。認爲公子喜時賢

德，那爲什麼爲公孫會隱諱？孔子的褒獎善行褒獎得長遠，指責惡行指責得短暫；指責惡行限於事主本身，褒獎善行則延及其子孫。公孫會是賢者的子孫，所以孔子爲他隱諱（參見劉尚慈譯注《春秋公羊傳譯注·昭公二十年》，中華書局 2010 年版，第 547 頁）。

［30］【李賢注】今《尚書·呂刑篇》曰："上刑適輕下服，下刑適重上服。"謂二罪俱發，原其本情，須有虧減，故言適輕適重。此言"挾輕挾重"，意亦不殊，但與今《尚書》不同耳。【今注】案，犯了重罪，適合於從輕發落的，用輕刑處罰。犯了輕罪，適合於從重處罰的，用重刑處罰。懲罰犯罪的輕重可以靈活掌握。刑罰的輕重可以根據當時的社會狀況來靈活應變。

［31］【李賢注】《左傳》曰："刑濫則懼及善人。"

［32］【李賢注】《尚書》周穆王曰："有邦有土，告汝詳刑（汝，殿本作'爾'，二字可通）。"鄭玄注云："詳，審察之也。"

視事三年，以疾乞骸骨，久乃許之，下河南尹禮秩如前。歲餘，卒于家。詔使者護喪事，賜東園秘器，[1]錢五十萬，布千匹。

［1］【今注】東園：官署名。屬少府，掌製棺椁等。　秘器：棺椁。梓木爲棺，以漆畫之。本書《禮儀志下》載，諸侯王、公主、貴人皆樟棺，洞朱，雲氣畫。公、特進樟棺黑漆。中二千石以下坎侯漆。劉昭注引《漢舊儀》東園秘器作梓棺，素木長丈三尺，崇廣四尺。《漢書》卷九三《董賢傳》顏師古注引作"東園秘器作棺梓，素木長二丈，崇廣四尺"，本書卷一〇下《皇后紀下》注引此書作"梓棺長二丈，廣四尺"。

少子茂，字叔盛，亦好禮讓，歷位出納，[1]桓帝時爲司空。會司隸校尉李膺等抵罪，[2]而南陽大守成瑨、大原大守劉瓆下獄當死，[3]茂與大尉陳蕃、司徒劉矩共上書訟之。[4]帝不悅，有司承旨劾奏三公，茂遂坐免。建寧中，[5]復爲太中大夫，[6]卒於官。

[1]【李賢注】出納謂尚書（謂，殿本作“爲”，二字可通），喉舌之官也。出謂受上言宣於下，納謂聽下言傳於上。

[2]【今注】司隸校尉：官名。西漢武帝初置，持節，掌察舉百官及京師附近三輔（京兆、左馮翊、右扶風）、三河（河東、河內、河南）、弘農七郡犯法者。元帝時去節。成帝元延四年（前9）省，綏和二年（前7）復置，改名司隸，隸大司空。東漢仍名司隸校尉，領一州。掌糾察百官，兼司隸州行政、軍事、刑獄等。治洛陽縣（今河南洛陽市）。秩比二千石。光武帝特詔朝會時與御史中丞、尚書令並專席而坐，時號“三獨坐”。　李膺：字元禮，潁川襄城（今河南襄城縣）人。傳見本書卷六七。

[3]【今注】成瑨：字幼平，弘農（今河南靈寶市北故函谷關城）人。遷南陽太守。本書卷三〇下《襄楷傳》引謝承《後漢書》：“成瑨字幼平，弘農人。遷南陽太守。時桓帝美人外親張子禁怙恃榮貴，不畏法網，瑨與功曹岑晊捕子禁付宛獄，笞殺之。桓帝徵瑨詣廷尉，下獄死。”　大原：郡名。治晉陽縣（今山西太原市西南）。大原大守，紹興本、大德本、殿本作“太原太守”。　劉瓆：字文理，平原（今山東平原縣）人。遷太原太守。本書《襄楷傳》載，桓帝延熹九年（166）上書稱：“太原太守劉瓆、南陽太守成瑨，志除姦邪，其所誅翦，皆合人望，而陛下受閹豎之譖，乃遠加考逮。三公上書乞哀瓆等，不見採察，而嚴被譴讓。憂國之臣，將遂杜口矣。”又引謝承《後漢書》曰：“劉瓆字文理，平原人。遷太原太守。郡有豪彊，中官親戚，爲百姓所患。瓆深疾之，到官收其魁帥殺之，所臧匿主人悉坐伏誅。桓帝徵詣廷尉，以瓆宗室，不忍致之于刑，使自殺。”本書卷七《桓帝紀》作“劉質”。

[4]【今注】司徒劉矩：錢大昕《三史拾遺》卷四說，據本書

卷七《桓帝紀》，延熹九年四月，胡廣爲司徒，並非劉矩。劉矩建寧元年（168）以後爲司徒。

[5]【今注】建寧：東漢靈帝劉宏年號（168—172）。

[6]【今注】太中大夫：官名。秦置，居諸大夫之首。西漢武帝太初元年（前104）後次於光禄勳，秩比千石。掌顧問應對、参謀議政、奉詔出使。東漢秩千石。

　　周磐字堅伯，汝南安成人，[1]徵士燮之宗也。[2]祖父業，建武初爲天水大守。[3]磐少游京師，學《古文尚書》《洪範五行》《左氏傳》，[4]好禮有行，非典謨不言，[5]諸儒宗之。居貧養母，儉薄不充。嘗誦詩至汝墳之卒章，慨然而歎，[6]乃解韋帶，就孝廉之舉。[7]和帝初，拜謁者，[8]除任城長，[9]遷陽夏、重合令，[10]頻歷三城，皆有惠政。後思母，弃官還鄉里。及母殁，哀至幾於毁滅，服終，遂廬于冢側。教授門徒常千人。[11]

[1]【今注】安成：縣名。治所在今河南汝南縣東南。

[2]【李賢注】燮自有傳。【今注】徵士：古人稱讚學行並高，而不出仕的隱士。　燮：周燮，字彦祖，汝南安城（今河南汝南縣東南）人。能通《詩》《論》；專精《禮》《易》。舉孝廉、賢良方正，安帝特聘，皆以疾辭。傳見本書卷五三。

[3]【今注】天水：郡名。治平襄縣（今甘肅通渭縣）。東漢永平十七年（74）改爲漢陽郡，並移治冀縣（今甘肅甘谷縣南）。

[4]【今注】古文尚書：書名。此處當爲孔壁所藏《古文尚書》。西漢武帝時，魯恭王劉餘發現於孔子舊宅壁中，用秦小篆以前的文字寫成。經孔安國校理並作傳，比伏生所傳二十九篇增加十六篇。孔安國將此書獻於朝廷，但因巫蠱之禍，没有被列於學官。

此書在西漢未立學官。東漢又無師説，馬融、鄭玄有關著述亦未提及十六逸篇，疑四十六卷之《古文尚書》亡於魏晉間。　洪範五行：書名。《漢書》卷三六《劉向傳》載，劉向見《尚書·洪範》載箕子爲武王陳述五行陰陽的吉凶應驗，於是集合上古以來以及春秋六國至秦、漢符瑞災異的記載，搜集導致禍福的事迹，明確其占卜的結果得到應驗，以類相從，列爲條目，共十一篇，號曰《洪範五行傳論》，並上奏朝廷。　左氏傳：書名。傳説孔子修《春秋》經，左丘明爲之傳，因詳於記事，故有三十卷。但《左氏傳》紀事至悼公四年（前466），較《春秋》本經多十七年事。《史記·十二諸侯年表》載，孔子看到周室的衰敗，論史記舊聞，因魯史而修《春秋》，記事始於隱公元年（前722），終於哀公十四年（前481）之獲麟，其文辭簡約，有微言大義，涵蓋王道人事。因其書有譏刺的作用，所以孔子的弟子通過口授的方式傳授此書。魯君子左丘明懼後人不理解其意，形成異端邪説，故"具論其語"，成《左氏春秋》。

　　［5］【今注】典謨：經典。

　　［6］【李賢注】《韓詩》曰："汝濆（濆，紹興本、大德本、殿本作'墳'。此字《韓詩》作'濆'，今本《毛詩注疏》作'汝墳'。馬瑞辰《毛詩傳箋通釋》卷二《周南·汝墳》：'墳通作濆。《方言》："墳，地大也。青、幽之間，凡土而高且大者謂之墳。"李巡《爾雅》："濆謂崖岸，狀如墳墓，名大防（大堤）也。"是知水崖之濆與大防之墳爲一'），辭家也。"其卒章曰："魴魚赬尾，王室如燬（燬，大德本、殿本作'燬'，二字可通），雖則如燬（燬，大德本、殿本作'燬'），父母孔邇。"《薛君章句》："赬（紹興本、大德本、殿本作'赬'，是），赤也。燬（燬，大德本、殿本作'燬'），烈火也。孔，甚也。邇，近也。言魴魚勞則尾赤，君子勞苦則顏色變。以王室政教如烈火矣，猶觸冒而仕者，以父母甚迫近飢寒之憂，爲此禄仕。"【今注】案，見《詩經·國風·周南》。

[7]【李賢注】以韋皮爲帶，未仕之服也。求仕則服革帶，故解之。賈山上書曰"布衣韋帶之士"也。

[8]【今注】謁者：官名。戰國始置。西漢隸中郎將（光禄勳屬官），主賓贊受事。秩比六百石。設謁者僕射統領，秩比千石。東漢謁者僕射秩比千石，爲謁者臺率，主謁者，天子出，掌在前導引。屬下有常侍謁者，秩比六百石，掌殿上時節威儀；給事謁者四百石，灌謁者郎中比三百石。掌賓贊受事及上章報問。多從郎官、孝廉中選拔。

[9]【今注】任城：縣名。治所在今山東濟寧市東南。　長：縣長。漢代萬户以上縣的長官稱令，不足萬户稱長。

[10]【李賢注】陽夏屬淮南郡。重合屬勃海郡。【今注】陽夏：縣名。治所在今河南太康縣。　重合：縣名。治所在今山東樂陵市西南。

[11]【今注】案，曹金華《後漢書稽疑》據《太平御覽》卷一八一引謝承《後漢書》作"周磐字堅伯，初爲安陵令，以從弟暢爲司隸，縣屬州部，換陽平令，復換重合令。磐已歷二縣，耻復經三城，遂去還家，立精舍教授，守先人冢廬"，二者大異。他書不載，未詳孰是。（第509頁）

　　公府三辟，皆以有道特徵，磐語友人曰："昔方回、支父齒神養和，不以榮利滑其生術。[1]吾親以没矣，從物何爲？"遂不應。[2]建光元年，年七十三，歲朝會集諸生，講論終日，[3]因令其二子曰："吾日者夢見先師東里先生，與我講於陰堂之奧。"[4]既而長歎："豈吾齒之盡乎！若命終之日，桐棺足以周身，[5]外椁足以周棺，[6]斂形懸封，濯衣幅巾。[7]編二尺四寸簡，[8]寫《堯典》一篇，[9]并刀筆各一，[10]以置棺前，示不忘聖道。"其月望日，[11]無病忽終，學者以爲知

命焉。^[12]

[1]【李賢注】嗇，愛惜也。滑，亂也。《列仙傳》曰："方回，堯時隱人也。堯聘之，練食雲母，隱於五柞山。至夏啓末，爲人所劫，閉之室中（閉，紹興本、大德本、殿本作'閉'，二字可通），從求道，回化而去。"《高士傳》曰："堯舜各以天下讓支父，支父曰：'予適有勞憂之病，方且療之，未暇理天下也。'"《莊子》作"支伯"。【今注】嗇神養和：愛惜精神，保養身心。和，指人體元氣。　榮利：功名利榮。　滑其生術：擾亂其長生之術。

[2]【李賢注】物猶事也。【今注】從物：追求物質享受或功名富貴。

[3]【李賢注】歲朝，歲旦（旦，殿本誤作"日"）。

[4]【李賢注】東南隅謂之奥，陰堂幽暗之室。又入其奥，死之象也。【今注】東里先生：指有才能的人。《列子·仲尼》："鄭之圃澤多賢，東里多才。"東里，地名，在今河南新鄭縣故城内。

[5]【今注】桐棺：桐木做的棺材。因其質地樸素，故表示薄葬。

[6]【今注】外椁：棺材外的套棺。

[7]【李賢注】斂形謂衣覆其形。懸封謂直下棺，不爲埏道也。濯衣，浣衣也，不更新制。幅巾（巾，大德本誤作"中"），不加冠也。封音窆。【今注】案，巾，大德本誤作"中"。

[8]【今注】編二尺四寸簡：漢代重要的儒家經典用二尺四寸簡。當時的一尺相當於現在 23 釐米左右。

[9]【今注】堯典：《尚書》篇名。專述堯、舜二帝之事。漢代伏生傳授博士弟子的《尚書》中的第一篇，漢代《今文尚書》二十八篇中的第一篇。伏生弟子歐陽、大小夏侯三家傳授的二十九篇的第一篇。《説文》："典，五帝之書也。"孔穎達《尚書正義》

卷二載，昔在帝堯，聰明文思，光宅天下，將遜于位，讓于虞舜，作《堯典》（參見顧頡剛、劉起釪《尚書校釋譯論》，中華書局2005年版，第1頁）。堯，上古人物。姓伊祁氏，名放勳，號陶唐。高唐氏部落首領，又稱唐堯。在位命羲和定曆法，設諫言之鼓，置四嶽（四方諸侯），命鯀治水患。後禪讓於舜。

　　[10]【今注】刀筆：古時用刀在龜甲和竹木簡上削改字，後以筆在上面寫字。刀筆爲書吏隨身攜帶。

　　[11]【今注】望日：農曆每月十五日。

　　[12]【今注】知命：懂得天地萬物生滅變化的道理。

　　磐同郡蔡順，字君仲，亦以至孝稱。[1]順少孤，養母。嘗出求薪，有客卒至，[2]母望順不還，乃噬其指，[3]順即心動，弃薪馳歸，跪問其故。母曰："有急客來，吾噬指以悟汝耳。"母年九十，以壽終。未及得葬，里中災，火將逼其舍，順抱伏棺柩，號哭叫天，火遂越燒它室，順獨得免。大守韓崇召爲東閣祭酒。[4]母平生畏雷，自亡後，每有雷震，順輒圜冢泣，曰："順在此。"崇聞之，每雷輒爲差車馬到墓所。後大守鮑衆舉孝廉，順不能遠離墳墓，遂不就。年八十，終于家。

　　[1]【李賢注】《汝南先賢傳》曰："蔡順事母至孝。井桔橰朽，在母生年上，而順憂，不敢理之。俄而有扶老藤生，繞之，遂堅固焉。"【今注】案，吳樹平《東觀漢記校注》卷一五《蔡順傳》載："蔡君仲，汝南人。王莽亂，人相食。君仲取桑椹，赤黑異器。賊問所以，君仲云：'黑與母，赤自食。'賊義之，遺鹽二斗，受而不食。"（第671頁）

　　[2]【李賢注】卒音千訥反。【今注】卒：倉促，急速。通

"猝"。

　　[3]【李賢注】噬，嚙也。

　　[4]【今注】韓崇：惠棟《後漢書補注》卷一〇引陶宏景説，崇字長季，吳郡昆陵人。初仕宛陵令，蝗不集界，累遷汝南太守。陰皇后葬京師，近郡二千石妻，當會園陵，而崇獨清素。妻忿崇哭泣，詔問其故，太常馮奚答曰：汝南太守韓崇清苦，遠尚味道，享重官而妻自紡績，政化仁簡，視民如傷，深達奇博，有君子之鑒，斯則昏夕之夜光，陛下之子産也。妻不通寒儉之節，哭怨無衣，足以顯崇明德。上奇之，加崇俸禄，秩中二千石。後孝明帝巡狩汝南，上治崇府，崇使妻出住孤濁老嫗家。上聞歎曰："韓崇所謂百鍊不銷也。"賜縑五十匹。崇在郡積十四年，政化洽著，舉天下最。年七十四。　　東閣祭酒：官名。郡太守屬吏。掌顧問應對，或協辦事務。

　　趙咨字文楚，東郡燕人也。[1]父暢，爲博士。[2]咨少孤，有孝行，州郡召舉孝廉，並不就。

　　[1]【李賢注】燕故城，今滑州胙城縣也，古南燕之國也。【今注】東郡：治濮陽縣（今河南濮陽市華龍區西南）。東漢獻帝初平二年（191），徙治東武陽縣（今山東莘縣南）。　燕：縣名。治所在今河南延津縣東北。

　　[2]【今注】博士：官名。秦置，漢因之，隸屬奉常（太常）。設僕射一人領之。掌古今史事、禮制顧問及典守書籍。秩比六百石。武帝時置五經博士，充學官，掌經學傳授、考核人材、奉命出使等事。東漢置博士祭酒一人，秩六百石。博士十四人，秩比六百石。掌教授弟子，國有疑事，掌承問對。

　　延熹元年，[1]大司農陳奇舉咨至孝有道，[2]仍遷博士。靈帝初，[3]大傅陳蕃、大將軍竇武爲宦者所誅，[4]

咨乃謝病去。太尉楊賜特辟,[5]使飾巾出入,請與講議。[6]舉高第,[7]累遷敦煌太守。[8]以病免還,躬率子孫耕農爲養。

[1]【今注】延熹:東漢桓帝劉志年號(158—167)。

[2]【今注】大司農:官名。秦置治粟内史,掌穀貨。西漢景帝後元元年(前143)更名大農令,武帝太初元年(前104)更名大司農。秩中二千石。王莽改曰羲和,後更爲納言。東漢掌錢穀金帛貨幣、郡國錢穀簿、邊郡諸官錢糧調度等。秩中二千石。　陳奇:中華本校勘記云,汲古閣本"奇"作"豨",大德本、殿本作"豨"。

[3]【今注】靈帝:東漢靈帝劉宏,公元168年至189年在位。紀見本書卷八。

[4]【今注】大傅:官名。三公之一,爲上公。掌以善導,無常職。東漢光武帝以卓茂爲太傅,薨後因省。此後每帝初即位,置太傅録尚書事,薨後輒省。大德本、殿本作"太傅"。下同不注。

陳蕃:字仲舉,汝南平輿(今河南平輿縣北)人。傳見本書卷六六。　竇武:字游平,扶風平陵(今陝西咸陽市西北)人。傳見本書卷六九。　宦者:宦官。

[5]【今注】楊賜:字伯獻,弘農華陰(今陝西華陰市東)人。精通經學。傳見本書卷五四。　特辟:特別徵辟。這是漢代專門給予社會聲望較高者的一種特殊待遇。

[6]【李賢注】以幅巾爲首飾,不加冠冕。

[7]【今注】高第:漢代博士弟子、賢良文學等考試優等或官員考課成績第一。其中博士弟子每年考試,能通一經以上,補文學掌故;其高第則可爲郎中。

[8]【今注】敦煌:郡名。治敦煌縣(今甘肅敦煌市七里區白馬塔村)。

盜嘗夜往劫之，咨恐母驚懼，乃先至門迎盜，因請爲設食，謝曰："老母八十，疾病須養，居貧，朝夕無儲，乞少置衣糧。"妻子物餘，一無所請。[1]盜皆慙歎，跪而辭曰："所犯無狀，[2]干暴賢者。"[3]言畢奔出，咨追以物與之，不及。由此益知名。徵拜議郎，辭疾不到，詔書切讓，州郡以禮發遣，[4]前後再三，不得已應召。

[1]【今注】妻子物餘一無所請：妻子兒女生活必需品之外的東西，一點也不請求留下。案，惠棟《後漢書補注》卷一〇引蔣皋說，"物餘"當作"餘物"。《東觀漢記》卷一五作"妻子餘物無所惜"。

[2]【今注】所犯無狀：行爲失檢，没有禮貌。

[3]【今注】干暴：冒犯侵凌。

[4]【今注】發遣：使出任議郎。

復拜東海相。[1]之官，道經滎陽，[2]令敦煌曹暠，咨之故孝廉也，[3]迎路謁候，[4]咨不爲留。暠送至亭次，[5]望塵不及，謂主簿曰：[6]"趙君名重，今過界不見，必爲天下笑！"即弃印綬，[7]追至東海。謁咨畢，辭歸家。其爲時人所貴若此。

[1]【今注】東海：郡國名。治郯縣（今山東郯城縣西北）。東漢光武帝建武十五年（39），封皇子劉陽（後來的漢明帝劉莊）爲東海公，東海郡爲東海公國。建武十七年，劉陽進爵爲東海王，東海公國變爲東海王國。建武十九年，皇太子劉强被廢爲東海王。

[2]【今注】滎陽：縣名。治所在今河南鄭州市西北古滎鎮。

[3]【李賢注】咨爲敦煌大守時，薦暠爲孝廉。【今注】案，

昂，大德本誤作“高”。

[4]【今注】迎路謁候：恭迎問候。

[5]【今注】亭次：秦漢基層行政機構。亭原爲軍事、交通需要而設，後兼管一亭部之民事。設亭長以主之。

[6]【今注】主簿：官名。戰國始置，掌文書簿籍。漢代中央和地方官署多置。掌文書、簿籍、印鑒等事。秩六百石。

[7]【今注】印綬：繫印鈕的絲帶，顔色不同代表官職高低不同。此處代指印信。

咨在官清簡，[1]計日受奉，[2]豪黨畏其儉節。[3]視事三年，以疾自乞，徵拜議郎。抗疾京師，[4]將終，告其故吏朱祇、蕭建等，[5]使薄斂素棺，[6]籍以黄壤，[7]欲令速朽，早歸后土，[8]不聽子孫改之。[9]乃遺書勑子胤曰：“夫含氣之倫，[10]有生必終，蓋天地之常期，[11]自然之至數。[12]是以通人達士，鑒兹性命，以存亡爲晦明，[13]死生爲朝夕，故其生也不爲娛，亡也不知戚。[14]夫亡者，元氣去體，貞魂游散，反素復始，歸於無端。[15]既已消仆，[16]還合糞土。[17]土爲棄物，[18]豈有性情，而欲制其厚薄，調其燥溼邪？但以生者之情，不忍見形之毁，乃有掩骼埋窆之制。[19]《易》曰：[20]‘古之葬者，衣以薪，藏之中野，後世聖人易之以棺槨，’[21]棺槨之造，自黄帝始。[22]爰自陶唐，[23]逮于虞、夏，[24]猶尚簡樸，或瓦或木，及至殷人而有加焉。[25]周室因之，[26]制兼二代。[27]復重以牆翣之飾，[28]表以旌銘之儀，[29]招復含斂之禮，[30]殯葬宅兆之期，[31]棺槨周重之制，[32]衣衾稱襲之數，[33]其事煩而害實，品物碎而難備。然而秩爵異級，貴賤殊等。自成、康以下，[34]其典稍乖。至於戰國，漸至積陵，[35]法度衰毀，上下僭雜。[36]終使晉侯請隧，[37]秦伯殉葬，[38]陳大夫設參門之木，[39]宋司馬造石椁之奢。[40]爰暨暴秦，違道廢德，滅三代之制，[41]興淫邪之法，國貲糜於三泉，[42]人力單於酈墓，[43]玩好窮於糞土，伎巧費於寈乡。[44]自生民以來，厚終之敝，未有若此者。雖有仲尼重明周禮，[45]墨子勉以古道，猶不能禦也。[46]是以華夏之士，[47]爭相陵尚，[48]違禮之本，事禮之末，務禮之華，弃禮之實，單家竭財，以相營赴。廢事生而營終亡，替所養而爲厚葬，[49]豈云聖人制禮之意乎？《記》曰：‘喪雖有禮，哀爲主矣。’又曰：‘喪與其易也寧戚。’[50]今則不然，并棺合椁，[51]以爲孝愷，[52]豐貲重襚，以昭惻隱，[53]吾所不取也。昔舜葬蒼梧，二妃不從。[54]豈有匹配之會，守常之所乎？聖主明王，其猶若斯，況於品庶，禮所不及。古人時同即會，[55]時乖則別，[56]動静應禮，臨事合宜。王孫裸葬，[57]墨夷露骸，[58]皆達於性理，貴於速變。[59]梁伯鸞父没，卷席而葬，身亡不反其尸。[60]彼數子豈薄至親之恩，亡忠孝之道邪？況我鄙闇，[61]不德不敏，薄意内昭，志有所慕，[62]上同古人，下不爲咎。[63]果必行之，勿生疑異。恐爾等目猒所見，耳諱所議，[64]必欲改殯，以乖吾志，故遠采古聖，近揆行事，[65]以悟爾心。但欲制坎，[66]令容棺椁，棺歸即葬，[67]平地無墳。[68]勿卜時日，[69]葬無設奠，[70]勿留墓側，[71]無起封樹。[72]於戲小子，[73]其勉之哉，吾蔑復有言矣！”[74]朱衹、蕭建送喪到家，[75]子胤不忍父體與土并合，欲更改殯，衹、建臂以顧命,[76]於是奉行，時稱咨明達。

[1]【今注】清簡：清廉儉約。案，周天游《八家後漢書輯注》引謝承《後漢書》載，"（東郡趙）咨爲東海相，人遺其雙枯魚，噉之，二歲不盡，以儉化俗"（第55頁）。

[2]【今注】計日受奉：依據官吏在任時日長短發放俸祿。或與當時喪亂時期某些士族"特有"且"高妙"的鬬争方式有關（參見馬天祥《"計日受奉"與漢末士風異動》，《學術交流》2013年第5期）。

[3]【今注】豪黨：豪强之人所結成的朋黨。　儉節：廉潔有節操。

[4]【今注】案，抗疾，宋佚名《後漢書考正》引劉攽曰，"抗"字無實際意義，當是"被"字。　京師：都城的別稱。此處指洛陽。《公羊傳》桓公九年："京師者，天子之居也。京者何？大也。師者何？衆也。"

[5]【今注】案，王先謙《後漢書集解》認爲，"祇"疑當作"祇"。朱名本傳凡三見，汲本前一左從禾，後二左從衣，殿本前一後一左均從示，中一從禾，其右從氏則同。

[6]【今注】素棺：不加飾之棺。

[7]【李賢注】棺中置土，以籍其屍也（籍，大德本、殿本作"藉"，是）。【今注】案，周天游《八家後漢書輯注》引謝承《後漢書》載："咨豫自買小素棺，使人取乾黄土，細擣篩之，聚二十石。臨卒謂建曰：'亡後自著所有故巾單衣，先置土於棺，内屍其中，以壅其上。'"（第55頁）　又案，籍，大德本、殿本作"藉"。

[8]【今注】后土：大地。

[9]【今注】不聽子孫改之：不要聽從子孫的意見厚喪。

[10]【今注】含氣之倫：指一切生物。

[11]【今注】天地之常期：天地之間永恒不變的限數。期，

限數。

[12]【今注】自然之至數：指自然界事物發展的必然結果。

[13]【今注】存亡爲晦明：將生死視作黑夜和白天一樣自然
的事情。晦明，黑夜和白晝。

[14]【今注】生也不爲娛亡也不知戚：指不因爲生死而感到
快樂和悲傷。知，大德本、殿本作“爲”。王欽若《册府元龜》卷
九〇七《總録部》引作“爲”。當以“爲”爲是。

[15]【李賢注】元氣，天之氣也。貞，正也。復，旋也。
端，際也。太素、太始，天地之初也。言人既死，正魂游散，反
於太素，旋於太始，無復端際者也。【今注】元氣去體：人的精
神、精氣離開身體。　貞魂游散：人的正魂、精魂游離散逸。　反
素復始：天地之間事物的原始狀態反復循環。素，太素。始，太
始。　無端：沒有起點和終點。

[16]【今注】消仆：失去生命、死亡。

[17]【今注】糞土：泥土。

[18]【今注】棄物：被丢棄之物，廢物。

[19]【今注】掩骼埋窆之制：掩埋骨骼使不暴露，將棺木葬
入墓穴。窆，墓穴、墳塋。

[20]【今注】易：書名。傳説伏羲作八卦，文王、周公作六
十四爻，孔子作十翼。秦始皇焚書，《易》爲卜筮之書，故没有被
禁。漢代田何傳今文《易》，有施、孟、梁丘、京氏列於學官。東
漢光武帝時，曾議立費氏《易》爲博士，但因“無有本師”而作
罷。馬融、荀爽爲費氏《易》作傳。今流行傳本爲古文《易》，共
十二篇，包括上下經與十翼，指上經、下經、上彖、下彖、上象、
下象、上繫、下繫、文言、説卦、序卦、雜卦。彖傳解釋卦名、卦
辭的含義，象傳以卦象解釋卦名、爻辭，繫辭解釋全書義理，文言
解釋乾、坤二卦，説卦闡明每一卦的形象，序卦叙述六十四卦的次
第，雜卦綜合説明各卦之間的關係和旨義。

[21]【李賢注】《易·繫辭》之文也。【今注】案，今本《周
易·繫辭》作“古之葬者，厚衣之以薪，葬之中野，不封不樹，喪

期無數。後世聖人易之以棺槨，蓋取諸大過"。厚衣之以薪，言積薪以覆之。中野，荒野。

[22]【李賢注】劉向曰："棺槨之作，自黃帝始。"案，《禮記》曰"殷人棺槨"，蓋至殷而加飾。【今注】黃帝：上古帝王。號軒轅氏、有熊氏。與蚩尤戰於涿鹿。因有土德之瑞，故號黃帝。後世很多發明和制作傳説均以黃帝爲始。

[23]【今注】陶唐：上古人物。姓伊祁氏，名放勳，號陶唐。初封於陶，又封爲唐侯。高唐氏部落首領，又稱唐堯。在位命義和定曆法，設諫言之鼓，置四嶽（四方諸侯），命鯀治水患。後禪讓於舜。

[24]【今注】虞：虞舜。上古帝王。姚姓，有虞氏，名重華。相傳由四嶽推舉給堯。都於蒲板（今山西永濟市東南）。在位時除四凶，選禹治水，天下大治。　夏：夏禹。姒氏。因治水有功，舜禪讓於禹。禹傳子啓，啓建立夏朝。

[25]【李賢注】《禮記》："有虞氏之瓦棺，夏后氏之墍周、殷人棺槨。"《古史考》曰："禹作土墍以周棺。"墍音即七反。

[26]【今注】周室：周朝。分西周和東周。公元前 11 世紀，武王滅商，都鎬（今陝西西安市西灃水東岸）。公元前 771 年，周幽王被殺，西周滅亡，平王遷都洛邑（今河南洛陽市），爲東周。東周分春秋（前 770—前 476）、戰國（前 475—前 221）兩個時期。周赧王（前 314—前 256）時，分爲東周國和西周國。公元前 256 年，西周國爲秦所滅。公元前 249 年，東周國也被秦所滅。

[27]【今注】二代：夏商。《論語·八佾》子曰："周監於二代，鬱鬱乎文哉！吾從周。"

[28]【李賢注】《禮記》曰："周人牆置翣。"盧植曰："牆，載棺車箱也。"《三禮圖》曰"翣，以竹爲之，高二尺四寸，廣三尺，衣以白布，柄長五尺，葬時令人執之於柩車傍"也。【今注】牆翣之飾：出殯時柩車上覆棺的布帷。《禮記·檀弓上》"飾棺牆"，漢鄭玄注："牆，柳衣。牆之障柩，猶垣牆障家。"《周禮·天

官·縫人》"衣翣柳之材"，清孫詒讓《正義》認爲，凡覆蓋柩車的，上曰柳，下曰墻，柳衣謂之荒，墻衣謂之帷，概括而言，則墻亦通名柳，故《檀弓》注釋墻爲柳衣。墻之障柩，猶垣墻障家，故謂障柩之物爲墻。即柳衣。《左傳》襄公二十五年《正義》引《喪大記》云："飾棺，君黼翣二，黻翣二，畫翣二。"鄭注引《漢禮》："翣以木爲筐，廣三尺四寸，方，兩角高，衣以白布。畫者畫雲氣，其餘各如其象，柄長五尺。車行使人持之而從。既窆，樹於壙中。"

[29]【李賢注】《禮記》曰："銘，明旌也。以死者爲不可別，故以其旗識之。"【今注】旌銘：喪葬時用的一種旗幡，上書死者的官階、姓名，置於柩前，或覆蓋於棺上。又作明旌。

[30]【李賢注】招復謂招魂復魄也。含，以玉珠實口也。斂，以衣服斂屍也。《禮記》曰："凡復，男子稱名，婦人稱字。"《穀梁傳》曰："貝玉曰含。"《禮記》曰"小斂於户內，大斂於阼"也。【今注】招復：招魂復魄。古代喪禮儀式之一。《儀禮·士喪禮》："復者一人，以爵弁服，簪裳于衣，左向之，扱領于帶，升自前東榮，中屋，北面招以衣，曰：'皋，某復。'三。降衣于前。"鄭玄注："復者，有司招魂復魄也。"　含：古代喪禮以珠玉、貝米等置於死者口中。也有説飯、含本有區別。在死者口中放置米貝稱"飯"，放置珠玉稱"含"。　斂：把尸體裝入棺材。

[31]【李賢注】期謂諸侯五日而殯，五月而葬；大夫三日而殯，三月而葬；士三日而殯（三，大德本、殿本作"二"），踰月而葬。宅兆，葬之塋域也。【今注】殯葬宅兆之期：指停放靈柩、把靈柩送到墓地、選擇墓地的時間。指去世的月份至下葬的月份，中間經過一個月。

[32]【李賢注】《禮記》曰："天子之棺四重。"鄭玄注云："諸公三重，諸侯再重，大夫一重，士不重。"又曰："君松椁，大夫柏椁，士雜木椁。"注云"天子七重（據沈欽韓《後漢書疏證》，應爲五重，與《禮·喪服大記》鄭注相合），諸公四重，諸侯三重，大夫再重，士一重"也。

[33]【李賢注】凡小斂，諸侯、大夫、士皆用複衾，君錦衾，大夫縞衾，士緇衾。又曰，天子襲十二稱，諸公九稱，諸侯七稱，大夫五稱，士三稱。小斂，尊卑同。十九稱。大斂，天子百稱，上公九十稱，侯伯七十稱，大夫五十稱，士三十稱。衣單複具曰稱。

[34]【今注】成：周成王。姬姓，名誦。武王之子。年幼，由周公旦攝政，平定三監及東夷叛亂，分封諸侯，制禮作樂，營建洛邑。周公攝政七年，此後親政。　康：周康王。姬姓，名釗。成王之子。由召公、畢公輔佐。伐鬼方及東夷。“刑錯四十餘年不用”，稱爲“成康之治”。　案，以，殿本作“已”，二字可通。

[35]【李賢注】戰國，當春秋時也。隤陵謂隤廢陵遲。【今注】戰國：因劉向《戰國策》而得名，一般指自周威烈王二十三年（前403）起，至秦始皇統一（前221）止，其間列國爭雄，戰爭不斷。

[36]【今注】法度衰毀上下僭雜：禮樂制度衰敗毀壞，上下等級之間僭越混亂。法度，禮制。僭雜，在下位者冒用在上位的名義或禮儀、器物，失去原來的秩序。

[37]【李賢注】隧謂掘地爲埏道，王之葬禮也。諸侯則懸柩，故請之也。《左傳》，晉文公朝于襄王，請隧，不許。【今注】晉侯請隧：晉侯請求以王禮下葬。隧，墓道。運送棺椁至墓室的通道。《左傳》僖公二十五年載：“戊午，晉侯朝王。王饗醴，命之宥。請隧，弗許，曰：‘王章也。未有代德而有二王，亦叔父之所惡也。’與之陽樊、溫、原、欑茅之田。晉於是始起南陽。”

[38]【李賢注】《左傳》：“秦伯任好卒。”任好，秦繆公名也。以子車氏奄息、仲行、鍼虎殉葬，國人哀之，爲賦《黃鳥》之詩也。【今注】秦伯殉葬：《左傳》文公六年載：“秦伯任好卒，以子車氏之三子奄息、仲行、鍼虎爲殉，皆秦之良也。國人哀之，爲之賦《黃鳥》。”

[39]【今注】陳大夫設參門之木：何焯《義門讀書記》卷二

二《趙咨傳》謂，陳大夫事未詳，"門"疑作"同"。《檀弓篇》云，陳乾昔寢疾，屬其子曰，必大爲我棺，使吾二婢子夾我。陳乾昔死，其子曰，以殉葬，非禮也，況又同棺乎。弗果殺。此所謂參同者歟（中華書局1987年版，第377頁）。譚嗣同《石菊影廬筆識・學篇・四十》認爲，《後漢書・趙咨傳》："陳大夫設參門之木。"案此句諸家未釋，當指《禮記・檀弓》下，陳乾昔屬"大爲我棺，使吾二婢子夾我"，並己而三，故曰參門之木。其曰門者，《素問・脈要精微論》"是門户不要也"注："門户謂魄門，人死魄降於地，故謂死者曰門。"又"昔舜葬蒼梧，二妃不從"注："《禮記》舜葬於蒼梧，蓋二妃未之從也。"案，注改"三"爲"二"，不知其說（《譚嗣同集》，岳麓書社2012年版，第120頁）。

[40]【李賢注】宋司馬，桓魋也。自爲石椁，三年不成。孔子曰："若是其靡也，死不如速朽之愈也。"見《禮記》。【今注】案，《禮記・檀弓上》載："昔者夫子居於宋，見桓司馬自爲石椁，三年而不成。夫子曰：'若是其靡也！死不如速朽之愈也。'死之欲速朽，爲桓司馬言之也。"

[41]【今注】三代：指夏、商、周。

[42]【今注】三泉：深泉。地下深處。比喻人死後的葬處，猶言九泉。《史記》卷六《秦始皇本紀》載，秦始皇陵"穿三泉，下銅而致椁，宮觀百官奇器珍怪徙臧滿之"。

[43]【今注】人力單於酈墓：爲造酈山秦始皇陵用盡了人力。《史記・秦始皇本紀》載，建造秦始皇陵時，天下徒送詣七十餘萬人。酈墓，酈山秦始皇陵。在今陝西西安市臨潼區驪山鎮東下河村附近。

[44]【李賢注】窀，厚也。穸，夜也。厚夜猶長夜也。秦始皇初即位，營葬驪山，役徒七十餘萬人，下錮三泉，宮觀、百官、奇器、珍怪莫不畢備。令匠作弩矢，有所穿近，矢輒射之。以水銀爲百川江河大海，上具天文。以人魚爲膏燭（佚名《後漢書考正》引劉攽說，"膏"當在"爲"字前）。事見《史記》。

[45]【李賢注】謂周公制禮之後，仲尼自衞返魯，又定之也。【今注】案，指孔子自衞返魯後刪詩書，定禮樂。《論語·子罕》：“子曰：‘吾自衞反於魯，然後樂正，《雅》《頌》各得其所。’”皇侃疏：“孔子去魯後而魯禮樂崩壞，孔子以魯哀公十一年從衞還魯，而刪《詩》《書》，定《禮》《樂》，故樂音得正。樂音得正，所以《雅》《頌》之詩各得其本所也。”

[46]【李賢注】禦，止也，言猶不能止其奢侈。《墨子》曰：“古者聖人制爲葬埋之法，棺三寸足以朽體，衣衾三領足以覆惡。堯葬邛之山，滿坎無窆，舜葬紀市，禹葬會稽，皆下不及泉，上無遺臭。三王者（三，大德本誤作‘二’），豈財用不足哉！”【今注】案，《墨子·節葬下》云：“故古聖王制爲葬埋之法，曰：‘棺三寸足以朽體，衣衾三領足以覆惡。以及其葬也，下毋及泉，上毋通臭，壟若參耕之畝，則止矣。’死者既以葬矣，生者必無久喪，而疾而從事，人爲其所能，以交相利也。此聖王之法也。”

[47]【今注】華夏：中國。《論語正義·八佾》：“華夏皆謂中國，而謂之華夏者，夏，大也。言有禮儀之大，有文章之華也。”

[48]【今注】陵尚：超越、爭勝。

[49]【李賢注】替，廢也。【今注】廢事生而營終亡替所養而爲厚葬：指廢棄侍養生者而費力經營亡者並進行厚葬。

[50]【今注】記：書名。即《禮記》。《漢書·藝文志》載《記》百三十一篇。即古文《禮》記。漢初，河間獻王又得仲尼弟子及後學者所記一百三十一篇獻之，當時也沒有傳授。至劉向考校經籍，檢得一百三十篇，因編次記錄。戴德傳《記》八十五篇，戴聖傳《記》四十九篇。但小戴《記》中《曲禮》《檀弓》《雜記》三篇分爲上下，實際祇有四十六篇。則此一百三十一篇與大、小戴《記》篇數相合。但《隋書·經籍志》又説，後得《明堂陰陽記》三十三篇、《孔子三朝記》七篇、《王史氏記》二十一篇、《樂記》二十三篇，五種共二百十四篇。戴德刪去重複，合爲八十五篇，即《大戴記》。而戴聖又刪大戴之書，成四十六篇，即《小戴記》。漢

末，馬融遂傳小戴之學。融又益《月令》一篇、《明堂位》一篇、《樂記》一篇，合四十九篇，即今《禮記》。《禮記·問喪》："故曰：喪禮唯哀爲主矣。"《論語·八佾》林放問禮之本，子曰："大哉問！禮，與其奢也，寧儉。喪，與其易也，寧戚。"

[51]【今注】并棺合椁：指父母合葬。

[52]【今注】孝愷：孝敬。愷，和樂，和善。

[53]【李賢注】《穀梁傳》曰："衣衾曰禭。"音遂。【今注】豐貲重禭：以豐厚的貲財和多重的衣衾表示哀傷之情。

[54]【李賢注】二妃，娥皇、女英也。《禮記》曰："舜葬於蒼梧，蓋二妃未之從也。"

[55]【李賢注】謂呂望爲太師，死葬於周，其子封於齊，比五代皆反葬於周，此時同則會也。【今注】案，《禮記·檀弓上》："大公封於營丘，比及五世，皆反葬於周。"孔穎達疏曰："齊大公受封，留爲大師，死葬於周，子孫生焉，不忍離也，五世之後乃葬於齊。"

[56]【李賢注】謂舜葬於蒼梧，二妃不從。

[57]【李賢注】王孫者，楊王孫也。臨終令其子曰："吾死，可爲布囊盛尸，入地七尺。既下，從足脱其囊，以身親土。"遂裸葬。見《前書》。【今注】王孫：楊王孫。西漢武帝時人。學黃老之術。臨終令其子將其裸葬。傳見《漢書》卷六七。

[58]【李賢注】墨夷謂爲墨子之學者名夷之。欲見孟子。孟子曰："吾聞墨之治喪，以薄爲其道也。蓋上世嘗有不葬其親者，其親死，則舉而委之於壑。"見《孟子》。【今注】墨夷：人名。《孟子·滕文公上》作："吾聞夷子墨者，墨之治喪也，以薄爲其道也。夷子思以易天下，豈以爲非是而不貴也？然而夷子葬其親厚，則是以所賤事親也。""蓋上世嘗有不葬其親者，其親死則舉而委之於壑。"

[59]【今注】達於性理貴於速變：順應生命的規律，貴在能夠變通。

[60]【李賢注】梁伯鸞父讓寓於北地而卒,卷席而葬。鴻後出關適吳,及卒,葬於吳要離冢傍。【今注】梁伯鸞:梁鴻,字伯鸞,扶風平陵(今陝西咸陽市)人,東漢詩人、隱士。其父梁讓,王莽當朝時爲城門校尉,寓居在北地,後死於此。當時梁氏家貧、梁鴻尚幼,又逢亂世,祇得卷席而葬之。

[61]【今注】鄙闇:鄙陋昏昧。對自己的謙稱。

[62]【李賢注】薄,微也。【今注】薄意内昭:把自己的想法表達出來。

[63]【今注】上同古人下不爲咎:上仿效古人,下不被後人責備。

[64]【今注】目猒所見耳諱所議:日常習慣了所見的事,不能聽從我的想法。

[65]【今注】遠采古聖近揆行事:結合遠古聖人和近世的做法。

[66]【今注】制坎:挖掘墓穴。

[67]【李賢注】歸到東郡也。

[68]【今注】平地無墳:平地上不要築起土堆。

[69]【今注】勿卜時日:秦漢時期以天干地支爲符號,按照一定原理編纂,用於爲死者選擇吉日安葬,以趨吉避凶。睡虎地秦簡、放馬灘秦簡、懸泉漢簡《日書》均有此類材料(參見宋艷萍《先秦秦漢喪葬習俗中的數術行爲》,《管子學刊》2008年第2期)。漢代帝陵由太史卜日。

[70]【今注】葬無設奠:下葬不要陳設祭品進行祭奠。

[71]【今注】勿留墓側:不要在墓旁臨時搭建用以居喪的簡陋屋舍。

[72]【今注】無起封樹:墳墓不起封土,周圍不種樹。不積土爲墳是不封;不種樹以標其處是不樹。

[73]【今注】於戲:嗚呼、於乎。感嘆詞。 小子:對年幼者的稱呼。

[74]【今注】吾蔑復有言矣：我再没有什麼可説的了。蔑，無、没有。

[75]【李賢注】《謝承書》曰："咨在京師病困，故吏蕭建經營之。咨豫自買小素棺，使人取乾黄土細擣篩之，聚二十石。臨卒，謂建曰：'亡後自著所有故巾單衣，先置土於棺，内尸其中以擁其上。'"

[76]【李賢注】譬，曉也。【今注】顧命：臨終遺命。

　　贊曰：公子、長平，臨寇讓生。淳于仁悌，[1]"巨孝"以名。居巢好讀，遂承家禄。伯豫逡巡，[2]方迹孤竹。[3]文楚薄終，喪朽惟速。周能感親，嗇神養福。[4]

[1]【今注】仁悌：仁愛孝悌。

[2]【今注】逡巡：退讓、謙讓。

[3]【今注】方迹：效仿。指劉愷的做法類似伯夷、叔齊。孤竹：指商末孤竹國君的長子伯夷。其父欲立叔齊，叔齊讓於伯夷。伯夷認爲是父命，逃去。叔齊也逃走。後聞周文王善養老，入周。見武王伐紂，叩馬而諫。武王滅商後，不食周粟，隱居首陽山，後餓死。

[4]【李賢注】感，思也。謂誦《詩》至《汝墳》，思養親而求仕也。嗇神養福謂不應辟召，以壽終也。《左傳》曰："能者養之以福。"【今注】案：王先謙《後漢書集解》謂"周能"二句當在"文楚"二句上，前諸傳贊皆順叙，末四句亦別無用意之處，不應倒置。

後漢書　卷四〇上

列傳第三十上

班彪　子固

　　班彪字叔皮，扶風安陵人也。[1]祖況，[2]成帝時爲越騎校尉。[3]父稚，[4]哀帝時爲廣平大守。[5]

　　[1]【今注】扶風：郡級政區名。治槐里縣（今陝西興平市東南）。建武十五年（39）爲光武帝皇子右翊公劉輔封國。建武十七年劉輔封中山王，復爲右扶風郡。　安陵：縣名。治所在今陝西咸陽市東北。本爲漢惠帝劉盈之陵（今陝西咸陽市東北白廟村南），因陵置縣。班彪在其祖父班況時遷居昌陵縣（今陝西西安市臨潼區東）。案，本書卷四七《班超傳》作“扶風平陵人”。中華本校勘記按，《班彪傳》云扶風安陵人，錢大昕《廿二史考異》卷七《漢書二》謂當有一誤。《校補》引柳從辰説，謂《東觀記》載班超亦爲安陵人，則作“平陵”者誤。

　　[2]【今注】況：班況。舉孝廉爲郎，積功勞至上河農都尉。大司農奏考核連續最佳，入爲左曹越騎校尉。成帝初，其女爲倢伃。後徙昌陵。昌陵後罷，遂著籍於長安三輔。事迹見《漢書》卷一〇〇上《叙傳上》。

[3]【今注】成帝：西漢成帝劉驁，公元前 33 年至前 7 年在位。紀見《漢書》卷一〇。　越騎校尉：官名。西漢武帝時始置，爲北軍八校尉之一。掌越騎，戍衛京師、領兵出征。秩二千石。東漢爲五校尉之一，掌領宿衛兵。秩比二千石。地位顯要，職務清閑，多以宗室外戚等擔任。《漢書·敍傳上》作"左曹越騎校尉"。

[4]【今注】稚：班稚。少爲黃門郎中常侍。哀帝即位，出爲西河屬國都尉，遷廣平相。《漢書·敍傳上》載，班況生三子，分別名伯、斿、稚。

[5]【李賢注】廣平，郡，今洺州永平縣也（洺，紹興本作"洛"，大德本作"各"，均誤；沈欽韓《後漢書疏證》卷三謂，"永平縣"當作"永年縣"，可從），隨室諱廣改焉（隨，紹興本、大德本、殿本誤作"隋"）。【今注】哀帝：劉欣。公元前 7 年至前 1 年在位。紀見《漢書》卷一一。　廣平：郡國名。西漢哀帝建平三年（前 4）改郡置廣平國，封廣德夷王弟劉漢。治所在今河北雞澤縣北。東漢光武帝建武十三年（37）國除，入鉅鹿郡。　大守：官名。秦漢郡的最高行政長官，掌一郡政務。秩二千石。原稱郡守，西漢景帝時改稱太守。案，紹興本、大德本、殿本作"太守"。下同不注。錢大昕《廿二史考異》卷一一《後漢書二》云，班稚哀帝時爲廣平太守。《漢書·敍傳上》作"廣平相"。廣平，西漢哀帝時爲諸侯王國，當云相，不當云太守。

　　彪性沈重好古。[1] 年二十餘，更始敗，[2] 三輔大亂。[3] 時隗囂擁衆天水，[4] 彪乃避難從之。囂問彪曰："往者周亡，[5] 戰國竝爭，[6] 天下分裂，數世然後定。意者從橫之事復起於今乎？[7] 將承運迭興，[8] 在於一人也？願生試論之。"[9] 對曰："周之廢興，與漢殊异。昔周爵五等，[10] 諸侯從政，[11] 本根既微，[12] 枝葉彊大，[13] 故其末流有從橫之事，[14] 勢數然也。[15] 漢承秦制，改立郡縣,[16]主有專己之威,臣無百年之柄。[17]至於成帝,假借外家,[18]哀、平短祚,國嗣三絶,[19]故王氏擅朝,[20]因竊號位。危自上起,傷不及下,[21]是以即真之後,[22]天下莫不引領而歎。[23]十餘年閒,中外騷擾,[24]遠近俱發,假號雲合,[25]咸稱劉氏,不謀同辭。[26]方今雄桀帶州域者,[27]皆無七國世業之資,[28]而百姓謳吟,思仰漢德,已可知矣。"囂曰:"生言周、漢之執可也;至於但見愚人習識劉氏姓號之故,[29]而謂漢家復興,疏矣。昔秦失其鹿,劉季逐而羈之,時人復知漢乎?"[30]

[1]【今注】沈重好古:沉静穩重,喜歡古代的歷史和文化。《漢書》卷一○○上《叙傳上》云,"叔皮唯聖人之道然後盡心焉"。

[2]【今注】更始:指劉玄。公元23年,光武帝族兄劉玄被擁稱帝,建元更始,劉玄被稱爲更始帝。後以更始代稱劉玄。更始三年(25),劉玄投降於包圍長安的赤眉軍,被封爲長沙王,不久後被殺。傳見本書卷一一。

[3]【今注】三輔:行政地區名。掌漢代京畿地區,在今陝西中部地區,治所均在長安城中。西漢景帝二年(前155),以左、右内史與主爵中尉(後改主爵都尉)一同治理京畿地區,稱爲"三輔"。武帝太初元年(前104)改左、右内史、主爵都尉爲左馮翊、京兆尹、右扶風。東漢時,扶風移治槐里(今陝西興平市東南),馮翊移治高陵(今陝西西安市高陵區)。

[4]【今注】隗囂:字季孟,天水成紀(今甘肅静寧縣西南)人。傳見本書卷一二。 天水:郡名。西漢武帝元鼎三年(前114)置,治平襄縣(今甘肅通渭縣西北)。東漢明帝永平十七年(74)改漢陽郡,並移治冀縣(今甘肅甘谷縣東)。

[5]【今注】周:周朝。分西周和東周。公元前11世紀,武王

滅商，都鎬（今陝西西安市西灃水東岸）。公元前 771 年，周幽王被殺，西周滅亡；平王遷都洛邑（今河南洛陽市），爲東周。東周分春秋（前 770—前 476）、戰國（前 475—前 221）兩個時期。周赧王（前 314—前 256）時，分爲東周國和西周國。赧王公元前 256年，西周國爲秦所滅。公元前 249 年，東周國也被秦所滅。

[6]【今注】戰國：因劉向《戰國策》而得名，一般指自周威烈王二十三年（前 403）起，至秦始皇統一（前 221）止，其間列國爭雄，戰爭不斷。

[7]【今注】從橫：即合縱連橫。戰國時縱橫家所宣導的外交和軍事政策。東方六國地連南北，聯合抗秦，稱“合縱”；秦與東方六國橫向聯合，破六國合縱，稱“連橫”。其實合縱與連橫變化無常。合縱既可抗齊，又可抗秦；連橫既可聯秦，也可聯楚，這就是所謂“朝秦暮楚”。案，《漢書·叙傳上》載，“其抑者從橫之事復起於今乎”。

[8]【今注】承運迭興：指朝代更替。承運，承天受命。代指政權。迭興，相繼興起。案，《漢書·叙傳上》載：“時隗囂據壟擁衆，招輯英俊，而公孫述稱帝於蜀漢，天下雲擾，大者連州郡，小者據縣邑。”

[9]【今注】生：先生。案，《漢書·叙傳上》作“願先生論之”。生、先均爲“先生”之簡稱。

[10]【今注】周爵五等：公、侯、伯、子、男五等爵。

[11]【今注】諸侯從政：諸侯各自爲政。諸侯，西周時分封的各級封國國君，分公、侯、伯、子、男五等。掌封國政治、經濟、軍事，並食其封國的稅收，按時向周天子朝貢，並隨從出兵征伐等。

[12]【今注】本根：指周王室。

[13]【今注】枝葉：指地方諸侯國。戰國七雄等。

[14]【今注】末流：末年、末世。

[15]【今注】執數：形勢和定數。指周末王室衰微、諸侯爭霸是歷史發展的必然結果。

[16]【今注】改立郡縣：中華本引張森楷校勘記謂 "改" 當依《漢書》作 "並"，既承秦制，則非漢所改也。案，《漢書·叙傳上》作 "並立郡縣"。郡縣，秦漢地方行政區劃和機構名。最初縣的地位高於郡，戰國時期郡高於縣。秦滅六國後，分天下爲郡縣。郡下轄若干縣，置守、尉、監。縣置縣令，以丞、尉爲吏。

[17]【今注】案，此兩句意爲漢朝繼承了秦朝的中央集權制和郡縣制，使得皇帝有中央集權，而臣子沒有像周朝諸侯那樣的權力。

[18]【李賢注】外家謂王鳳、王商等，竝輔政領尚書事也。【今注】外家：外家親屬，特指皇帝的母族和妻族。又稱 "外族""外戚"。此處指元帝皇后王政君及其家屬王鳳、王商等。

[19]【李賢注】哀帝在位六年，平帝在位五年，故曰短祚。成、哀、平俱無子，是三絶也。【今注】哀：西漢哀帝劉欣，公元前7年至前1年在位。紀見《漢書》卷一一。　平：西漢平帝劉衎，公元前1年至5年在位。紀見《漢書》卷一二。

[20]【今注】王氏擅朝：指西漢哀帝崩後，王莽立平帝，受安漢公爵位。又號宰衡，加九錫。平帝崩後，王莽立孺子嬰。王莽攝政。公元8年，王莽改國號爲新。王氏，指王莽。

[21]【李賢注】成帝威權借於外家，是危自上起也。漢德無害於百姓，是傷不及下也。

[22]【今注】即真之後：指王莽代漢，由攝政即位爲帝，建立新朝。

[23]【今注】引領而歎：伸長脖子遠望並讚歎。形容殷切盼望。《漢書》卷九九上《王莽傳上》載，"天下喁喁，引領而歎，頌聲洋洋，滿耳而入"。

[24]【今注】案，騷，紹興本、大德本、殿本作 "搔"，二字可通。

[25]【今注】假號雲合：新莽末年各地起事的義軍假託各種名號。如更始、王郎、盧芳、劉永、張步、隗囂、公孫述等人。

　　[26]【李賢注】謂王郎、盧芳等竝詐稱劉氏也。【今注】不謀同辭：事先没有經過商議，但是説的話完全一樣。

　　[27]【今注】帶州域：割據區域。州域，指一州的區域。

　　[28]【今注】七國：戰國時期齊、楚、燕、韓、趙、魏、秦七雄。

　　[29]【今注】姓號：姓氏。

　　[30]【李賢注】太公《六韜》曰："取天下如逐鹿，鹿得，天下共分其肉也。"【今注】案，此句隗囂意謂，當時之民不知漢，而漢竟有天下，今民雖知漢而不知隗囂，隗囂亦可以得天下。劉季，劉邦。《史記》卷八《高祖本紀》載，劉邦字季。《索隱》按，《漢書》"名邦，字季"，此單云字，亦又可疑。按，漢高祖長兄名伯，次名仲，不見別名，則季亦是名。故項岱云"高祖小字季，即位易名邦，後因諱邦不諱季，所以季布猶稱姓也"。案，劉季逐而羈之，王先謙《後漢書集解》引王補説，謂"羈"《漢書·叙傳》作"掎"，《通鑑》亦作"掎"，用《左傳》"晉人角之，諸戎掎之"。

　　彪既疾囂言，又傷時方艱，乃著《王命論》，[1]以爲漢德承堯，[2]有靈命之符，[3]王者興祚，[4]非詐力所致，欲以感之，而囂終不寤，遂避地河西。[5]河西大將軍竇融以爲從事，[6]深敬待之，接以師友之道。彪乃爲融畫策事漢，總西河以拒隗囂。[7]

　　[1]【今注】案，《王命論》屬於符命類文章，是除學術著述外漢代王命書寫的主要載體，其核心精神在於通過闡釋符命證明帝王受命合法性。《古文淵鑑》卷一八張英論云："上推天道，下述人事，以彰受命之符，陳運世之本，危言正論足以折隗囂逐鹿之談矣。"《王命論》全文見《漢書》卷一〇〇上《叙傳上》。

　　[2]【今注】漢德承堯：據《漢書·律曆志上》，太昊爲木，

炎帝爲火，黃帝爲土，少昊爲金，顓頊爲水，帝嚳爲木，唐堯爲
火，虞舜爲土，伯禹爲金，成湯爲水，武王爲木。漢高祖皇帝，著
《紀》，伐秦繼周。木生火，故爲火德。秦以水德，在周、漢木火之
間。周人遷其行序，故《周易》不載。《漢書》卷一下《高帝紀
下》載：“漢承堯運，德祚已盛，斷蛇著符，旗幟上赤，協于火德，
自然之應，得天統矣。”（楊權：《新五德理論與兩漢政治：“堯後
火德”說考論》，中華書局 2006 年版，第 73—89 頁）《漢書·郊祀
志上》又載，文帝十三年（前 167），公孫臣上書：“始秦得水德，
及漢受之，推終始傳，則漢當土德，土德之應黃龍見。宜改正朔，
服色上黃。”次年，文帝召諸生申明土德，改曆、服色。

　　［3］【今注】靈命之符：天命的符應。靈命，指帝位。《漢書》
卷一上《高帝紀上》載：“母媼嘗息大澤之陂，夢與神遇。是時雷
電晦冥，父太公往視，則見交龍於上。已而有娠，遂産高祖。”

　　［4］【今注】王者興祚：帝王建立國家。

　　［5］【今注】河西：漢、唐時指今甘肅、青海兩省黃河以西，
即河西走廊與湟水流域。西漢武帝元狩二年（前 121）匈奴昆邪王
降漢後，以其故地置酒泉、武威、張掖、敦煌四郡，至昭帝始元六
年（前 81）於今湟水流域又置金城郡。合稱河西五郡。

　　［6］【今注】大將軍：重號將軍名。西漢武帝以衛青征匈奴有
功，封大將軍。此後大將軍常冠大司馬之號，秩萬石，領尚書事。
成帝綏和元年（前 8），改稱大司馬。東漢光武帝復置，主征伐，
事訖皆罷。秩萬石，不冠大司馬之號。多授予貴戚，常兼錄尚書
事，與太傅、太尉等共同主持政務。開府置僚屬，屬官有前、後、
左、右等雜號將軍。本書卷二三《竇融傳》作“河西五郡大將軍
事”。　竇融：字周公，扶風平陵（今陝西咸陽市西北）人。傳見
本書卷二三。　從事：官名。又稱“從事史”，漢三公府至州郡自
辟僚屬，多以從事爲稱。州府有別駕從事史、治中從事史、簿曹從
事史、兵曹從事史、部郡國從事史。秩百石。

　　［7］【今注】案，西河，殿本作“河西”。

及融徵還京師，光武問曰：[1]"所上章奏，誰與參之？"融對曰："皆從事班彪所爲。"帝雅聞彪才，[2]因召入見，舉司隸茂才，拜徐令，以病免。[3]後數應三公之命，[4]輒去。

[1]【今注】光武：東漢光武帝劉秀，公元25年至57年在位。紀見本書卷一。本書卷一上《光武帝紀上》李賢注曰，《禮》："祖有功而宗有德"，光武中興，故廟稱世祖。《謚法》："能紹前業曰光，克定禍亂曰武。"

[2]【今注】雅聞：素來知道。　案，才，大德本、殿本作"材"。

[3]【李賢注】司隸舉爲茂才也。徐，縣，屬臨淮郡。【今注】司隸茂才：指司隸校尉舉薦爲茂才。司隸，官名。司隸校尉掌察舉三輔（京兆、左馮翊、右扶風）、三河（河東、河內、河南）、弘農七郡的犯法者。西漢成帝元延四年（前9）省，哀帝時復置，改名司隸，隸大司空。東漢仍名司隸校尉，掌糾察宮廷皇親、貴戚百官，兼領兵、搜捕罪犯，並爲司隸州行政長官。光武帝特詔朝會時與御史中丞、尚書令並專席而坐，時號"三獨坐"。茂才，秀才。漢朝選舉科目。始於西漢武帝元封間，稱秀才。東漢避光武帝劉秀諱，改爲茂才或茂材。　徐：縣名。治所在今江蘇泗洪縣南。令：縣令。漢代萬戶以上縣的長官稱令，不足萬戶稱長。

[4]【今注】三公：官名。西周時指太師、太傅、太保或司徒、司馬、司空。西漢初指丞相、御史大夫、太尉。武帝建元二年（前139）省太尉。元狩四年（前119）置大司馬。成帝綏和元年（前8）改御史中丞爲大司空。哀帝元壽二年（前1）改丞相爲大司徒。此後以丞相（大司徒）、大司馬、御史大夫（大司空）爲三公。王莽定三公之號曰大司馬、大司徒、大司空。東漢初，因而不改。光武帝建武二十七年（51），大司馬改爲太尉，大司徒、大司空去"大"字，亦稱"三司"。掌參議朝政，監察百官。

　　彪既才高而好述作，遂專心史籍之間。武帝時，[1]司馬遷著《史記》，[2]自太初以後，闕而不録，[3]後好事者頗或綴集時事，然多鄙俗，不足以踵繼其書。[4]彪乃繼採前史遺事，傍貫異聞，作後傳數十篇，因斟酌前史而譏正得失。[5]其略論曰：

　　[1]【今注】武帝：西漢武帝劉徹，公元前 141 年至前 87 年在位。紀見《史記》卷一二、《漢書》卷六。

　　[2]【今注】司馬遷：字子長，左馮翊夏陽（今陝西韓城市）人。生於西漢景帝中元五年（前 145）。武帝元朔二年（前 127），問學於董仲舒。元朔五年，問學於孔安國。元封元年（前 110），繼其父司馬談爲太史令。此後多次隨漢武帝出巡。天漢三年（前 98），因李陵之禍遭受腐刑。征和三年（前 90），完成《太史公書》。卒於昭帝始元元年（前 86）（關於司馬遷生平的相關論證，參見張大可、趙生群等《史記文獻與編纂學研究》，華文出版社 2005 年版，第 21—37 頁）。《漢書·藝文志》詩賦略著録《司馬遷賦》八篇。傳見《漢書》卷六二。　史記：又稱《太史公書》。中國第一部紀傳體通史，記載自傳説中的黃帝至漢武帝太初年間近三千年的歷史。分十二本紀、十表、八書、三十世家、七十列傳。共一百三十篇，五十二萬六千五百字。司馬遷希望此書“成一家之言，厥協六經異傳，整齊百家雜語，藏之名山，副在京師”。東漢末以後始稱《史記》（參《史記文獻與編纂學研究》，第 44—54 頁）。《隋書·經籍志》著録《史記》一百三十卷《目録》一卷，漢中書令司馬遷撰。《史記》八十卷，宋裴駰注；《史記音義》十二卷，宋徐廣撰；《史記音》三卷，梁鄒誕生撰。《舊唐志》又有許子儒、劉伯莊注本。《新唐志》著録注《史記》的有十餘家，其中司馬貞《史記索隱》三十卷、張守節《史記正義》三十卷，與裴駰《史記集解》合稱《史記》三家注。清杜文瀾輯《史記寧成傳異文》，王仁俊輯《史記佚文》一卷，王鳴盛、王仁俊又輯《律

曆逸文》。

[3]【李賢注】太初，武帝年號。【今注】太初：西漢武帝劉徹年號（前104—前101）。案，《史記》卷一三〇《太史公自序》，記事自五帝至秦漢，具體爲武帝太初年間（《史記索隱序》作“下訖天漢”），但記事至武帝末年（關於太初以後記事的情況，張大可等認爲，這些內容屬於“補竄”，包括四個方面：一爲褚少孫補史，二爲好事者補缺，三爲讀史者無意增竄，四爲司馬遷所附載的大事，詳參《史記文獻與編纂學研究》，第124—136頁）。

[4]【李賢注】好事者謂楊雄、劉歆、陽城衡（陽，大德本作“揚”）、褚少孫、史孝山之徒也。【今注】案，沈欽韓《漢書疏證》卷二四認爲，其中與褚少孫有關的爲《十二諸侯年表序》《建元侯者表》，續補的爲《外戚世家》《三王世家》《田叔》《滑稽》《日者》《龜策》及《景帝紀》《武帝紀》《漢興以來將相名臣年表》（迄成帝鴻嘉年間）。其後續《史記》的有馮商、劉歆、揚雄、陽城衡、褚少孫、史孝山等人。

[5]【今注】譏正：糾正。

　　唐虞三代，[1]詩書所及，[2]世有史官，以司典籍，[3]暨於諸侯，國自有史，[4]故孟子曰“楚之《檮杌》，晉之《乘》，魯之《春秋》，其事一也”。[5]定哀之間，[6]魯君子左丘明論集其文，[7]作《左氏傳》三十篇，[8]又撰異同，號曰《國語》，[9]二十一篇，[10]由是《乘》《檮杌》之事遂闇，[11]而《左氏》《國語》獨章。[12]又有記錄黃帝以來至春秋時帝王公侯卿大夫，[13]號曰《世本》，[14]一十五篇。春秋之後，七國並爭，秦并諸侯，則有《戰國策》三十三篇。[15]漢興定天下，太中大夫陸賈記錄時功，[16]作《楚漢春秋》九篇。[17]孝武之世，[18]太史令司馬遷採《左氏》《國語》，[19]删《世本》《戰國策》，據楚、漢列國時事，上自黃帝，下訖獲麟，[20]作本紀、世家、列傳、書、表凡百三十篇，[21]而十篇缺焉。[22]遷之所記，從漢元至武以絶，[23]則其功也。至于採經摭傳，分散百家之事，甚多疏略，不如其本，務欲以多聞廣載爲功，論議淺而不篤。其論術學，[24]則崇黃老而薄五經；[25]序貨殖，[26]則輕仁義而羞貧窮；[27]道游俠，[28]則賤守節而貴俗功：[29]此其大敝傷道，[30]所以遇極刑之咎也。[31]然善述序事理，辯而不華，質而不野，[32]文質相稱，蓋良史之才也。[33]誠令遷依五經之法言，同聖人之是非，意亦庶幾矣。[34]

[1]【今注】唐：唐堯，上古帝王。姓伊祁氏，名放勳，號陶唐。初封於陶，又封爲唐侯。爲高唐氏部落首領，又稱唐堯。在位命羲和定曆法，設諫言之鼓，置四嶽（四方諸侯），命鯀治水患。後禪讓於舜。　虞：虞舜，上古帝王。姚姓，有虞氏，名重華。相傳由四嶽推舉給堯。都於蒲板（今山西永濟市東南）。在位時除四凶，選禹治水，天下大治。　三代：指夏、商、周。

[2]【今注】詩：書名。古代詩歌總集，又稱《詩經》。所收自西周初年至春秋中期，據說最早有三千篇，經孔子整理爲三〇五篇。按音樂特點分爲風、雅、頌三類，表現手法有賦、比、興三種。漢代經、傳別行。經文二十八卷，其中十五國風十五卷，小雅七十四篇爲七卷，大雅三十一篇爲三卷，周頌三十一篇爲三卷，魯、商頌各爲一卷，共二十八卷。　書：書名。至漢代稱《尚書》。基本內容是古代帝王的文告和君臣談話內容的記錄，相傳爲孔子編定。其內容有典、謨、訓、誥、誓、命六種。四十六卷，指今文二

十八篇爲二十八卷，又逸篇十六卷，加《書序》，共四十六卷。

[3]【李賢注】《禮記》曰："動則左史書之，言則右史書之。"見於史籍者，夏太史終古、殷太史向摯、周太史儋也。見《吕氏春秋》。【今注】案，《左傳》昭公十五年載："且昔而高祖孫伯黶，司晉之典籍，以爲大政，故曰籍氏。"

[4]【李賢注】《左傳》，魯季孫召外史掌惡臣。衛史華龍滑曰"我太史"也。楚有左史倚相。

[5]【李賢注】乘者，興於困賦乘馬之事（困，紹興本、大德本、殿本作"田"，是）。柢杌者（柢，紹興本、大德本、殿本作"檮"，是），罵凶之類，興於記惡乏誡（乏，紹興本、大德本、殿本作"之"，是）。《春秋》以二始舉四時，以記萬事，遂各因以爲名，其記事一也。見趙歧《孟子注》。【今注】孟子：名軻，字子輿，鄒（今山東鄒城市）人。子思門人。以唐、虞、三代之德游説齊宣王、梁惠王，皆不被采納。傳見《史記》卷七四。案，此句見《孟子·離婁下》。　楚：古國名。芈姓。楚莊王時爲春秋五霸之一。初都丹陽（今湖北秭歸縣東南）。戰國時疆域東北到今山東南部，東南至錢塘江以北，西南至今廣西東北部。都壽春（今安徽壽春市）。戰國七雄之一。公元前 223 年爲秦所滅。　檮杌：一種動物，能逆知來事。代指史書（參見唐善純《釋"檮杌"》，《文史知識》1989 年第 9 期；陳建梁《"檮杌"古義之探討》，《四川大學學報》1995 年第 1 期）。也有學者認爲，楚史《檮杌》之"檮杌"就是伐木留下的樹樁。因其上有樹木生長的年輪，樹木一年一年地生長，正如歷史一年一年地記載，故可引申爲歷史書的名稱（魏平柱：《楚史〈檮杌〉之"檮杌"辨正》，《襄樊學院學報》2003 年第 6 期）。也有學者認爲，楚國的先祖祭主是用圓木柱的"檮杌"（檮柮）做成的，所以就用祭主所用圓木柱來命名其先祖（王輝：《楚史書〈檮杌〉的名源與三星堆青銅人頭像性質考》，《史學史研究》2007 年第 4 期）。　晉：周初諸侯國。姬姓。都唐（今山西翼城縣西）。晉獻公遷都於絳（今山西翼城縣東南）。

晉景公時遷都新田（今山西侯馬市西）。疆域包括今山西大部、河北西南部、河南北部及陝西部分地區。公元前 376 年，分爲韓、趙、魏三家。　乘：晉國記事之書。乘，通“載”。以記事而得名。

魯：周初諸侯國。姬姓。西周初年封周公旦，都曲阜（今山東曲阜市）。魯頃公二十四年（前 256）爲楚所滅。　春秋：魯國編年體史書。傳説爲孔子編次，十二篇。春秋魯國十二公，每一公爲一篇。包括隱公、桓公、莊公、閔公、僖公、文公、宣公、成公、襄公、昭公、定公、哀公等。記載列國之間朝聘、盟會、戰争等事，起魯隱公元年（前 722）至魯哀公十四年（前 481）。

[6]【李賢注】魯定公、哀公也。【今注】定：魯定公。名宋。公元前 510 年即位。在位十五年。　哀：魯哀公。名將，又作蔣。公元前 495 年即位。在位二十七年。

[7]【今注】左丘明：春秋時魯國人。史學家。與孔子同時，任魯國太史。相傳著《國語》。《史記·十二諸侯年表》云：“魯君子左丘明懼弟子人人異端，各安其意，失其真，故因孔子史記具論其語，成《左氏春秋》。”

[8]【今注】左氏傳：傳説孔子修《春秋》經，左丘明爲之傳，因詳於記事，故有三十卷。但《左氏傳》所紀事至悼公四年，較《春秋》本經多十七年事。《史記·十二諸侯年表》載，孔子看到周室的衰敗，論史記舊聞，因魯史而修《春秋》，記事始於隱公元年，終於哀公十四年之獲麟，其文辭簡約，有微言大義，涵蓋王道人事。因其書有譏刺的作用，所以孔子的弟子通過口授的方式傳授此書。魯君子左丘明懼後人不理解其意，形成異端邪説，故“具論其語”，成《左氏春秋》。

[9]【今注】國語：左丘明既撰《春秋内傳》，又稽其逸文，纂其別説，分周、魯、齊、晉、鄭、楚、吳、越八國，起自周穆王，終於魯悼公，爲《春秋外傳國語》，共二十一篇。自魏、晉以後，此書標題皆爲《春秋外傳國語》，則《左傳》爲内，《國語》爲外。

[10]【今注】案，二十一，大德本、殿本作“二十”。

［11］【李賢注】不行於時爲闇也。其書今亡。

［12］【今注】章：彰顯，知名。

［13］【今注】黃帝：上古帝王。號軒轅氏、有熊氏。與蚩尤戰於涿鹿。因有土德之瑞，故號黃帝。後世很多發明和制作傳説均以黃帝爲始。　春秋：因魯國編年體史書《春秋》而得名。魯國史官將歷史事件按年、季、月、日進行記録，以春秋代表四季，起自魯隱公元年（前722），至魯哀公十四年（前481）。春秋時期始於公元前770年（周平王元年），止於公元前476年（周敬王四十四年），總共295年。　公侯卿大夫：周制以公、卿、大夫分爲三等，爲内爵，封於畿内。而對於公、卿、大夫等名的意義，班固《白虎通》卷一載：“公之爲言，公正無私也；卿之爲言章也，章善明理也；大夫之爲言大扶，扶進人者也。故傳曰：‘進賢達能，謂之大夫’。”士，任事之人。大夫分上下，士分上中下。

［14］【今注】世本：此書爲歷代古史官所記帝系，諸侯、卿大夫世系等内容，而由劉向等集輯成篇。天子稱帝系，諸侯卿大夫謂之世本。《史記集解序》《索隱》引劉向説，《世本》爲古史官明於古事者之所記，録黃帝已來帝王諸侯及卿大夫系謚名號，凡十五篇。

［15］【今注】戰國策：書名，爲劉向輯録，記載戰國初年至秦統一前的歷史。分東周、西周、秦、齊、楚、趙、魏、韓、燕、宋、衞、中山十二國策。劉向《校書録序》云，漢代秘府所藏關於此書的名稱，或曰“國策”，或曰“國事”，或曰“短長”，或曰“事語”，或曰“長書”，或曰“修書”。劉向以爲戰國時游士輔所用之國，爲之策謀，宜爲《戰國策》。

［16］【今注】太中大夫：官名。秦置，居諸大夫之首。西漢武帝太初元年（前104）置，次於光禄勳，秩比千石。掌顧問應對、參謀議政、奉詔出使。東漢秩千石。　陸賈：楚人。能言善辯。漢初使南越臣服，封太中大夫。參與立漢文帝。撰《新語》《楚漢春秋》。傳見《史記》卷九七、《漢書》卷四三。

［17］【今注】楚漢春秋：書名。陸賈撰。載劉邦、項羽以及

漢惠帝至文帝時事。

[18]【今注】孝武：西漢武帝劉徹。《漢書》卷二《惠帝紀》顏師古注："孝子善述父之志，故漢家之謚，自惠帝已下皆稱孝也。"

[19]【今注】太史令：官名。漢九卿之一太常屬官。掌天文曆法。記録節日禁忌、瑞應災異。秩六百石。

[20]【李賢注】武帝太始二年（太，大德本、殿本作"泰"，二字可通），登隴首，獲白麟，遷作《史記》，絶筆於此年也。

[21]【今注】本紀：按世系和紀年載帝王事迹、國家大事，共十二篇，仿《春秋》十二公。　世家：載世襲諸侯封國家世、事迹。與本紀内容相似，但等級次之。如孔子、陳勝等著名人物也列入世家。共三十篇。　列傳：記載重要人物事迹的傳記，使傳於後世。有的列傳載周邊少數民族及國家。共七十篇。　書：按類别記載的國家政治、經濟、文化等重要制度，共八篇。　表：以表格按時間記載世系、事件等，與紀、傳互爲補充，共十篇。

[22]【李賢注】十篇謂遷歿之後，亡《景紀》《武紀》《禮書》《樂書》《兵書》《將相年表》《日者傳》《三王世家》《龜策傳》《傅靳列傳》。

[23]【今注】漢元：公元前 206 年。此處書"漢元年"，指正統屬於漢朝。

[24]【今注】術學：古代關於天文、曆法等方面的學問。

[25]【李賢注】黄帝、老子，道家也。五經，儒家也。遷《序傳》曰："道家使人精神專一，動合無形，贍足萬物。"此謂崇黄老也。又曰："儒者博而寡要，勞而少功。"此爲薄五經也。【今注】黄老：依托黄帝、老子的學説。黄老是道家的一個派别，形成於戰國後期，實際是對道家、儒家、法家思想的綜合。漢初統治者用黄老思想治理國家，在政治上主張清静無爲、衣食足、節民力，與漢初社會恢復發展的要求相適應。　五經：《易》《書》《詩》《儀禮》《春秋》。代指儒家學説。

[26]【今注】貨殖：經營商業而獲利。

[27]【李賢注】《史記·貨殖傳序》曰："家貧親老，妻子輭弱，歲時無以祭祀，飲食被服不足以自適，如此不慙恥，則無所比矣。無巖處奇士之行，而長貧賤，語仁義，亦足羞也。"

[28]【今注】游俠：古代重義輕利，誠信守諾，能救人於危難的人。《史記》卷一二四《游俠列傳》載，所謂游俠，其行爲並不符合當時社會上的法律規範，但他們説話必守信用，辦事必有成效，答應好的事情一定兑現，不愛惜自己的生命，而願使他人脱離危難。既已使人獲救於危難之中，也不誇耀自己的功勞，並羞於稱道自己的恩德。因此，他們有很多可以稱頌的地方。

[29]【李賢注】《史記·游俠傳序》曰："季次、原憲行君子之德，義不苟合當世，當世亦笑之。終身空室蓬户，褐衣疏食不饜。今游俠（大德本無'今'字），其行雖不軌於正義，然其言必信，於行必果（於，殿本作'其'），已諾必誠，不愛其軀，赴士之厄，蓋有足多者（多，大德本、殿本作'道'）。今拘學或抱咫尺之義，久孤於世，豈若卑論齊俗，與世沈浮而取榮名哉（沈，大德本作'沉'）！"

[30]【今注】大敝傷道：指司馬遷崇黄老、輕仁義、賤守節的做法損害儒家道德。《漢書》卷六二《司馬遷傳》載："又其是非頗繆於聖人，論大道則先黄老而後六經，序游俠則退處士而進姦雄，述貨殖則崇勢利而羞賤貧，此其所蔽也。"

[31]【李賢注】極刑謂遷被腐刑也。遷與任安書曰："最下腐刑，極矣！"

[32]【今注】野，殿本作"俚"。

[33]【今注】案，此五句指司馬遷《史記》擅於講述事情的道理，能言善辯而不用華麗的詞藻，詞句質樸而不流於鄙俗，文字直白叙事準確，可稱作良史之才。又見於《漢書·司馬遷傳》，作"皆稱遷有良史之材，服其善序事理，辨而不華，質而不俚，其文直，其事核，不虛美，不隱惡，故謂之實録"。

[34]【李賢注】《易》曰："顏氏之子，其殆庶幾乎！"【今注】案，此三句指聖人知幾，顏子亞聖未能知幾，但殆近庶慕而已，故云其殆庶幾。

夫百家之書，猶可法也。若《左氏》《國語》《世本》《戰國策》《楚漢春秋》《太史公書》，[1]今之所以知古，後之所由觀前，聖人之耳目也。[2]司馬遷序帝王則曰"本紀"，[3]公侯傳國則曰"世家"，卿士特起則曰"列傳"。[4]又進項羽、陳涉而黜淮南、衡山，[5]細意委曲，[6]條列不經。[7]若遷之著作，採獲古今，貫穿經傳，至廣博也。一人之精，文重思煩，[8]故其書刊落不盡，尚有盈辭，多不齊一。[9]若序司馬相如，[10]舉郡縣，著其字，至蕭、曹、陳平之屬，[11]及董仲舒竝時之人，[12]不記其字，或縣而不郡者，蓋不暇也。[13]今此後篇，[14]慎覈其事，[15]整齊其文，不爲世家，唯紀、傳而已。傳曰："殺史見極，[16]平易正直，《春秋》之義也。"

[1]【今注】太史公書：《史記》原名《太史公書》。東漢末以後始稱《史記》。見前注。

[2]【今注】聖人：對帝王的尊稱。指天子。

[3]【今注】序：排列次第。

[4]【今注】卿士：指執政的王卿。《左傳》隱公三年："鄭武公、莊公爲平王卿士。"杜預注："卿士，王卿之執政者。"　特起：突起、崛起。

[5]【李賢注】謂遷著《項羽本紀》。又陳涉起於蘄畝（蘄，

大德本、殿本作"隴"，二字可通），數月被殺，無子孫相繼，著爲世家，淮南、衡山，漢室之王胤，當世家而編之列傳，言進退之失也（失，大德本誤作"天"）。【今注】項羽：名籍，字羽，下相（今江蘇宿遷市西南）人。與叔父項梁起兵響應陳勝。項梁死後，項羽立楚懷王孫爲楚懷王，在鉅鹿擊敗秦軍。秦亡後自立爲西楚霸王，分封十八諸侯。後在垓下被劉邦擊敗，在烏江自殺。紀見《史記》卷七，傳見《漢書》卷三一。　陳涉：名勝。秦末首先反秦的起義首領。公元前 209 年，與吳廣在大澤鄉率衆起義。建立張楚政權。並派部將周文西擊秦，後爲莊賈所殺。世家見《史記》卷四八，傳見《漢書》卷三一。　淮南：劉長。劉邦少子。西漢高祖十一年（前 196）立爲淮南王。其入朝在文帝三年（前 177）。因驕橫不法，陰謀反叛，被貶謫蜀地，途中絶食而死。謚厲王。傳見《漢書》卷四四。　衡山：劉賜。劉長之子。西漢文帝八年封陽周侯。十六年封廬江王。景帝四年（前 153）爲衡山王。武帝元朔六年（前 123）因謀反被殺。傳見《漢書》卷四四。

　［6］【今注】細意委曲：指隱晦曲折。

　［7］【今注】條列不經：指《史記》本紀、世家的某些篇目設置不符合儒家標準。

　［8］【今注】文重思煩：文字重複、思慮混亂。煩，同"繁"。紛繁雜亂。

　［9］【李賢注】刊，削也。謂削落繁蕪，仍有不盡。

　［10］【今注】司馬相如：字長卿，蜀郡成都（今四川成都市）人。善辭賦。西漢景帝時爲武騎常侍。武帝任爲郎，以中郎將通西南夷。後爲孝文園令。撰《子虛賦》《上林賦》《大人賦》等。傳見《漢書》卷五七。

　［11］【今注】蕭：蕭何，沛縣（今江蘇沛縣）人。初爲沛縣吏。從劉邦入咸陽。後爲丞相，薦韓信爲大將。封酇侯。世家見《史記》卷五三，傳見《漢書》卷三九。　曹：曹參，沛（今江蘇沛縣）人。秦時爲沛縣獄吏，遷將軍。漢初封平陽侯。繼蕭何爲丞相。謚懿侯。世家見《史記》卷五四，傳見《漢書》卷三九。

陳平：陽武（今河南原陽縣）人。先爲魏王咎太僕，後從項羽，任都尉。歸劉邦，任護軍中尉。善計謀。高祖六年，封曲逆侯。惠帝、呂后時任丞相。後與周勃誅諸呂，迎立文帝。世家見《史記》卷五六，傳見《漢書》卷四〇。

[12]【今注】董仲舒：廣川（今河北棗强縣東）人。治《公羊春秋》。以舉賢良文學，上《天人三策》。孝景帝時爲博士。武帝采納其議，下令罷黜百家，獨尊儒術。後任江都、膠西相。傳見《史記》卷一二一、《漢書》卷五六。

[13]【李賢注】《史記》"衞青者，平陽人也"，"張釋之，堵陽人"，竝不顯郡之類也。

[14]【今注】今此後篇：班彪所撰《史記後傳》。

[15]【今注】慎覈其事：歷代對於《漢書》文學性的考察不如《史記》豐富，主要原因在於《漢書》叙事工簡，體例嚴整。

[16]【今注】殺史見極：殺其繁辭以成簡嚴之體。

　　彪復辟司徒玉況府。[1]時東宫初建，諸王國竝開，[2]而官屬未備，師保多闕。[3]彪上言曰：

[1]【李賢注】玉音肅。【今注】司徒：官名。三公之一。西漢哀帝元壽二年（前1），正三公官分職，改丞相爲大司徒。王莽托古改制，重新確定三公分職。東漢光武帝建武二十七年（51），去"大"字，稱司徒。掌全國民政、教化等事宜。秩萬石。東漢三公名稱固定爲太尉、司徒、司空。沈欽韓《後漢書疏證》説，此時"司徒"上有"大"字。　玉況：京兆（今陝西西安市）人。曾任陳留太守。東漢光武帝建武二十三年爲司徒。二十七年薨。

[2]【李賢注】建武二十三年玉況爲司徒，十九年建明帝爲太子，十七年封諸王（王，紹興本誤作"五"）。【今注】東宫：太子所居之地。代指太子。

[3]【今注】師保："師""保"合稱。負責輔導、協助君王和

太子。傳説虞、夏始置，商、周沿置。《禮記·文王世子》：“師也者，教之以事，而喻諸德者也；保也者，慎其身以輔翼之，而歸諸道者也。《記》曰：虞、夏、商、周有師保，有疑丞。”

　　孔子稱“性相近，習相遠也”。[1]賈誼以爲“習與善人居，不能無爲善，猶生長於齊，不能無齊言也。習與惡人居，不能無惡，猶生長於楚，不能無楚言也”。[2]是以聖人審所與居，而戒慎所習。[3]昔成王之爲孺子，[4]出則周公、邵公、太公史佚，[5]入則大顛、閎夭、南宮括、散宜生，[6]左右前後，禮無違者，[7]故成王一日即位，天下曠然太平。[8]是以《春秋》“愛子教以義方，不納於邪。驕奢淫佚，所自邪也”。[9]《詩》云：“詒厥孫謀，以宴翼子。”言武王之謀遺子孫也。[10]

　　［1］【李賢注】見《論語》。【今注】案，此二句見《論語·陽貨》。

　　［2］【李賢注】賈誼上疏之辭。【今注】賈誼：洛陽（今河南洛陽市）人。著《吊屈原賦》《鵩鳥賦》《過秦論》《陳政事疏》等。今傳有《賈長沙集》《新書》。傳見《漢書》卷四八。　案，該段文字見《漢書·賈誼傳》，原文作“夫習與正人居之，不能毋正，猶生長於齊不能不齊言也；習與不正人居之，不能毋不正，猶生長於楚之地不能不楚言也”。不能無惡，中華本校勘記認爲，當據補一“爲”字。王先謙《後漢書集解》即作“不能無爲惡”。

　　［3］【今注】戒慎：警惕謹慎。《禮記·中庸》：“是故君子戒慎乎其所不睹，恐懼乎其所不聞。”

　　［4］【今注】成王：周成王，姬姓，名誦，周武王子。即位時年幼，由周公攝政，平定武庚、管叔、蔡叔之亂。營建洛邑。　孺

子：幼子。

[5]【今注】周公：周武王弟。姬姓，名旦。以周地爲采邑，故謂周公。輔佐武王伐紂滅商。周初被封於魯，留在朝中輔政。成王年幼，行攝政。平定管叔、蔡叔、霍叔聯合武庚的叛亂。分封諸侯，興建洛邑，制禮作樂。成王年長後，返政於成王。　邵公：即召公。姬姓，名奭。食邑於召，故稱召公。封於燕。留在朝中輔政。成王時任太保。　太公史佚：西周太史。或作册逸、尹佚、尹逸。武王滅商後，史佚爲策祝。成王削桐葉爲圭與弟叔虞，後史佚因請擇日立叔虞。成王以爲戲言，史佚以天子無戲言勸諫，成王封叔虞於唐。歷武王、成王、康王三世。案，大德本無“公”字。

[6]【今注】案，大顚、閎夭、散宜生等一同歸文王。商紂囚西伯於羑里。閎夭等以有莘氏美女、驪戎之文馬、有熊九駟等珍奇之物，通過殷嬖臣費仲而獻之紂。使商紂赦免文王。武王伐紂時，散宜生、大顚、閎夭皆執劍以衛武王。滅商後，命閎夭封比干之墓。武王滅商，命南宮括散鹿臺之財，發鉅橋之粟，以振貧弱萌隸。命南宮括、史佚展九鼎保玉。《漢書·古今人表》云，此四人爲文王之四友。大顚，大德本、殿本作“太顚”。

[7]【李賢注】《左傳》曰：“自郊勞至於贈賄，禮無違者。”

[8]【今注】曠然太平：天下臣服，沒有叛亂等事。

[9]【李賢注】《左傳》衞大夫石碏諫衞莊公之辭也。【今注】案，《左傳》隱公三年石碏諫曰：“臣聞愛子，教之以義方，弗納於邪，驕奢淫泆，所自邪也。”

[10]【李賢注】《詩·大雅》也。詒，遺也。宴，安也。翼，敬也。言文王遺其孫以善謀，武王以安敬之道遺其子。子謂成王也。

　　漢興，大宗使鼌錯導大子以法術，[1]賈誼教梁王以《詩》《書》。[2]及至中宗，亦令劉向、王褒、蕭望之、周堪之徒，以文章儒學保訓東宫以下，[3]

莫不崇簡其人，[4]就成德器。今皇太子諸王，雖結髮學問，[5]脩習禮樂，而傅相未值賢才，[6]官屬多闕舊典。宜博選名儒有威重明通政事者，[7]以爲太子太傅，[8]東宮及諸王國，備置官屬。又舊制，太子食湯沐十縣，[9]設周衞交戟，[10]五日一朝，因坐東箱，省視膳食，其非朝日，使僕、中允旦旦請問而已，明不媒黷，廣其敬也。[11]

[1]【李賢注】文帝時鼂錯爲博士，上言曰：“人主所以顯功揚名者，以知術數也。今皇大子所讀書多矣（大子，紹興本、大德本、殿本作‘太子’），而未知術數。願陛下擇聖人之術以賜太子。”上善之（善，大德本作“言”），拜錯爲太子家令。【今注】大宗：西漢文帝劉恒，公元前180年至前157年在位。廟號太宗，謚號孝文。紀見《史記》卷一〇、《漢書》卷四。《漢書》卷五《景帝紀》載，景帝元年（前156），丞相申屠嘉等議：“世功莫大於高皇帝，德莫盛於孝文皇帝。高皇帝廟宜爲帝者太祖之廟，孝文皇帝廟宜爲帝者太宗之廟。天子宜世世獻祖宗之廟。郡國諸侯宜各爲孝文皇帝立太宗之廟。諸侯王列侯使者侍祠天子所獻祖宗之廟。”應劭曰：“始取天下者爲祖，高帝稱高祖是也。始治天下者爲宗，文帝稱太宗是也。”師古曰：“應說非也。祖，始也，始受命也。宗，尊也，有德可尊。”案，紹興本、大德本、殿本作“太宗”。　鼂錯：又作晁錯、朝錯，潁川（今河南禹州市）人。學申、商刑名之學。文帝時，以文學爲太常掌故，奉命從伏生受《尚書》。後爲太子家令，爲太子信用。西漢景帝時，任内史，遷御史大夫。主張削藩。吳楚七國反時，被斬於市。傳見《史記》卷一〇一、《漢書》卷四九。　大子：即後來的景帝劉啓。紀見《史記》卷一一、《漢書》卷五。案，大子，紹興本、大德本、殿本作“太子”。　法術：漢代儒學融合道家、法家和陰陽五行等學說，爲加

強統治而形成的理論、方法。

[2]【李賢注】賈誼爲梁王太傅。梁王，文帝之少子，名揖，愛而好書，故今誼傳之（今，大德本、殿本作"令"）。【今注】梁王：劉揖。西漢文帝少子。公元前 178 年立爲梁王。好《詩》《書》，文帝愛之異於他子。立十年因墮馬死，謚懷王。傳見《漢書》卷四七。

[3]【李賢注】中宗，宣帝也。時元帝爲太子，宣帝使王襃、劉向、張子僑等之太子宮，娛侍太子朝夕讀誦，蕭望之爲太傅，周堪爲少傅。竝見《前書》。【今注】中宗：西漢宣帝劉詢，公元前 74 年至前 49 年在位。中宗是其廟號。紀見《漢書》卷八。《漢書》卷一二《平帝紀》載，元始四年（4），尊孝宣廟爲中宗，孝元廟爲高宗，天子世世獻祭。 劉向：字子政，本名更生，沛（今江蘇沛縣）人。先爲諫大夫，以能屬文辭，獻賦頌數十篇。受《穀梁春秋》，講論五經於石渠閣。西漢元帝時，任宗正。成帝時，更名爲劉向，遷光禄大夫，至中壘校尉。領校中《五經》秘書。撰《別録》《洪範五行傳論》等。《隋志》載，劉向作《列仙傳》《列士傳》。傳見《漢書》卷三六。 王襃：字子淵，西漢蜀（今四川成都市）人。以辭賦著稱。宣帝時益州刺史王襄召見，使作《中和》《樂職》《宣布詩》三篇以頌漢德，後傳之於京師，爲宣帝所聞，被徵召擢爲諫大夫。又侍太子，作《甘泉》《洞簫頌》。後宣帝使往益州祭祀，死於道。傳見《漢書》卷六四。 蕭望之：字長倩，東海蘭陵（今山東蘭陵縣西南）人。後徙杜陵。治《齊詩》，又從夏侯勝問《論語》，時稱名儒。曾主持石渠閣會議，評定儒生對《五經》的解釋。傳見《漢書》卷七八。 周堪：字少卿，西漢齊郡（今山東淄博市）人。從夏侯勝受今文《尚書》。宣帝時，參與石渠閣會議論定五經，因學識優異，爲太子少傅。元帝即位，爲光禄大夫，與太傅蕭望之並領尚書事，同心輔政。爲中書令石顯等所譖，免官。後又爲光禄勳，左遷河東太守，後復拜爲光禄大夫，領尚書事。以受制於石顯，含恨而死。傳見《漢書》卷八八。

[4]【今注】崇簡：鄭重選擇。

[5]【今注】結髮：束髮，扎結頭髮。古代男子二十歲束髮而冠，女子十五歲束髮而笄，表示成年。男女成年的標志分別爲"加冠""加笄"。

[6]【今注】傅相：古稱輔導國君、諸侯王之官。漢諸侯國有太傅。西漢景帝中元五年（前145）令諸侯王不得治國，改丞相曰相，通稱傅相。

[7]【今注】宜博選名儒有威重明通政事者：從有名的儒者中選擇有威望、能持重，明通政事的人。

[8]【今注】太子太傅：官名。職掌輔導太子。禮如師，不領官屬。秩中二千石。

[9]【今注】太子食湯沐十縣：周制，諸侯朝天子，天子賜以王畿內的土地，作爲供住宿和齋戒沐浴的封邑，稱湯沐邑。皇帝，皇后、公主等收取賦稅的私邑，也叫湯沐邑。這裏指的是太子收取賦稅的私邑。本書卷一〇上《皇后紀上》李賢注："湯沐者，取其賦稅以供湯沐之具也。"

[10]【今注】周衛交戟：四周的護衛持戟相交。

[11]【李賢注】《漢官儀》曰："皇太子五日一至臺，因坐東箱，省視膳食，以法制勅太官尚食宰史，其非朝日，使僕、中允旦旦請問，明不媟黷，所以廣敬也。太子僕一人，秩千石；中允一人，四百石，主門衛徼巡。"【今注】東箱：房屋正寢的東室。《漢書》卷四二《周昌傳》師古注："正寢之東西室皆曰箱，言似箱篋之形。" 僕：詹事。秦官，掌皇后、太子家事。皇太后、太子宮所置，冠以官名，如長信詹事掌皇太后宮。西漢景帝中元六年更名少府。成帝鴻嘉三年（前18）省，併入大長秋。綏和二年（前7），置皇太后、皇后詹事。平帝元始四年更名長樂少府。東漢省。

中允：官名。皇太子屬官，掌侍從禮儀、駁正啓奏等事。本書《百官志四》作"太子中盾一人，四百石。本注曰：主周衛徼循"。

媟黷：褻狎、輕慢。即不恭敬、不嚴肅。

書奏，帝納之。

後察司徒廉爲望都長，吏民愛之。[1]建武三十年，年五十二，卒官。所著賦、論、書、記、奏事合九篇。[2]

[1]【李賢注】察，舉也。司徒薦爲廉。【今注】察司徒廉：司徒薦舉爲廉。察，選拔，舉薦。廉，孝廉。 望都：縣名。治所在今河北望都縣西北。

[2]【今注】賦：文體名。以大量華麗的詞句，張揚文采，細致地描寫事物，並表達思想感情。《漢書·藝文志》："傳曰：'不歌而誦謂之賦，登高能賦可以爲大夫'。" 論：文體名。用於議論。明吳訥《文章辨體序説》：論有二體，一曰史論，乃史臣於傳末作論議，以斷其人之善惡，若司馬遷之論項籍、商鞅；二曰論，則學士大夫議論古今時世人物，或評經史之言，正其訛謬，如賈生之論秦過，江統之議徙戎，柳子厚之論守道、守官。 書：文體名。指書信。《文心雕龍·書記》："所以記時事也。蓋聖賢言辭，總爲之書，書之爲體，主言者也。揚雄曰：'言，心聲也；書，心畫也。聲畫形，君子小人見矣。'故書者，舒也。舒布其言，陳之簡牘，取象於夬，貴在明決而已。" 記：文體名。叙事文體。多記人事、山水、景物等，以叙事爲主，兼有議論。 奏事：文體名。古代臣下寫給皇帝用於論事的文書。 案，《文心雕龍·才略篇》曰："二班、兩劉，弈葉繼采，舊説以爲固文優彪，歆學精向，然《王命》清辯，《新序》該練，璿璧産於崑岡，亦難得而逾本矣。"《隋書·經籍志》："後漢徐令《班彪集》二卷，梁五卷。"《舊唐書·經籍志》著録二卷，《新唐書·藝文志》作三卷。已佚。民國張鵬一輯《扶風班氏佚書》三卷，卷一即《叔皮集》，收入《關隴叢書》。今存《覽海賦》《北征賦》《王命論》《史記論》等十餘篇。

二子：固，超。[1]超別有傳。

[1]【今注】超：班超，字仲升，扶風平陵（今陝西咸陽市西北）人。班彪少子。傳見本書卷四七。

論曰：班彪以通儒上才，[1]傾側危亂之間，[2]行不踰方，[3]言不失正，仕不急進，貞不違人，[4]敷文華以緯國典，[5]守賤薄而無悶容。[6]彼將以世運未弘，[7]非所謂賤焉恥乎？[8]何其守道恬淡之篤也！[9]

[1]【今注】通儒：通曉古今，學識淵博而又能經世致用的儒者。　上才：具有上等才能的人。

[2]【今注】傾側危亂：王朝覆滅，面臨危險和動亂。指新莽末年戰亂。

[3]【李賢注】《論語》孔子曰："可謂仁之方。"鄭玄注云："方猶道也。"【今注】案，見《論語·雍也》："夫仁者，己欲立而立人，己欲達而達人，能近取譬，可謂仁之方也已。"方，規矩。

[4]【今注】案，"行不踰方"四句，謂行爲舉止不違背禮法，言語不偏離正道，爲官不追求很快升遷，品性正直不違背人情。

[5]【今注】敷文華以緯國典：鋪陳優美的文章以編撰成國家的典籍。緯，原指編織物的橫綫，此處指編寫。

[6]【今注】守賤薄而無悶容：抱守着低賤的職位而沒有愁容。

[7]【今注】世運未弘：時運不佳，未能實現自己的愿望。

[8]【今注】非所謂賤焉恥乎：並非以貧賤爲恥辱。

[9]【李賢注】孔子曰："邦有道，貧且賤焉恥也。"言彪當中典之初（典，紹興本、大德本、殿本作"興"，是），時運未泰，故不以貧賤爲恥，何守道清靜之固也！恬淡猶清靜也。篤，固也。【今注】何其守道恬淡之篤：恬靜淡泊地堅守道義是多么真誠。

固字孟堅。年九歲，能屬文誦詩賦，[1]及長，遂博貫載籍，[2]九流百家之言，無不窮究。[3]所學無常師，不爲章句，[4]舉大義而已。性寬和容衆，不以才能高人，諸儒以此慕之。[5]

[1]【今注】屬文：撰寫文章。

[2]【今注】載籍：書籍、典籍。

[3]【李賢注】九流謂道、儒、墨、名、法、陰陽、農、雜、縱橫。【今注】九流百家：九流指儒、道、陰陽、法、名、墨、縱橫、雜、農九個流派，百家指九流中一人之書即爲一家。泛指各種學術流派（參見李鋭《"六家""九流十家"與"百家"》，《中國哲學史》2005 年第 3 期）。但有學者指出，當指除儒家之外的八家，再加上小説家（劉洪强《〈漢書·藝文志〉"可觀者九家"包括"小説家"考證》，《内江師範學院學報》2017 年第 7 期）。

[4]【今注】章句：漢代學者將經書劃分章節、斷明句讀，是解説經文辭旨義的一種教授方式。

[5]【李賢注】《謝承書》曰："固年十三，王充見之，拊其背謂彪曰：'此兒必記漢事。'"

永平初，[1]東平王蒼以至戚爲驃騎將軍輔政，[2]開東閣，[3]延英雄。時固始弱冠，[4]奏記説蒼曰：[5]

[1]【今注】永平：東漢明帝劉莊年號（58—75）。

[2]【今注】東平王蒼：劉蒼。東漢光武帝子，明帝同母弟。傳見本書卷四二。　至戚：劉蒼爲東漢明帝同母弟，故稱至戚。驃騎將軍：武官名。西漢武帝元狩二年（前 121）始置，爲重號將軍，僅次於大將軍。東漢位比三公，地位尊崇。明帝初，以劉蒼爲驃騎將軍，因爲是諸侯王，故位在三公之上，以示優寵。

[3]【今注】東閣：漢代丞相、公侯及郡守府東向開的小門。殿本作“東閣”。《漢書》卷五八《公孫弘傳》顏師古注曰：“閣者，小門也，東向開之，避當庭門而引賓客，以別於據史官屬也。”

[4]【今注】弱冠：古代男子年滿二十歲加冠，稱爲“弱冠”。《禮記·曲禮上》：“二十曰弱冠。”唐孔穎達正義：“二十成人，初加冠，體猶未壯，故曰弱也。”後泛指男子二十歲左右的年紀。

[5]【李賢注】奏，進也。記，書也。《前書》待詔鄭朋奏記於蕭望之，奏記自朋始也。【今注】奏記：漢代下級官吏對三公、百姓向公府等長官用書面陳述意見。

　　將軍以周、邵之德，[1]立乎本朝，承休明之策，[2]建威靈之號，[3]昔在周公，今也將軍，《詩》《書》所載，未有三此者也。[4]傳曰：“必有非常之人，然後有非常之事；有非常之事，然後有非常之功。”[5]固幸得生於清明之世，豫在視聽之末，[6]私以螻螘，竊觀國政，[7]誠美將軍擁千載之任，躡先聖之蹤，[8]體弘懿之姿，[9]據高明之執，博貫庶事，服膺六藝，[10]白黑簡心，求善無猒，[11]採擇狂夫之言，不逆負薪之議。[12]竊見幕府新開，[13]廣延群俊，四方之士，顛倒衣裳。[14]將軍宜詳唐、殷之舉，審伊、皋之薦，[15]令遠近無偏，幽隱必達，期於總覽賢才，收集明智，[16]爲國得人，以寧本朝。則將軍養志和神，[17]優游廟堂，[18]光名宣於當世，[19]遺列著於無窮。[20]

[1]【今注】案，邵，大德本、殿本作“召”。
[2]【今注】休明：美好清明。

[3]【李賢注】號驃騎將軍也。

[4]【李賢注】唯蒼與周公二人而已。

[5]【李賢注】司馬相如喻蜀之辭。【今注】案,見《漢書》卷五七下《司馬相如傳下》所載《難蜀父老檄》。

[6]【今注】豫在視聽之末:作爲皇帝提供顧問建議的小官吏。豫,參與。

[7]【李賢注】螻螘謂細微也。【今注】螻螘:比喻力量微弱、地位低微或無足輕重的人。

[8]【李賢注】千載謂自周公至明帝時千餘載也。先聖謂周公也。

[9]【今注】體弘懿之姿:體察弘大美好的姿態。

[10]【今注】六藝:禮、樂、射、御、書、數。

[11]【李賢注】《淮南子》曰:“聖人見是非,若白黑之別於目。”《左傳》曰“求善不猒”也。【今注】白黑簡心:明辨黑白是非。簡心,關心、留意。 求善無猒:追求善事,沒有滿足。

[12]【李賢注】負薪,賤人也。《三略》曰“負薪之諾(諾,殿本作‘語’),廊廟之言”也。【今注】案,“採擇狂夫之言”二句,采納放蕩不羈的人的話,不拒絕地位低微的人的建議。擇,大德本誤作“釋”。

[13]【今注】幕府:官署名。古代軍隊出征,居處以幕帳爲官署,故稱。漢時每任命一位將軍,則新設一幕府,並廣延人才以爲僚屬。

[14]【李賢注】《詩》曰:“東方未明,顛倒衣裳。”言士爭歸之忽遽也(忽,大德本、殿本作“急”)。【今注】顛倒衣裳:指人才爭着歸附。《毛詩正義》卷五《東方未明》:“上曰衣,下曰裳。箋云:挈壺氏失漏刻之節,東方未明而以爲明,故群臣促遽,顛倒衣裳。群臣之朝,別色始入。”別色,指黎明。通“辨色”。謂天色將明,能辨清東西的時候。

[15]【李賢注】堯舉皋陶,湯舉伊尹。【今注】案,“詳唐殷

之舉” 二句，唐，唐堯，上古人物。姓伊祁氏，名放勳，號陶唐。初封於陶，又封爲唐侯，高唐氏部落首領。在位命羲和定曆法，設諫言之鼓，置四嶽（四方諸侯），命鯀治水患。後禪讓於舜。皋陶生於堯時，後被舜任命爲掌管刑法的理官。伊，伊尹，名阿衡，又名摯。商湯時大臣。尹爲官名。與湯言素王及九主之事。湯舉任以國政。作《女鳩》《女房》《咸有一德》。湯崩後，輔佐外丙、仲壬。立太甲，後放太甲於桐。又作《伊訓》《肆命》《徂后》《太甲訓》等。帝沃丁時卒。審，大德本、殿本作“察”。

[16]【今注】案，集，殿本作“習”。

[17]【今注】養志和神：涵養心志，和悅心神。

[18]【今注】廟堂：太廟的明堂。古代帝王祭祀、議事的地方。代指朝廷。

[19]【今注】光名宣於當世：美名流傳於當時。名，殿本作“明”。

[20]【今注】遺列著於無窮：遺留的功業顯著於後世。列，紹興本、大德本、殿本作“烈”。

　　竊見故司空掾桓梁，[1]宿儒盛名，[2]冠德州里，[3]七十從心，行不踰矩，[4]蓋清廟之光暉，當世之俊彥也。[5]京兆祭酒晉馮，[6]結髮修身，[7]白首無違，[8]好古樂道，[9]玄默自守，[10]古人之美行，時俗所莫及。扶風掾李育，[11]經明行著，[12]教授百人，客居杜陵，茅室土階。京兆、扶風二郡更請，[13]徒以家貧，數辭病去。溫故知新，論議通明，[14]廉清修絜，行能純備，[15]雖前世名儒，國家所器，韋、平、孔、翟，無以加焉。[16]宜令考績，[17]以參萬事。京兆督郵郭基，[18]孝行著於州里，經學稱於師門，[19]政務之績，有絕異之效。

如得及明時，[20]秉事下僚，[21]進有羽翮奮翔之用，退有杞梁一介之死。[22]涼州從事王雍，[23]躬卞嚴之節，文之以術藝，[24]涼州冠蓋，[25]未有宜先雍者也。古者周公一舉則三方怨，曰"奚爲而後己"。[26]宜及府開，以慰遠方。弘農功曹史殷肅，[27]達學洽聞，才能絕倫，誦《詩》三百，[28]奉使專對。[29]此六子者，皆有殊行絕才，德隆當世，如蒙徵納，以輔高明，[30]此山梁之秋，夫子所爲歎也。[31]昔卞和獻寶，以離斷趾，[32]靈均納忠，終於沈身，[33]而和氏之璧，千載垂光，屈子之篇，萬世歸善。願將軍隆照微之明，[34]信日昃之聽，[35]少屈威神，咨嗟下問，[36]令塵埃之中，[37]永無荆山、汨羅之恨。[38]

[1]【今注】司空掾：指司空府官員。公府諸曹的正長官稱掾，副長官稱屬。

[2]【今注】宿儒：素有聲望的博學之士。宿，年老的，久經其事的。

[3]【今注】州里：鄉里。古代以二千五百家爲州，五家爲鄰，五鄰爲里。

[4]【李賢注】《論語》孔子曰："七十而縱心所欲，不逾矩。"言恣心之所爲，皆闇合於法則。【今注】案，指雖從心所欲而不逾越法度。孔子這樣説，欲以勉人志學而善始令終。

[5]【李賢注】《詩·周頌》曰："於穆清廟，肅雍顯相，濟濟多士，秉文之德（秉，紹興本、大德本、殿本作'執'）。"鄭玄注曰："顯，光也。"言桓梁可參多士，助祭於清廟爲光暉也（暉，殿本作"輝"）。《爾雅》曰："髦，俊也。"美士爲彥。【今注】清廟：古代帝王的宗廟。　案，暉，殿本作"輝"，二字可通。

[6]【今注】京兆祭酒：官名。京兆尹屬官。典訓諭、掌教化。公卿州郡的佐官中功高者爲祭酒。　晉馮：《史通》言段肅與晉馮嘗撰《史記》，以續司馬遷之書。

[7]【今注】結髮：束髮。指初成年時。

[8]【今注】無違：指不要違反禮法、天道。

[9]【今注】好古樂道：喜愛古制，以守道爲樂。

[10]【今注】玄默：清静無爲。《文選·長楊賦》：“且人君以玄默爲神，淡泊爲德。”李周翰注：“玄默，無事也。”

[11]【李賢注】育字元春，見《儒林傳》。【今注】扶風掾：右扶風諸曹掾史。扶風，郡級政區名，亦爲官名。漢三輔之一。西漢武帝太初元年（前104）改主爵都尉置。相當於郡太守。治長安縣（今陝西西安市西北）。東漢移治槐里縣（今陝西興平市東南）。建武十五年（39）爲光武帝皇子右翊公劉輔封國。建武十七年劉輔封中山王，復爲右扶風郡。　李育：字元春，扶風漆（今陝西彬州市）人。少習《公羊春秋》。撰《難左氏義》。東漢章帝建初元年（76）爲議郎。四年參與白虎觀論五經，與賈逵辯《公羊》。遷尚書令、侍中。傳見本書卷七九下。

[12]【今注】經明行著：通曉經學，品行端正。《漢官儀》曰：“建初八年十二月己未，詔書辟士四科……二曰經明行脩，能任博士……”

[13]【今注】京兆：郡級政區名，亦爲官名。西漢武帝太初元年改右内史置。漢三輔之一。治長安縣（今陝西西安市西北）。據《三輔黄圖》，治所“在故城南尚冠里”。

[14]【今注】通明：通曉明瞭。《漢書》卷八四《翟方進傳》載，翟方進知能有餘，兼通文法吏事，以儒雅緣飾法律，號爲通明相。

[15]【今注】行能純備：德行與才能純正完備。

[16]【李賢注】韋賢、平當、孔光、翟方進也。流俗本“平”字作“玄”，誤。【今注】韋：韋賢，字長孺，西漢鄒縣（今山東鄒城市東南）人。爲人質樸少欲，篤志於學，爲鄒魯大儒。

被徵爲博士、給事中。爲昭帝授《詩》，遷光禄大夫、詹事、大鴻臚。因參預立漢宣帝，賜爵關内侯。後爲長信少府。本始三年（前71），爲丞相，封扶陽侯。謚節侯。傳見《漢書》卷七三。　平：平當，字子思，西漢平陵（今陝西咸陽市西北）人。少爲大行治禮丞，補大鴻臚文學。任順陽、栒邑縣令。以明經爲博士，遷給事中。遷丞相司直、朔方刺史、太中大夫給事中、長信少府、大鴻臚、光禄勳。因諫修昌陵，降爲鉅鹿太守、騎都尉。哀帝即位，任光禄大夫、光禄勳，後升御史大夫至丞相。賜爵關内侯。傳見《漢書》卷七一。　孔：孔光，字子夏，西漢魯國（今山東曲阜市）人。通經學。元帝時，爲諫大夫。成帝即位，爲博士、尚書僕射、尚書令，遷光禄大夫、給事中、光禄勳，領尚書。後任御史大夫、丞相，封博山侯。哀帝時，因阻止傅太后稱尊號，被免相，元壽元年（前2）拜光禄大夫，復爲丞相。傳見《漢書》卷八一。　翟：翟方進，字子威，汝南上蔡（今河南上蔡縣西南）人。讀經博士，受《春秋》。以射策甲科爲郎。舉明經，遷議郎。成帝河平中，轉博士，遷朔方刺史，遷丞相司直。永始二年（前15），遷御史大夫，擢爲丞相，封高陵侯。綏和二年（前7），以天象而自殺。謚恭侯。傳見《漢書》卷八四。

[17]【今注】考績：按一定標準考核官吏的成績。《尚書·舜典》："三載考績。三考，黜陟幽明。"孔傳："三年有成，故以考功。九歲則能否幽明有別，黜退其幽者，升進其明者。"

[18]【今注】督郵：官名。漢置，郡府屬吏。掌監屬縣、督送郵書，兼及案繫盜賊、點録囚徒、催繳租賦等。漢代每郡依據所轄縣多少，分東、西、南、北、中等五部（或二部、三部），分部循行。

[19]【今注】經學：即注經之學，爲闡釋儒家經典的學問。　師門：老師的門下。王充《論衡·量知》載"不入師門，無經傳之教"。

[20]【今注】明時：治世，政治清明的時代。

[21]【今注】秉事下僚：受任命爲屬吏。

[22]【李賢注】《説苑》曰："趙簡子遊於西河而歎曰：'安得賢士而與處焉？'舟人吉桑對曰：'鴻鵠高飛，所恃者六翮也。背上之毛，腹下之毳，加之滿把，飛不能爲之益高。不知門下左右客千人，亦有六翮之用乎？將盡毛毳也？'"又曰"齊莊公攻莒，杞梁與華周進鬭，壞軍陷陣，三軍不敢當。至莒城下，殺二十七人而死"也。【今注】案，見《説苑》卷八《尊賢》。今本"吉桑"作"古乘"。又見《新序》卷一《雜事·晉平公浮西河章》："晉平公浮西河，中流而歎曰：'嗟乎！安得賢士與共此樂者？'船人固桑進對曰：'君言過矣。夫劍産于越，珠産江漢，玉産昆山，此三寶者，皆無足而至，今君苟好士，則賢士至矣。'平公曰：'固桑，來。吾門下食客三千餘人，朝食不足，暮收市租；暮食不足，朝收市租。吾尚可謂不好士乎？'固桑對曰：'今夫鴻鵠高飛沖天，然其所恃者六翮耳。夫腹下之毳，背上之毛，增去一把，飛不爲高下。不知君之食客三千餘人，六翮耶？將腹背之毛毳也？'平公默然而不應焉。"

[23]【今注】涼州：西漢武帝元封五年（前106）置十三刺史部之一。東漢時治所在隴縣（今甘肅張家川回族自治縣）。

[24]【李賢注】卞嚴，卞莊子也。《新序》曰："卞莊子好勇，養母，戰而三北，交遊非之，國君辱之。莊子受命，顏色不變。及母死三年，齊與魯戰，莊子請從。至，見於將軍曰：'初獨與母處，是以戰而三北（三，大德本誤作"二"）。今母没矣，請塞責。'遂赴敵而鬭，獲甲首而獻，曰：'夫三北，以養母也。吾聞之，節士不以辱生。'遂殺十人而死。"《論語》孔子曰："卞莊子之勇，冉求之藝，文之以禮樂。"

[25]【今注】冠蓋：官吏。原指古代官吏的帽子和車蓋。

[26]【李賢注】孫卿子曰："周公東征，西國怨，曰：'何獨不來也！'南征而北國怨，曰：'何獨後我也！'"

[27]【李賢注】《固集》"殷"作"段"。【今注】弘農：郡名。治弘農縣（今河南靈寶市北故函谷關城）。　功曹史：郡國屬

吏。掌選署功勞、官吏賞罰任免。 殷蕭：曹金華《後漢書稽疑》認爲，李賢注：“《固集》‘殷’作‘段’。”當作“段”。《史通・五史篇》作“段蕭”，楊樹達謂“‘殷’與‘段’形近誤也”。惠棟《後漢書補注》卷一〇云，《隋書・經籍志》有段蕭注《春秋穀梁傳》十四卷。（曹金華：《後漢書稽疑》，中華書局 2014 年版，第 523 頁）

［28］【今注】詩三百：即《詩經》。詩歌總集。相傳原有三千餘篇，由孔子删定爲三百零五篇。按音樂特點分爲風、雅、頌三類。所載詩最早爲西周初年，最晚爲春秋中期。

［29］【今注】奉使專對：謂任使節時獨自隨機應答。《漢書》卷七二《王駿傳》師古曰：“專對謂見問即對，無所疑也。《論語》稱孔子曰：‘使於四方，不能專對，雖多亦奚以爲？’”

［30］【今注】高明：指王蒼。爲對人的敬詞。

［31］【李賢注】秋猶時也。《論語》孔子曰：“山梁雌雉，時哉！”

［32］【李賢注】離，被也。斷趾，刖足也。事見《韓子》。【今注】案，見《韓非子・和氏》。

［33］【李賢注】屈原，字靈均，納忠於楚，終不見信，自沈於汨羅之水而死。

［34］【今注】照微之明：光明能照到隱微之處。形容察見隱微。

［35］【李賢注】信音申。【今注】日昃之聽：聽取臣下的意見直到日頭西斜還不停止。昃，太陽偏西。大德本誤作“是”。

［36］【今注】咨嗟：讚歎。 下問：向比自己年齡小或輩分、地位、學問低的人請教。

［37］【今注】塵埃之中：指世俗民間。塵埃，塵俗。

［38］【今注】永無荆山汨羅之恨：指使有才能和價值的人不被埋没。荆山，指楚人卞和，於荆山（今湖北南漳縣西北武當山東南）得玉，獻於楚屬王、武王，但不被認可，遭刖刑。楚文王時，

卞和哭於荆山下，文王命人剖石得美玉。汨羅，指屈原遭排擠誹謗，投汨羅江（在今湖南汨羅市）而死。

蒼納之。

父彪卒，歸鄉里。固以彪所續前史未詳，乃潛精研思，[1]欲就其業。既而有人上書顯宗，[2]告固私改作國史者，有詔下郡，收固繫京兆獄，[3]盡取其家書。先是扶風人蘇朗僞言圖讖事，[4]下獄死。固弟超恐固爲郡所覈考，[5]不能自明，乃馳詣闕上書，[6]得召見，具言固所著述意，而郡亦上其書。顯宗甚奇之，召詣校書部，[7]除蘭臺令史，[8]與前睢陽令陳宗、長陵令尹敏、司隸從事孟異共成世祖本紀。[9]遷爲郎，[10]典校秘書。固又撰功臣、平林、新市、公孫述事，[11]作列傳、載記二十八篇，[12]奏之。帝乃復使終成前所著書。

[1]【今注】潛精研思：專心鑽研。案，李賢注引《謝承書》曰：“固年十三，王充見之，拊其背謂彪曰：‘此兒必記漢事。’”見前注。

[2]【今注】顯宗：東漢明帝劉莊，公元 57 年至 75 年在位。紀見本書卷二。

[3]【今注】京兆獄：監獄名。西漢置。爲京兆尹所治監獄。（參見宋傑《漢代監獄制度研究》，中華書局 2013 年版，第 106—110 頁）

[4]【今注】扶風人蘇朗僞言圖讖事：東漢光武帝建武中元元年（56），宣布圖讖於天下，確立了官定圖讖文本八十一篇，包括河洛讖、七經讖兩部分。對於私造圖讖，均視爲大逆之罪（參見張學謙《東漢圖讖的成立及其觀念史變遷》，《文史》2019 年第 4 輯）。

[5]【今注】覈考：審核考察。

[6]【今注】詣闕上書：漢代案件一般應按司法管轄逐級告劾，但如認爲蒙受冤獄，也可越級上書中央司法機關申冤。

[7]【李賢注】《前書》固敍傳曰（固敍，大德本作"叙圖"）："永平中爲郎，典校秘書。"【今注】校書部：官名。東漢置，即以郎官典校皇家秘籍圖書。中華本校勘記按："'校書部'疑當作'校書郎'。《御覽》卷五一五引正作'校書郎'，又《班超傳》云'兄固，被召詣校書郎'。"曹金華《後漢書稽疑》按，本傳云"召詣校書部，除蘭臺令史，與前睢陽令……共成《世祖本紀》，遷爲郎，典校秘書"，明其遷郎前非爲"郎"也。《初學記》卷二一引《東觀記》作"徵詣校書，除蘭臺令史，遷爲郎，典校秘書"，《後漢紀》卷一三作"徵詣校書部，除蘭臺令史"，皆爲佐證。（第524頁）

[8]【李賢注】《漢官儀》曰："蘭臺令史六人，秩百石，掌書劾奏。"【今注】蘭臺令史：官名。掌奏及印工文書，兼典校秘書。秩六百石。

[9]【今注】睢陽：縣名。治所在今河南商丘市南。 長陵：縣名。治所在今陝西咸陽市渭城區韓家灣鄉怡魏村。本爲漢高祖劉邦陵園（遺址在今陝西咸陽市窑店鎮三義村北），後因陵置縣。司隸從事：司隸校尉的屬吏。秩百石。 孟異：惠棟《後漢書補注》卷一〇，謂"異"當作"冀"，見馬援、杜林等傳。又引沈欽韓説，謂《史通·正史篇》作"孟冀"。 世祖：東漢光武帝劉秀廟號。光武中興，故廟稱世祖。建武中元二年三月丁卯，葬光武皇帝於原陵。有司奏上尊廟曰世祖。

[10]【今注】郎：官名。掌守宮門，備諮詢，出充車騎。東漢於光禄勳下設五官、左、右中郎將署，主管諸中郎、侍郎、郎中，實爲儲備人才的機構，其郎官多達二千餘人。

[11]【今注】功臣：《東觀漢記》卷一載："光武功臣鄧禹等二十八人皆爲侯，封餘功臣一百八十九人。"本書卷一下《光武帝紀下》載，建武十三年，"功臣增邑更封，凡三百六十五人"。吳

樹平《東觀漢記校注》卷四校勘記引《史通·古今正史篇》云：
"在漢中興，明帝始詔班固與睢陽令陳宗、長陵令尹敏、司隸從事
孟異作世祖本紀，並撰功臣及新市、平林、公孫述事，作列傳、載
記二十八篇。自是以來，春秋考紀亦以煥炳，而忠臣義士莫之撰
勒。於是又詔史官謁者僕射劉珍及諫議大夫李尤雜作記，表，名
臣、節士、儒林、外戚諸傳，起自建武，訖乎永初。事業垂竟而
珍、尤繼卒。復命伏無忌與諫議大夫黃景作諸王、王子、功臣、恩
澤侯表，南單于、西羌傳，地理志。"（吳樹平：《東觀漢記校注》，
中華書局 2008 年版，第 141 頁）　　平林：縣名。治所在今湖北隨
州市東北。本書卷一一《劉玄傳》："平林人陳牧、廖湛復聚衆千
餘人，號平林兵。"　　新市：即南新市。縣名。在今湖北京山縣東
北。王匡、王鳳、馬武及其支黨朱鮪、張卬等北入南陽，號新市
兵。　　公孫述：字子陽，扶風茂陵（今陝西興平市東北）人。更始
元年（23），攻克成都，自立爲蜀王。東漢光武帝建武元年（25）
稱帝，號成家。建武十一年，兵敗被殺。傳見本書卷一三。

　　[12]【今注】列傳：史書體裁之一。記載重要人物事迹的傳
記，使傳於後世。　　載記：史書體裁之一。記載不屬中央王朝的割
據政權的事迹。《四庫全書總目》稱："是實立乎中朝，以叙述列國
之名。"

　　　固以爲漢紹堯運，[1]以建帝業，至於六世，史臣乃
追述功德，[2]私作本紀，編於百王之末，厠於秦、項之
列，[3]太初以後，[4]闕而不録，故探撰前記，綴集所
聞，以爲《漢書》。起元高祖，終于孝平、王莽之
誅，[5]十有二世，二百三十年，[6]綜其行事，傍貫五
經，上下洽通，爲春秋考紀、表、志、傳凡百篇。[7]固
自永平中始受詔，潛精積思二十餘年，至建初中乃
成。[8]當世甚重其書，學者莫不諷誦焉。

[1]【今注】漢紹堯運：兩漢經師多認爲劉氏爲堯後，同爲
"火德"。《左傳》昭公二十九年："有陶唐氏既衰，其後有劉累。"
《漢書》卷一下《高祖紀下》："漢承堯運，德祚已盛，斷蛇著符，
旗幟上赤，協於火德，自然之應，得天統矣。"

[2]【李賢注】六代謂武帝，史臣謂司馬遷也。【今注】案，
指司馬遷撰《史記》。又案，中華本校勘記認爲，此注原誤置於
"史臣"之下，今移至此處。蓋正文"六世"句絕，"史臣"屬下
爲句，若注於"史臣"之下，則"史臣"二字當連"六世"爲句。

[3]【李賢注】《史記》起自黄帝，漢最居其末也。【今注】
厠於秦項之列：指《高祖本紀》列於《秦始皇本紀》《項羽本紀》
之後。秦，秦始皇。紀見《史記》卷六。項，項羽。紀見《史記》
卷七，傳見《漢書》卷三一。

[4]【今注】太初：西漢武帝劉徹年號（前104—前101）。司
馬遷《史記》記事斷至太初四年。

[5]【今注】孝平：西漢平帝劉衎，公元前1年至5年在位。
紀見《漢書》卷一二。　王莽：字巨君，魏郡元城（今河北大名
縣東北）人。西漢元帝皇后王政君侄子。孺子嬰初始元年（8）稱
帝，改國號爲新，年號始建國。傳見《漢書》卷九九。

[6]【李賢注】高、惠、吕后、文、景、武、昭、宣、元、
成、哀、平十二代也。并王莽合二百三十年。【今注】案，自西漢
高祖元年（前206）至新莽地皇四年（23）。

[7]【李賢注】紀十二，表八，志十，列傳七十，合百篇。
《前書音義》曰："春秋考紀謂帝紀也。言考覈時事，具四時以立
言，如《春秋》之經。"

[8]【今注】建初：東漢章帝劉炟年號（76—84）。

　　自爲郎後，遂見親近。時京師脩起宫室，[1]濬繕城
隍，[2]而關中耆老猶望朝廷西顧。[3]固感前世相如、壽
王、東方之徒，造搆文辭，終以諷勸，[4]乃上《兩都

賦》，盛稱洛邑制度之美，[5]以折西賓淫侈之論。[6]其辭曰：

[1]【今注】案，東漢明帝永平三年（60），起北宮及諸官府。八年十月，北宮成。

[2]【今注】城隍：城牆。《説文·阜部》："隍，城池也。有水曰池，無水曰隍。"

[3]【今注】關中：函谷關以西今陝西關中盆地一帶。東有函谷關，南有武關（今陝西商南縣南），西有散關（今陝西寶雞市西南），北有蕭關（今甘肅環縣西北）。關中父老仍希望朝廷西顧，建都長安（曹金華：《試論東漢的遷都思潮及其影響》，《江蘇社會科學》1992年第3期）。　耆老：受人尊敬的老人。古代以六十歲爲耆，七十歲爲老。

[4]【李賢注】相如作《上林》《子虛賦》，吾丘壽王作《士大夫論》及《驃騎將軍頌》，東方朔作《客難》及《非有先生論》，其辭竝以諷喻爲主也（喻，大德本、殿本作"諭"；主，大德本作"王"）。【今注】相如：司馬相如，字長卿，蜀郡成都（今四川成都市）人。西漢景帝時爲武騎常侍。武帝時拜文園令。善作賦。《漢書·藝文志》著録司馬相如賦二十九篇。傳見《史記》卷一一七、《漢書》卷五七。　壽王：吾丘壽王，字子贛，趙人。以善格五爲待詔。從董仲舒受《春秋》。善辭賦。《漢書·藝文志》著録《吾丘壽王賦》十五篇。其文有《駁公孫弘禁民挾弓弩》《説汾陰寶鼎》《驃騎論功論》三篇。傳見《漢書》卷六四上。

東方：東方朔，字曼倩，平原厭次（今山東惠民縣）人。善辭賦，性恢諧滑稽，然能直言切諫。《漢書》卷六五《東方朔傳》載，東方朔的文辭，以《答客難》《非有先生之論》二篇最善。其餘《封泰山》《責和氏璧》及《皇太子生禖》《屏風》《殿上柏柱》《平樂觀賦獵》，八言、七言上下，《從公孫弘借車》，凡劉向所録均是東方朔所撰，世間所傳其他事皆非。傳見《漢書》卷六五。

造搆文辭：撰寫辭賦。　諷勸：諷刺勸諫。

[5]【今注】洛邑：城名。指東漢都城洛陽。在今河南洛陽市。

[6]【今注】西賓：《西都賦》中虛擬的人物，即賦中西都賓的略稱。

　　有西都賓問於東都主人曰：[1] “蓋聞皇漢之初經營也，嘗有意乎都河洛矣。輟而弗康，寔用西遷，作我上都。主人聞其故而覘其制乎？”[2] 主人曰：“未也。願賓攄懷舊之蓄念，發思古之幽情，[3] 博我以皇道，[4] 弘我以漢京。”[5] 賓曰：“唯唯。”[6]

[1]【李賢注】中興都洛陽，故以東都爲主，而謂西都爲賓也。

[2]【李賢注】皇，大也。《尚書》曰：“厥既得吉上則經營（上，紹興本、大德本、殿本作‘卜’）。”高祖五年，劉敬說上都關中（劉，殿本作“婁”），上疑之。左右大臣皆山東人，多勸都洛陽，此爲有意都河洛矣。張良曰：“洛陽其中小不過數百里，四面受敵，非用武之國。關中金城千里，天府之國也。”於是上即日西都關中，此爲輟而弗康也。輟，止也。康，安也。【今注】皇漢：大漢。　河洛：指黃河與洛水之間的地區。　輟而弗康：指天子止於河洛，以爲不安，是以西遷長安。　寔用西遷：因此西遷至關中，都長安。　上都：首都。

[3]【李賢注】《廣雅》曰，攄，舒也。【今注】攄：抒發、表達。

[4]【今注】皇道：大道。指上古帝王治國的法則。《禮記正義》：“太上貴德”，孔穎達疏稱，《尚書中候·握河紀》云：“皇道

帝德，非朕所事。”是三皇行道，五帝行德。不同者，但德由道生，道爲其本，故道優於德。散而言之，德亦是道，故總云貴德。既三皇行道，五帝行德，以次推之，則三王行仁，五霸行義。

[5]【今注】漢京：漢朝都城長安。代指漢朝。

[6]【今注】唯唯：表示恭敬的應諾之詞。同“是，是”。

　　　漢之西都，在于雍州，[1] 寔曰長安。[2] 左據函谷、二崤之阻，表以泰華、終南之山。[3] 右界褒斜、隴首之險，帶以洪河、涇、渭之川。[4] 華實之毛，則九州之上腴焉；防禦之阻，則天下之奧區焉。[5] 是故橫被六合，三成帝畿，[6] 周以龍興，秦以虎視。及至大漢受命而都之也，[7] 仰寤東井之精，俯協河圖之靈，[8] 奉春建策，留侯演成，[9] 天人合應，以發皇明，乃眷西顧，寔惟作京。[10] 於是睎秦領，睋北阜，挾酆霸，據龍首。[11] 圖皇基於億載，度宏規而大起，[12] 肇自高而終平，世增飾以崇麗，歷十二之延祚，故窮奢而極侈。[13] 建金城其萬雉，呀周池而成淵，披三條之廣路，立十二之通門。[14] 內則街衢洞達，[15] 閭閻且千，九市開場，貨別隧分，人不得顧，車不得旋，闤城溢郭，傍流百廛，紅塵四合，煙雲相連。[16] 於是既庶且富，娛樂無疆，都人士女，殊異乎五方，游士擬於公侯，列肆侈於姬、姜。[17] 鄉曲豪俊游俠之雄，節慕原、嘗，名亞春、陵，連交合衆，騁騖乎其中。[18]

[1]【今注】雍州：古九州之一。在今陝西、甘肅和青海東部

地區。

[2]【李賢注】《前書音義》曰：“長安本秦之鄉名，高祖都焉。”【今注】長安：縣名。治所在今陝西西安市西北。西漢都於此。

[3]【李賢注】函谷，關名也。《左傳》曰“崤有二陵，其南陵夏后皇之墓（皇，紹興本、大德本、殿本作‘皋’，是），其北陵文王之所避風雨”，故曰二崤。太華，山也，《山海經》曰，華首之西六十里曰太華。終南，長安南山也。《詩》曰：“終南何有。”注云：“終南，周之名山中南也。”【今注】函谷：關名。有“故關”“新關”之分。“故關”在今河南靈寶市王垛村一帶，戰國秦置。其地南依崤山，北帶黃河，道路嵌在峽谷之中，自東至西形如函匣，故名函谷關，是河洛通往關中的必經之地。西漢武帝元鼎三年（前114），將關隘東徙至新安（今河南澠池縣東），是爲“新關”。　二崤：崤山東崤、西崤的合稱。在今河南洛寧縣西北。與函谷關並爲關中東部屏障。　泰華：山名。即今陝西境內華山。中華本校勘記謂：“‘太華’字本不作‘泰’，後人誤以爲范曄避其父諱，改‘泰’爲‘太’，遂並非諱改者而亦回改爲‘泰’。今據改。”　終南：山名。在今陝西西安市南四十多千米處。因此山在關中之南，處天下之中、都城之南，又稱“中南山”，爲漢代顯貴隱居游樂之所。

[4]【李賢注】褒斜，谷名，南口曰褒，北口曰斜，在今梁州。隴首，山名，在今秦州。洪，大也。【今注】褒斜：山谷名。在今陝西眉縣西南，爲古代秦嶺南北通道之一褒斜道之北口。　隴首：山名。今陝西寶雞市、隴縣與甘肅清水縣、張家川回族自治縣諸縣間的隴山，爲關中西部險要。　洪河：水名。泛指西漢都城長安北部的涇水、渭水等。　涇：水名。渭河支流。在今陝西中部。渭：水名。源出今甘肅渭源縣鳥鼠山，向東穿過陝西關中平原，在潼關注入黃河。案，《文選》此下有“衆流之隈，汧涌其西”語。胡紹煐《文選箋證》卷一認爲，《後漢書》無此二句。陳景雲

曰：李善對這八字沒有訓釋，疑與范書同有此二句者，恐係五臣本。梁章鉅《旁證》云：這種説法以西字與上川字非韻而疑之。按，西讀若遷，古音，同在元部，西與川未嘗非韻，然李善與五臣對於汧水皆無注，疑是後人以別本增之。

[5]【李賢注】華實之毛謂草木也。《左傳》曰："食土之毛。"《前書》曰："秦地九州膏腴。"《尚書》雍州"厥田上上"。防禦謂關禁也（防禦，大德本作"改稟"誤）。楊雄《衛尉箴》曰（箴，紹興本、大德本、殿本作"箴"，是）："設置山險，盡爲防禦。"奥，深也。言秦地險固，爲天下深奥之區域。【今注】華實之毛：有花朵和果實的植物。毛，通"芼"，指草木、五穀。

九州：《禹貢》所載上古行政區劃，即冀、豫、雍、揚、兖、徐、梁、荆、青。泛指天下。

[6]【李賢注】《前書音義》曰："關西爲横。"被猶及也。《吕氏春秋》曰："神明通于六合。"高誘注云："四方上下爲六合。"《周禮》曰："方千里曰王畿。"三成謂周、秦、漢竝都之也。

[7]【李賢注】龍興虎視，喻盛彊也。孔安國《尚書序》曰："漢室龍興。"《易》曰："虎視眈眈。"

[8]【李賢注】寤猶曉也。協，合也。高祖至霸上，五星聚於東井。又《河圖》曰："帝劉季，日角戴勝，斗匃龍般（般，紹興本、大德本、殿本作'股'，是），長七尺八寸。昌光出軒，五星聚井，期之興，天授圖，地出道，予張兵鈐劉季起（鈐，大德本作'鈴'）。"東井，秦之分野，明漢當代秦都關中。【今注】案，《漢書》卷一上《高帝紀上》、卷二六《天文志》均載，高祖元年（前206）冬十月，五星聚於東井。東井，即井宿，爲二十八宿中南方七宿的第一宿，爲秦國的分野。 河圖：相傳伏羲氏時洛陽東北孟津縣境内有龍馬負圖出於河，伏羲據其文以畫八卦。

[9]【李賢注】奉春君，婁敬也。春者，四時之始。婁敬亦始建遷都之策，故以號焉。留侯，張良也。《蒼頡篇》曰："演者，

引也。"【今注】奉春：婁敬。西漢高祖五年（前202），賜姓劉氏，拜爲郎中，號爲奉春君。《史記》卷九九《劉敬叔孫通列傳》，《索隱》引張晏云"春爲歲之始，以其首謀都關中，故號奉春君"。又載，漢五年，婁敬勸説劉邦建都關中，云："夫秦地被山帶河，四塞以爲固，卒然有急，百萬之衆可具也。因秦之故，資甚美膏腴之地，此所謂天府者也。陛下入關而都之，山東雖亂，秦之故地可全而有也。夫與人鬭，不搤其亢，拊其背，未能全其勝也。今陛下入關而都，案秦之故地，此亦搤天下之亢而拊其背也。" 留侯：張良。西漢高祖六年，封留侯。贊同劉敬的建都之策。《漢書》卷四〇《張良傳》載：張良曰："雒陽雖有此固，其中小，不過數百里，田地薄，四面受敵，此非用武之國。夫關中左殽、函，右隴、蜀，沃野千里，南有巴、蜀之饒，北有胡苑之利，阻三面而固守，獨以一面東制諸侯。諸侯安定，河、渭漕挽天下，西給京師；諸侯有變，順流而下，足以委輸。此所謂金城千里，天府之國。劉敬説是也。"

[10]【李賢注】天謂五星聚東井也。人謂婁敬等進説也。皇明謂高祖也。西顧謂入關也。《詩》云："乃眷西顧。"

[11]【李賢注】睎，望也，音希。睨，視也，音蛾。秦領在今藍田東南。北阜即今三原縣北有高阜，東西橫亘者是也。豐水出鄠縣南山豐谷（豐，大德本、殿本作"鄷"）。霸水出藍田谷。《三秦記》曰："龍首山六十里，頭入渭水，尾達樊川。"在傍曰挾，在上曰據也。【今注】睎：眺望。 秦領：即秦嶺。位於今陝西中南部、渭河與漢江之間的山地，東以灞河與丹江河谷爲界，西止於嘉陵江。又因位於關中以南，故名"南山"。案，領，殿本作"嶺"，二字可通。 睨：眺望。 北阜：今陝西關中平原北部的山岡丘陵。 挾：靠近。 鄷霸：鄷水和霸水。鄷水，又作灃水。今陝西灃河。源出秦嶺豐峪，北流經今陝西西安市西，至咸陽市東南入渭水。霸水，渭河支流。在今陝西中部。源出藍田縣東秦嶺北麓，西南流納藍水，折向西北經西安市東，過灞橋北流入渭河。霸

水與鄗水在長安東西兩側，如同用胳膊夾持。　龍首：山名。在陝西西安市北。一名龍首原。

[12]【今注】度：惠棟《後漢書補注》謂李善曰"度"或爲"慶"，"慶"與"羌"古字通，《小爾雅》云："羌，發聲也。"中華本校勘記云："王念孫謂李善本'度'字本作'慶'，今本作'度'者，後人據五臣本及《班固傳》改之耳。善注原文當云'《小雅》曰羌，發聲也，"慶"與"羌"古字通，"慶"或爲"庋"。'又謂作'慶'是。慶，語詞。"

[13]【李賢注】肇，始也。始自高祖，終於平帝，爲十二代也。【今注】案，王先謙《後漢書集解》謂《固集》及《文選》"奢"並作"泰"，此亦范氏避其父諱而改。

[14]【李賢注】金城言堅固也。張良曰："金城千里。"杜預注《左傳》云："方丈爲堵，三堵爲雉。"《字林》曰："呀，大空也。"音火加反。《周禮》："國方九里，旁三門。"每門有大路（有，大德本、殿本誤作"爲"），故曰三條。鄭玄注《周禮》云"司門若今城門校尉，主王城十二門"也（司門若今城門校尉主王城十二門，紹興本作"天子城十二門通十二子"）。【今注】金城：比喻如金屬般堅固的城池。　萬雉：形容城牆極高。雉，古代計算城牆面積的單位。長三丈、高一丈爲一雉。　周池：護城河。形容其深且大。《文選》呂向注："言城下池，周繞而大，乃成深淵。"

[15]【今注】街衢：街道。衢，四通八達的道路。

[16]【李賢注】《字林》曰："閭，里門也。閻，里中門也。"且于（于，紹興本、大德本、殿本作"千"，是），言多也。《漢宮閣疏》曰（閣，大德本、殿本作"闕"）："長安九市，其六在道西，三在道東。"隧，列肆道也。鄭玄注《禮記》曰："廛，市物邸舍也（大德本、殿本無'物'字）。"【今注】紅塵四合：鬧市的飛塵四面聚攏。形容繁華熱鬧的城市。　煙雲相連：煙霧和雲氣都連在了一起。

[17]【李賢注】《論語》:"子適衛,冉有僕。子曰:'庶矣哉!'冉有曰:'既庶矣,又何加焉?'曰:'富之。'"《詩·周頌》云:"惠我無疆。"疆,境也。《詩·小雅》曰:"彼都人士。"毛萇注云:"城郭之域曰都。"五方謂四方及中央也。《前書》曰:"秦地五方雜錯(五,大德本、殿本誤作'三')。"鄭玄注《周禮》曰:"肆,市中陳物處也。"杜元凱注《左傳》云"姬、姜,大國之女"也。【今注】姬姜:周王室爲姬姓,周初齊國爲姜姓。代指王室貴族。

[18]【李賢注】豪俊游俠謂朱家、郭解、原涉之類也。原、嘗平原君趙勝(大德本、殿本"嘗"後有"謂"字,當據補)、孟嘗君田文也,春、陵謂春申君黃歇、信陵君無忌也,竝招致賓客,名高天下也。【今注】鄉曲:鄉里、鄉下。《文選》卷一"俊"作"舉",李善注引《史記》魏公子無忌曰"平原之游,徒豪舉耳"。 原:平原君趙勝。戰國時趙惠文王弟,爲趙相,封於東武城(今山東武城縣西北)。養賓客數千人。趙孝成王七年(前259),秦圍邯鄲,招死士三千人,又得楚、魏救兵,擊退秦軍。嘗:孟嘗君田文。其父田嬰爲齊宣王庶弟,封於薛(今山東滕州市南)。有食客數千人。入秦爲相。後爲齊湣王相。率領齊、韓、魏三國之兵攻秦。齊湣王七年(前294)因田甲叛亂,爲湣王所疑,奔至魏,任相國。曾西合秦、趙與燕共伐破齊。 春:春申君黃歇。戰國時楚國大臣。楚頃襄王時任左徒。楚考烈王即位,任爲相,封春申君。相楚二十五年。有食客三千人。 陵:信陵君魏無忌。戰國魏貴族。魏安僖王元年(前276)封爲信陵君。門下有食客三千人。安僖王三十年,聯合五國擊退秦將蒙驁。 連交合眾:指廣泛結交,聚集徒眾。

　　若乃觀其四郊,浮遊近縣,則南望杜、霸,北眺五陵,名都對郭,邑居相承,英俊之域,黻冕所興,冠蓋如雲,七相五公。[1]與乎州郡之豪桀，五都之貨殖，三選七遷，充奉陵邑，蓋以彊幹弱枝，隆上都而觀萬國。[2]封畿之內，厥土千里，逴犖諸夏，兼其所有。[3]其陽則崇山隱天，幽林穹谷，陸海珍藏，藍田美玉，商、洛緣其隈，鄠、杜濱其足，[4]源泉灌注，陂池交屬，竹林果園，芳草甘木，郊野之富，號曰近蜀。[5]其陰則冠以九嵕，陪以甘泉，乃有靈宮起乎其中。秦、漢之所極觀，淵、雲之所頌歎，於是乎存焉。[6]下有鄭、白之沃，衣食之源，隄封五萬，疆埸綺分，溝塍刻鏤，原隰龍鱗，決渠降雨，荷臿成雲，五穀垂穎，桑麻敷棻。[7]東郊則有通溝大漕，潰渭洞河，泛舟山東，控引淮、湖，與海通波。[8]西郊則有上囿禁苑，林麓藪澤，陂池連乎蜀、漢，繚以周牆，四百餘里，離宮別館，三十六所，神池靈沼，往往而在。[9]其中乃有九真之麟，大宛之馬，黃支之犀，條枝之鳥，踰崐崘，越巨海，殊方異類，至三萬里。[10]

[1]【李賢注】浮遊謂周流也。杜、霸謂杜陵、霸陵，在城南，故南望也。五陵謂長陵、安陵、陽陵、茂陵、平陵，在渭北，故北眺也。竝徙人以置縣邑，故云名都對郭。《蒼頡篇》曰：“黻，綬也。冕，冠也。”其所徙者皆豪右、富貲、吏二千石，故多英俊冠蓋之人。如雲，言多也。《詩》曰：“出其東門，有女如雲。”七相謂丞相車千秋，長陵人，黃霸、王商，竝杜陵人也，韋賢、平當、魏相、王嘉，竝平陵人也。五公謂田蚡爲太尉，長陵人，張安世爲大司馬，朱博爲司空，竝杜陵人，平晏爲司徒，韋賞爲大司馬（賞，大德本、殿本作“賢”），竝平陵人也。【今注】四

郊：城市四周的郊野。　杜：杜陵，縣名。治所在今陝西西安市雁塔區。本爲西漢宣帝劉詢陵墓，因陵置縣。　霸：霸陵，縣名。治所在今陝西西安市東北。本爲西漢文帝劉恒陵園，因陵置縣。　五陵：長陵、安陵、陽陵、茂陵、平陵，均在長安城北面。長陵，縣名。治所在今陝西咸陽市渭城區韓家灣鄉怡魏村。本爲西漢高祖劉邦陵園，後因陵置縣。安陵，縣名。治所在今陝西咸陽市東北。本爲西漢惠帝劉盈之陵，因陵置縣。陽陵，縣名。治所在今陝西咸陽市東北。本爲西漢景帝劉啓陵園，因陵名縣。茂陵，縣名。治所在今陝西興平市東北。本爲槐里縣之茂鄉，西漢武帝建元二年（前139）於其地修建茂陵，因陵置縣。平陵，縣名。治所在今陝西咸陽市西北。其地本屬槐里縣，昭帝析地以修建平陵，因陵置縣。名都對郭：指長安城與北面和東北面的郭區相對應，互相配合。黻冕：官員貴族的禮服和禮帽。黻，古代禮服上黑與青相間的花紋。代指高官顯貴。

[2]【李賢注】《前書音義》曰：“五都謂洛陽、邯鄲、臨淄、宛、成都也。”三選，選三等之人，謂徙吏二千石及高訾富人及豪桀并兼之家於諸陵（桀，大德本、殿本作“傑”），蓋以彊幹弱枝，非獨爲奉山園也。見《前書》。自元帝已後不遷，故唯七焉。《爾雅》曰：“觀，指示也。”“選”或爲“徙”，義亦通。【今注】案，《漢書·地理志下》：“漢興，立都長安，徙齊諸田，楚昭、屈、景及諸功臣家於長陵。後世世徙吏二千石、高訾富人及豪桀并兼之家於諸陵。蓋亦以强幹弱支，非獨爲奉山園也。”豪桀，大德本、殿本作“豪傑”。　陵邑：漢代爲守護帝王陵園所置的邑地。

[3]【李賢注】《前書》曰：“秦地沃野千里，人以富饒。”違犖猶超絕也。違音卓。犖音呂角反。諸夏謂中國也。【今注】封畿：京城附近的地區。　厥土：那里的土壤。

[4]【李賢注】穹谷，深谷。東方朔曰：“漢興，去三河之地，止灞、滻之西，都涇、渭之南，此謂天下陸海之地也。”范子計然曰：“玉出藍田。”商及上洛皆縣名。隈，山曲也。濱猶近也。鄠、

杜，二縣名，近南山之足。《爾雅》云：“麓，山足也。”【今注】崇山隱天：高大的山巒遮蔽天空。　幽林：茂密幽深的森林。　陸海：高平而物產豐饒的陸地。《漢書·地理志下》：“有鄠、杜竹林，南山檀柘，號稱陸海，爲九州膏腴。”顏師古注：“言其地高陸而饒物產，如海之無所不出，故云陸海。”　藍田：縣名。治所在今陝西藍田縣西。　商：縣名。治所在今陝西丹鳳縣西。　洛：縣名。治所在今河南洛陽市東北。　鄠：縣名。治所在今陝西西安市鄠邑區北。　杜：縣名。西漢宣帝元康元年（前65）改杜縣置，治所在今陝西西安市東南。

[5]【李賢注】孔安國注《尚書》曰：“澤障曰陂，停水曰池。”《前書》曰：“巴、蜀土地肥美，有山林竹樹蔬食果實之饒。”今南山亦有之，與巴、蜀相類，故曰近蜀。《爾雅》曰：“邑外曰郊，郊外曰野。”【今注】陂池：池塘。　郊野：古代都城外百里以内的地區稱“郊”，百里以外稱“野”。

[6]【李賢注】陰謂北也。九嵕山尤高峻（峻，大德本作“塚”），故稱冠雲。甘泉山在雲陽北，秦始皇於上置林光宮，漢又起甘泉宮、益壽、延壽館、通天臺，故云“秦、漢之所極觀”。王褒字子泉（泉，大德本、殿本作“淵”，二字可通），作《甘泉頌》，楊子雲作《甘泉賦》（楊，大德本、殿本作“揚”），故云“泉雲頌歎（泉，大德本、殿本作‘淵’）”。【今注】九嵕：山名。位於今陝西咸陽市禮泉縣東北。由九座山峰聚集而成，故名。甘泉：宮殿名。在今陝西淳化縣西北。　靈宮：對帝王宮殿的美稱。

[7]【李賢注】《史記》曰：“韓使水工鄭國説秦，令引涇水爲渠，傍北山，東注洛，溉田四萬餘頃，名曰鄭國渠。”武帝時，趙中大夫白公奏穿渠引涇水，首起谷口，尾入櫟陽，溉田四千餘頃，因名白渠。時人歌之曰：“田於何所？池陽谷口。鄭國在前，白渠起後。舉臿爲雲，決渠爲雨。涇水一石，其泥數斗。且溉且糞，長我禾黍。衣食京師，億萬之口。”《前書》曰：“天子畿方千

里，隄封百萬井。"《音義》曰："隄謂積土爲封限也，音丁奚反
（奚，大德本、殿本作'兮'，二字可通）。"《廣雅》曰："場，界
也。"音亦。《周禮》曰："夫間有遂，十夫有溝。"《説文》曰：
"塍，田畦也。"塍音繩。刻鏤謂交錯如鏤也。《爾雅》曰："高平
曰原，下溼曰隰。"言如龍鱗之五色也。五穀，黍、稷、菽、麥、
稻也。《爾雅》曰（校補謂此見《小爾雅·廣物篇》，《文選》李
善注引作"小雅曰"，《文選》注于《小爾雅》皆省稱"小雅"，
此則脱去"小"字）："禾穗謂之穎。"《爾雅》曰："敷，布也。"
棻，茂盛也，音芬。【今注】鄭：鄭國渠。戰國時期秦國在關中開
鑿的水利工程。公元前 246 年，秦王嬴政采納韓國水工鄭國的建
議，並由其主持在關中渭水以北興修大型灌溉渠。渠西引涇水，東
經今陝西涇陽、三原、高陵、臨潼、富平、渭南、蒲城注入洛水，
全長一百五十餘千米。遺址位於今陝西涇陽縣王橋鄉上然村北仲山
西麓涇河東岸。　白：白渠。西漢時期關中地區的水利工程。武帝
太始二年（前 95），由趙中大夫白公建議開鑿，自谷口（今陝西禮
泉縣東北）鄭國渠南引涇水，向東南經今高陵、臨潼東北櫟陽鎮附
近，至渭南市北下邽鎮南注入渭水，長一百餘千米。因爲建議始自
白公，故稱白渠或白公渠。　隄封：總共、通計。包括疆域之内的
所有土地，總計其數量。　疆場綺分：田地的邊界縱橫交錯。綺
分，相互交錯成文章。《文選》作"綺紛"。　溝塍刻鏤：溝渠和
田埂猶如刻鏤一般整齊。　原隰龍鱗：平原和低窪潮濕的地方如同
龍鱗般五顏六色。　決渠降雨：開鑿的水渠水源豐富，如同降雨。
荷臿成雲：形容舉鍬的人多如天上的雲。臿，掘土用的鍬。《方
言》卷五：江、淮、南楚之間謂之臿。　敷棻：形容桑麻茂盛。同
"敷紛"。

　　[8]【李賢注】漕，水運也。《蒼頡篇》曰："潰，傍決也。"
《前書》武帝穿漕渠通渭。《史記》曰："滎陽下引河東南爲鴻溝，
以與淮、泗會。"【今注】案，《漢書·溝洫志》載："時鄭當時爲
大司農，言：'異時關東漕粟從渭上，度六月罷，而渭水道九百餘

里，時有難處。引渭穿渠起長安，旁南山下，至河三百餘里，徑，易漕，度可令三月罷；而渠下民田萬餘頃又可得以溉。此損漕省卒，而益肥關中之地，得穀。'上以爲然，令齊人水工徐伯表，發卒數萬人穿漕渠，三歲而通。以漕，大便利。其後漕稍多，而渠下之民頗得以溉矣。" 泛舟山東：《漢書·溝洫志》載："自是之後，滎陽下引河東南爲鴻溝，以通宋、鄭、陳、蔡、曹、衞，與濟、汝、淮、泗會。"山東，戰國、秦漢時指崤山或華山以東地區。

與海通波：與吳淞江相連通。吳淞江，太湖最大的支流，經今吳江、昆山、青浦、淞江、上海、嘉定等地，會合黃浦江入海。

[9]【李賢注】上囿謂上林苑也。《穀梁傳》曰："林屬於山爲麓。"鄭玄注《周禮》曰："澤無水曰藪。"繚猶繞也，音了。《三輔黃圖》曰："上林有建章、承光等一十一宫，平樂、繭觀等二十五，凡三十六所。"《三秦記》曰："昆明池中有神池，通白鹿原。"《詩》曰："王在靈沼。"【今注】上囿禁苑：苑囿名。秦惠王時始建，漢武帝時擴建，內有宮觀禽獸，供皇帝游樂射獵。舊址在今陝西西安市西南至周至縣一帶。《長安志》所引《關中記》曰："上林苑門十二，中有苑三十六，宫十二，觀二十五。" 靈沼：對池沼的美稱。原爲周文王所建靈臺旁邊的池沼。

[10]【李賢注】宣帝詔曰："九真郡獻奇獸。"晉灼《漢書注》云："駒形，麟色，牛角。"武帝時，李廣利斬大宛王首，獲汗血馬來。又黃支國自三萬里貢生犀。條支國臨西海（支，殿本作"枝"，二字可通），有大鳥，卵如甕。條支與安息接（支，殿本作"枝"），武帝時，安息國發使來獻之。又曰："崐崘山高二千五百里。"竝見《前書》。【今注】九真之麟：西漢宣帝神爵元年（前61）春正月，九真獻奇獸。或爲長頸鹿。九真，郡名。治胥浦縣（今越南清化省清化市西北）。麟，大德本誤作"鱗"。 大宛之馬：西漢武帝太初四年（前101），貳師將軍廣利斬大宛王首，獲汗血馬來。大宛，西域古國名。在今烏茲別克斯坦費爾干納盆地。都城在貴山城（今烏茲別克斯坦塔什干市東南卡散賽）。 黃

支之犀：西漢平帝元始二年（2）春，黃支國獻犀牛。《漢書》卷九六下《車師後國傳》："能睹犀布、瑇瑁則建珠崖七郡，感枸醬、竹杖則開牂柯、越巂，聞天馬、蒲陶則通大宛、安息。自是之後，明珠、文甲、通犀、翠羽之珍盈於後宮，蒲梢、龍文、魚目、汗血之馬充於黃門，鉅象、師子、猛犬、大雀之群食於外囿。"黃支，古國名。在今印度金奈西南的甘吉布勒姆。　條枝之鳥：東漢章帝永元十三年（101），安息國遣使獻師子及條枝大爵（通"雀"）。條枝，西亞古國名。又作"條支"。又稱塞琉古王國。公元前 312 年建國，都城在安條克（今土耳其南部哈塔伊省安塔基亞市）。傳見本書卷八八。　崑崙：山名。西起帕米爾高原，橫貫新疆和西藏交界處，東經青海直至四川西北部。　巨海：裹海。位於歐亞交界，是世界上最大的湖泊。今爲哈薩克斯坦、俄羅斯、阿塞拜疆、伊朗、土庫曼斯坦共享。

　　其宮室也，體象乎天地，經緯乎陰陽，據坤靈之正位，放泰、紫之圓方。[1]樹中天之華闕，豐冠山之朱堂，因瑰材而究奇，抗應龍之虹梁，列棼橑以布翼，荷棟桴而高驤。[2]雕玉瑱以居楹，裁金璧以飾璫，發五色之渥采，光爓朗以景彰。[3]於是左城右平，重軒三階，閨房周通，門闥洞開，列鍾虡於中庭，立金人於端闈，仍增崖而衡閣，臨峻路而啓扉。[4]徇以離殿別寢，承以崇臺閒館，煥若列星，紫宮是環。[5]清涼宣溫，神仙長年，金華玉堂，白虎麒麟，區宇若兹，不可殫論。[6]增槃業峨，登降炤爛，殊形詭制，每各異觀，乘茵步輦，唯所息宴。[7]後宮則有掖庭椒房，后妃之室，合歡、增成、安處、常寧、茞若、椒風、披香、發越、蘭林、蕙草、鴛鸞、飛翔之列。[8]昭陽特盛，隆乎孝成，屋不呈材，牆不露形，裛以藻繡，絡以綸連，隨侯明月，錯落其閒，金釭銜璧，是爲列錢，翡翠火齊，流燿含英，懸黎垂棘，夜光在焉。[9]於是玄墀釦切，玉階彤庭，碝碱采緻，琳珉青熒，珊瑚碧樹，周阿而生。[10]紅羅颯纚，綺組繽紛，精曜華燭，俯仰如神。[11]後宮之號，十有四位，窈窕繁華，更盛迭貴，處乎斯列者，蓋以百數。[12]左右廷中，朝堂百僚之位，蕭曹魏邴，謀謨乎其上。[13]佐命則垂統，輔翼則成化，流大漢之愷悌，蕩亡秦之毒螫。[14]故令斯人楊樂和之聲，作畫一之歌，功德著於祖宗，膏澤洽于黎庶。[15]又有天禄石渠，典籍之府，命夫諄誨故老，名儒師傅，講論乎六藝，稽合乎同異。[16]又有承明金馬，著作之庭，大雅宏達，於兹爲群，元元本本，周見洽聞，啓發篇章，校理秘文。[17]周以鉤陳之位，衛以嚴更之署，總禮官之甲科，群百郡之廉孝。[18]虎賁贅衣，閹尹閽寺，陛戟百重，各有攸司。[19]周廬千列，徼道綺錯。[20]輦路經營，脩涂飛閣。[21]自未央而連桂宫，北彌明光而絙長樂，陵墱道而超西墉，混建章而外屬，設璧門之鳳闕，上柧棱而棲金雀。[22]内則别風之嶕嶢，眇麗巧而竦擢，張千門而立萬户，順陰陽以開闔。[23]爾乃正殿崔巍，層構厥高，臨乎未央，經駘盪而出馺娑，洞枍詣與天梁，上反宇以蓋戴，激日景而納光。[24]神明鬱其特起，遂偃蹇而上躋，軼雲雨於太半，虹霓回帶於棼楣，雖輕迅與僄狡，猶愕眙而不敢階。[25]攀井幹而未半，目眴轉而意迷，舍欂櫨而却倚，若顛墜而復稽，魂悗悗以失度，巡回涂而下低。[26]既懲懼於登望，降周流以彷徨，步甬道以縈紆，又杳窱而不見陽。[27]排飛闥而上出，若游目於天表，似無依之洋洋。[28]前唐中而後太液，攬滄海之湯湯，揚波濤於碣石，激神嶽之嶈嶈，濫瀛洲與方壺，蓬萊起乎中央。[29]於是靈草冬榮，神木叢生，巖峻崔崒，金石崢嶸。[30]抗仙掌與承露，擢雙立之金莖，軼埃壒之混濁，鮮顥氣之清英。[31]騁文成之丕誕，馳五利之所刑，庶松喬之群類，時游從乎斯庭，實列仙之攸館，匪吾人之所寧。[32]

　　[1]【李賢注】圜象天，方象地。南北爲經（經，大德本誤作“綑”），東西爲緯。楊雄《司空箴》曰（楊，殿本作“揚”）：“普彼坤靈，侔天作合。”放，象也。太、紫謂太微（微，大德本誤作“德”）、紫宮也。劉向《七略》曰：“明堂之制：内有太室，象紫宮；南出明堂，象太微。”《春秋合誠圖》曰：“太微，其星十二，四方。”《史記·天官書》曰：“環之匡衛十二星，藩臣，皆曰紫宮。”是太微方而紫宮圓也。【今注】體象：仿照。　經緯：規劃布局。外朝屬陽，宮殿布局采用奇數；内廷屬陰，宮殿布局采用偶數。　坤靈：大地。　案，放，大德本誤作“於”。　泰：太微。指朝廷或帝王所居的宮殿。古人把太微垣比作一座宮殿。垣正南方左、右執法二星間稱作端門。左執法與東上相間稱爲左掖門，右執法與西上將間稱右掖門。　紫：紫宮。天帝之宮。指帝王的宮禁。

　　[2]【李賢注】《列子》曰：“周穆王作中天之臺。”《說文》曰：“闕，門觀也。”《前書》蕭何作東闕、北闕。豐，大也。冠山

謂在山之上也。《禪蒼》曰（禪，殿本作"埤"）："瑰瑋，珍奇也。"《廣雅》曰："有翼曰應龍。"梁作應龍之形，而又曲如虹也。《說文》曰："棼，複屋之棟。"橑，椽也。翼，屋之四阿也。荷，負也。驤，舉也。《爾雅》曰："棟謂之桴。"音浮。【今注】中天：中天之臺。《列子·周穆王》："土木之功，赭堊之色，無遺巧焉。五府爲虛，而臺始成。其高千仞，臨終南之上，號曰'中天之臺'。"　華闕：華麗的門闕。《春秋演孔圖》作"闕，華闕之門，當帝坐"。　朱堂：朱紅色的殿堂。　因瑰材而究奇：因爲珍貴的材料而奇特。　抗應龍之虹梁：高舉如應龍一般高架而拱曲的屋梁，因形如虹，故稱。應龍，古代傳說中有翼的龍。　列棼橑以布翼：閣樓的梁椽分布於四周。　荷棟桴而高驤：房梁高聳騰起。

[3]【李賢注】《廣雅》曰："礩（礩，殿本作'填'），礩也。"音田。"填"與"礩"通。楹，柱也。雕玉爲礩以承柱也（玉，紹興本、大德本、殿本作"玉"）。《上林賦》曰："華榱璧璫。"韋昭注曰："璫，榱頭也。"渥，光潤也。爛音豔。【今注】玉填：指以玉石做成的石礩，用以承載宮殿的柱子。或當作"玉礩"。　裁金璧以飾璫：裁金子、璧玉作爲屋椽頭的裝飾。璫，即"瓦當"。　發五色之渥采：發散五色的濃豔光澤。五色，指青、黃、赤、白、黑五色。也泛指各種顏色。　光爛朗以景彰：光焰明亮使影子更加鮮明。

[4]【李賢注】摯虞《決疑要注》曰："城者爲階級，平者以文塼相亞次也。""城"亦作"墄"。言階級勒墄然，音七則反。王逸《楚辭注》曰："軒，樓板也。"《周禮》夏后氏"世室九階"，鄭玄注云"南面三階，三面各二"也（二，大德本誤作"一"）。《爾雅》曰："宮中之門謂之闈，小者謂之閨。"簨以懸鍾也。《史記》："秦始皇收天下兵器，聚之咸陽，銷以爲金人十二，置宮中。"端闈，宮正門也。《三輔黃圖》曰："秦宮殿端門四達，以則紫宮。"仍，因也。衡，橫也。閾，門限。【今注】左城右平：左邊是給人登的臺階，而右邊則是給車行的緩坡。城，臺階

2728

的階梯。殿本作“堿”。平，平坦的緩坡。（陳蘇鎮：《秦漢殿式建築的布局》，《中國史研究》2016年第3期） 重軒三階：雙重樓板和三層臺階。《管子·君臣上》：“立三階之上。”尹知章注：“君之路寢前有三階。”重軒，指多層樓。 闈：宮中小門。 虡（jù）：古代懸掛鐘、磬的架子，兩旁柱子爲虡。 中庭：古代廟堂前階下正中部分。爲朝會或授爵行禮時臣下站立之處。 增崖：重重高聳的山崖。增，通“層”。 衡閾（yù）：橫設的門坎。衡，同“橫”，此處指橫設。閾，門坎。 臨峻路而啓扉：指在險峻的山路旁修建亭臺樓閣，門窗正對着險路。

[5]【李賢注】徇猶繞也。崇，高也。閒音閑。焕，明也。言周回宮館，明若列星之環繞紫宮也。環，協韻音官（官，大德本、殿本作“宦”）。【今注】案，此四句指上林苑中的各種宮殿、館舍、高臺如同星辰環繞紫宮一樣排列布局。

[6]【李賢注】《三輔黃圖》曰：“未央宮有清涼殿、宣室殿（宣，大德本誤作‘宮’）、中温室殿、金華殿、大玉堂殿、中白虎殿、麒麟殿，長樂宮有神仙殿。”殫，盡也。

[7]【李賢注】增，重也。槃，屈也。業峩，高也。業音五臘反。峩音我。詭，異也。茵，褥也。駕人曰輦。【今注】增槃業峩：重重盤旋高大巍峩。業峩，《文選》作“崔嵬”。 登降炤爛：高高低低輝煌燦爛。 殊形詭制：形態奇特各異。 乘茵：坐茵褥之上，而令四人持舉茵之四角，輿而行。 步輦：用人力擡行的代步工具。最初有輪，用馬拉行，帶有車廂。秦以後改由人擡。據衛宏《漢舊儀》：“皇后、倢伃乘輦，餘茵以茵，四人輿以行。” 唯所息宴：隨時隨處可以歇息。

[8]【李賢注】《漢官儀》曰：“倢伃以下皆居掖庭。”《三輔黃圖》曰：“長樂宮有椒房殿。”《前書》曰：“班倢伃居增成舍。”桓譚《新論》曰：“董賢女弟爲昭儀，居舍號曰椒風。”《漢宮閣名》長安有披香殿、鴛鸞殿、飛翔殿（閣，殿本作“闕”）。餘未詳。【今注】掖庭：漢代宮廷管理後宮女性的機構。司馬貞《史

記索隱》："永巷，別宮名，有長巷，故名之也。"後改爲掖庭。韋昭以爲在掖門內，故謂之掖庭也。《漢書》卷三《文帝紀》顏師古注謂"非正門而在兩旁，若人之臂掖也"。　椒房：殿名，皇后所居。以椒和泥塗壁，取其溫暖而芳香。在未央宮、長樂宮。案，《三輔黃圖》引《決錄》未央宮有延年殿、合歡殿、回車殿。　增成：《漢書》卷九七下《外戚傳下》載："孝成班倢伃，帝初即位選入後宮。始爲少使，蛾而大幸，爲倢伃，居增成舍。"案，合歡、增成、安處、常寧、茝若、椒風、披香、發越、蘭林、蕙草、鴛鸞、飛翔，爲漢代後宮八區。應劭曰："後宮有八區，增成第三也。"張衡《西京賦》作"後宮則昭陽、飛翔，增成、合歡，蘭林、披香、鳳皇、鴛鸞"。

[9]【李賢注】昭陽殿，成帝趙昭儀所居也。《説文》曰："褭，纏也。"音於業反。綸，糾，青絲綬也。"綸"或作"編"（綸，大德本作"編"）。《淮南子》曰："隨侯之珠，和氏之璧。"高誘注云："隨侯行見大蛇傷，以藥傅之。後蛇銜珠以報之，因曰隨侯珠。"《説文》曰："釭，轂鐵也。"音江，又音工。謂以黃金爲釭，其中銜璧，納之於壁帶（壁，紹興本、大德本、殿本作"璧"，本注下同），爲行列歷歷如錢也。《前書》曰："昭陽殿壁帶，往往爲黃金釭，函藍田玉璧，明珠翠羽飾之。"《異物志》曰："翠鳥形如燕，赤而雄曰翡，青而雌曰翠，其羽可以飾幛帳。"《韻集》曰："火齊，珠也。"《戰國策》曰："應侯謂秦王曰'梁有縣黎'。"《左傳》曰："晉荀息請以垂棘之璧假道於虞。"言懸黎、垂棘之玉，竝夜有光暈也（暈，大德本、殿本作"輝"）。【今注】屋不呈材牆不露形：漢代的室內，還常以文繡覆蓋牆與柱，木構和牆體表面不可暴露原材，必須施以油飾彩繪，纔符合使用要求。　藻繡：彩色的紋飾。　綸連：將絲帶編結成網狀。　隨侯明月：明月珠。《淮南子·覽冥訓》高誘注："隋侯，漢東之國，姬姓諸侯也。隋侯見大蛇傷斷，以藥傅之，後蛇于江中銜大珠以報之，因曰隋侯之珠，蓋明月珠也。"《史記》卷八七《李斯列傳》《正

義》引《說苑》云：昔隨侯行，遇大蛇中斷，疑其靈，使人以藥封之，蛇乃能去，因號其地爲斷蛇丘。歲餘，蛇銜明珠徑寸，絕自而有光。因號隨珠。　　釭：本義爲車轂上穿軸用的鐵圈。此處指宮室壁上的環狀裝飾物，以黃金做成，中間鑲嵌玉璧。　　列錢：像排列成串的圓錢。　　翡翠：古代一種生活在南方的鳥，毛色十分美麗，通常有藍、綠、紅、棕等顏色。這種鳥雄性爲紅色，謂之“翡”；雌性爲綠色，謂之“翠”。　　火齊：琉璃。　　懸黎：會發夜光的美玉。《戰國策·秦策三》：“梁有懸黎，楚有和璞。”　　垂棘：春秋時晉國地名，在今山西潞城市北，產美玉。用以代指美玉。夜光：一種能發光的珍珠。《抱朴子·內篇·祛惑》：“凡探明珠，不於合浦之淵，不得驪龍之夜光也。”

[10]【李賢注】《前書》曰：“昭陽殿中庭彤朱，而殿上髹漆。”髹音休。漆黑故曰玄。墀，殿上地也。又曰：“切皆銅沓，黃金塗，白玉階。”釦音口。礝、礛、琳、珉，竝石次玉者。礝音而兗反，礛音咸。綵緻，其文理密也。青熒，其光色也。《漢武故事》曰：“武帝起神堂，植玉樹，茸珊瑚爲枝（茸，大德本、殿本誤作‘茸’），以碧玉爲葉。”《淮南子》曰：“崐崘山有碧樹在其北。”高誘注云：“碧，青石也。”謂以珠玉假爲樹而植之於殿曲。阿，曲也。【今注】玄墀：以漆塗過的殿前地面。　　釦（kòu）切：用金玉鑲嵌的門檻。《漢書》卷九七下《外戚傳下》載：“（昭儀）居昭陽舍，其中庭彤朱，而殿上髹漆，切皆銅沓，黃金塗，白玉階，壁帶往往爲黃金釭，函藍田璧，明珠、翠羽飾之，自後宮未嘗有焉。”　　玉階：玉石砌成或裝飾的臺階。　　彤庭：以朱漆塗過的殿前中庭。　　礝（ruǎn）礛采緻：礝礛文理細緻。礝礛皆爲次玉的石頭。　　琳珉青熒：琳珉閃耀着微弱的青光。琳珉，像玉的石頭。珊瑚碧樹：用珊瑚做枝幹，用碧玉做樹葉。　　周阿：宮殿的角落。《文選·西都賦》劉良注：“阿，曲也。言生于庭曲。”

[11]【李賢注】薛綜注《西京賦》曰：“颯纚，長袖貌。颯音素合反（大德本無‘音’字），纚音山綺反。”綺，文繒也。

組，綬也。繽紛，盛貌。燭，照也。言精彩華飾照燿也（燿，大德本、殿本作"曜"）。《戰國策》張儀謂秦王曰："彼周、鄭之女，粉白黛黑立於衢，非知而見之者以爲神也。"【今注】紅羅颯纚（xǐ）：紅色的衣裙長袖飄動。紅羅，一種紅色輕軟的絲織品，多用於製作婦女的衣裙。颯纚，衣袖飄動的樣子。　綺組：用有紋彩的絲織品做成的綬帶。　精曜華燭：色彩炫爛、光彩照人。曜，大德本作"耀"。

[12]【李賢注】《前書》曰："漢興，因秦之稱號，正嫡稱皇后，妾皆稱夫人。凡十四等，有昭儀、婕妤、娙娥、傛華、美人、八子、充衣（衣，殿本誤作'依'）、七子、良人、長使、少使、五官、順常（順，紹興本誤作'湏'），是爲十三等；又有無涓、共和、娛靈、保林、良使、夜者（者，大德本誤作'君'），秩祿同（秩，紹興本、大德本、殿本作'秩'。同，紹興本作'司'），共爲一等，合十四位也。"窈窕，幽閑也。繁華，美麗也。百數謂以百而數之也。【今注】案，《漢書》卷九七上《外戚傳上》載，昭儀位視丞相，爵比諸侯王。婕妤視上卿，比列侯。娙娥視中二千石，比關內侯。傛華視真二千石，比大上造。美人視二千石，比少上造。八子視千石，比中更。充依視千石，比左更。七子視八百石，比右庶長。良人視八百石，比左庶長。長使視六百石，比五大夫。少使視四百石，比公乘。五官視三百石。順常視二百石。無涓、共和、娛靈、保林、良使、夜者皆視百石。

[13]【李賢注】蕭何、曹參竝沛人，魏相字弱翁，濟陰人，邴吉字少卿，魯國人，竝爲丞相。【今注】蕭：蕭何。西漢高祖元年（前206）爲丞相。十年爲相國。世家見《史記》卷五三，傳見《漢書》卷三九。　曹：曹參。西漢孝惠二年（前193）爲丞相。世家見《史記》卷五四，傳見《漢書》卷三九。　魏：魏相，字弱翁，濟陰定陶（今山東菏澤市定陶區西北）人。西漢宣帝地節三年（前67），代韋賢爲丞相，封高平侯。神爵三年（前59）卒，謚憲。傳見《漢書》卷七四。　邴：邴吉（又作"丙吉"），字少

卿，西漢魯國（今山東曲阜市）人。治律令，爲魯獄史，遷廷尉右監。武帝末，詔治巫蠱郡邸獄。保護皇曾孫。任大將軍霍光長史，建議迎立宣帝。地節三年，任太子太傅，遷御史大夫。元康三年（前63），封博陽侯。神爵三年，代魏相爲丞相。卒謚定。傳見《漢書》卷七四。　謀謨：謀劃制定策略。

[14]【李賢注】李陵書曰："其餘佐命立功之士。"司馬相如曰："垂統理順易繼也。"統，業也。《禮記》曰："保者慎其身以輔翼之。"愷，樂也。悌，易也。楊雄《長楊賦》曰（楊，殿本作"揚"）："今朝廷出愷悌，行簡易。"王褒《四子講德論》曰："秦之處位任政者，竝施毒螫。"《前書》曰："孝惠、高后之時，海內得離戰國之苦，君臣俱欲無爲，而天下晏然，衣食滋殖。"又曰："近觀漢相，高祖開基，蕭、曹爲冠。孝宣中興，丙、魏有聲（丙，大德本、殿本作'邴'）。"是時黜陟有序，衆職修理，公卿多稱其位，海內興於禮讓也。【今注】佐命則垂統：蕭何、曹參等輔佐有天命的劉邦開創功業，延續國祚。　輔翼則成化：魏相、邴吉等輔佐宣帝等後世帝王以政令教化百姓。　流大漢之愷悌：傳播漢朝的仁政和寬容政策。　蕩亡秦之毒螫：清除被滅亡的秦朝的暴政。毒螫，原指毒蟲刺人或動物。

[15]【李賢注】《孔叢子》曰："古之帝王，功成作樂，其功善者其樂和。"《前書》曰，蕭何薨，曹參代之，百姓歌之曰："蕭何爲法，較若畫一，曹參代之，守而勿失。"祖宗謂高祖、中宗也。【今注】案，楊，殿本作"揚"。　樂和：樂曲名。樂職、中和。《漢書》卷六四下《王褒傳》："於是益州刺史王襄欲宣風化於衆庶，聞王褒有俊材，請與相見，使褒作《中和》《樂職》《宣布》詩。"顏師古注："中和者，言政治和平也。樂職者，言百官各得其職也。宣布者，風化普洽，無所不被。"大德本、殿本作"和樂"。

畫一：歌曲名。《漢書》卷八九《循吏傳》載："漢興之初，反秦之敝，與民休息，凡事簡易，禁罔疏闊，而相國蕭、曹以寬厚清静爲天下帥，民作'畫一'之歌。"顏師古注："謂歌曰：'蕭何爲法，講若畫一；曹參代之，守而勿失。'"　　祖宗：指漢高祖劉邦、漢宣帝劉詢。　　黎庶：百姓。

[16]【李賢注】《三輔故事》曰："天禄、石渠竝閣名，在未央宮北，以閣秘書。"諄誨謂殷勤教告也。《詩·大雅》曰："誨爾諄諄。"鄭玄注云："我教告王，口語諄諄然。"諄音之純反。六藝謂《詩》《書》《禮》《樂》《易》《春秋》也。稽，考也。《前書》：甘露中詔諸儒講五經同異，令蕭望之平奏其議。【今注】天禄：漢代藏典籍之所。在未央宮北部，南距前殿七百多米，西距石渠閣五百多米。遺址在今陝西西安市未央區小劉寨村。《三輔黃圖》卷六載："天禄閣，藏典籍之所。"《漢宮殿疏》云："天禄麒麟閣，蕭何造，以藏秘書處賢才也。"劉向於成帝之末，校書天禄閣。石渠：漢代藏典籍之所。在未央宮西北部，東距天禄閣五百多米。遺址在今陝西西安市未央區小劉寨村西南、周家河灣村東。《三輔黃圖》卷六："石渠閣，蕭何造；其下礱石爲渠以導水，若今御溝，因爲閣名。所藏入關所得秦之圖籍。至於成帝，又於此藏秘書焉。"

諄誨故老：輔佐教誨帝王的元老舊臣。　　師傅：太師與太傅。賈誼《新書·保傅》云："保，保其身體；傅，傅之德義；師，道之教訓。"掌輔佐天子、議論朝政。　　稽合乎同異：《漢書》卷八《宣帝紀》載，甘露三年（前51），詔諸儒講五經同異，太子太傅蕭望之等平奏其議，上親稱制臨決焉。乃立梁丘《易》、大小夏侯《尚書》、穀梁《春秋》博士。

[17]【李賢注】承明，殿前之廬也。金馬，署名也。門有銅馬，故名金馬門，待詔者皆居之。宏亦大也。元其元，本其本。秘文，秘書也。《孝經鉤命決》曰"丘攝秘文"也。【今注】承明：承明廬，承明殿旁的屋舍，在石渠閣外，爲宿衛文士所居之處。　　金馬：金馬門，未央宮門。位於中軸綫上，前殿正北。門旁有銅馬。後常指學士待詔處。　　元元本本：探求事物的起因和根源。　　周見洽聞：指見識廣博。《文選》卷一作"殫見洽聞"。校理秘文：校訂整理國家所藏典籍。《文選》劉歆《移書讓太常博

士》："孝成皇帝愍學殘文缺，稍離其真，乃陳發秘藏，校理舊文。"

　　[18]【李賢注】周，環也。《前書音義》曰："鉤陳，紫宮外星也，宮衛之位亦象之。"嚴更之署，行夜之司也。禮官，奉常也，有博士掌試策（試，大德本誤作"証"），考其優劣，爲甲乙之科（科，大德本誤作"刻"），即《前書》曰"太常以公孫弘爲下第"是也。言百郡，舉全數。《前書》又曰："興廉舉孝。"【今注】周以鉤陳之位：密布以宮廷護衛。《水經注·河水五》云："紫微有鉤陳之宿，主鬭訟兵陣。"　衛以嚴更之署：護衛以督行夜鼓的郎署。姚鼐《惜抱軒筆記》卷八曰："漢宮周衛：蓋郎一層在內，衛卒一層在外。郎所居曰署，卒所居曰廬。故班云：'衛以嚴更之署。'此言郎選。其下周廬千列，乃言衛卒。"署，大德本作"著"。　禮官：掌禮儀之官。　甲科：漢代課士科目名稱，分甲乙丙三科。《史記》卷一二一《儒林列傳》《索隱》引如淳云："《漢儀》弟子射策，甲科百人補郎中，乙科二百人補太子舍人，皆秩比二百石；次郡國文學，秩百石也。"《漢書》卷七八《蕭望之傳》師古注曰："射策者，謂爲難問疑義書之於策，量其大小署爲甲乙之科，列而置之，不使彰顯。有欲射者，隨其所取得而釋之，以知優劣。射之，言投射也。對策者，顯問以政事經義，令各對之，而觀其文辭定高下也。"卷八一《匡衡傳》師古注："投射得甲科之策，而所對文指不應令條也。《儒林傳》説歲課甲科爲郎中，乙科爲太子舍人，景科補文學掌故。今不應令，是不中甲科之令，所以止爲掌故。"卷八八《儒林傳》："平帝時王莽秉政，增元士之子得受業如弟子，勿以爲員，歲課甲科四十人爲郎中，乙科二十人爲太子舍人，丙科四十人補文學掌故云。"　廉孝：即孝廉。漢代選官科目之一。始於西漢武帝元光元年（前134）。由郡國舉孝、廉各一人。孝指善事父母，廉指廉節正直。漢代以甲科、孝廉爲郎官，爲宮廷侍衛。

　　[19]【李賢注】虎賁，宿衛之臣。贅衣，主衣之官。贅，綴也，音之銳反。《尚書》曰："綴衣虎賁。"閽尹、閻寺竝宦官，

《周禮》有閽人、寺人。陛戟，執戟於陛也。百重，言多也。攸，所也。司，主也，協韻音伺。【今注】虎賁：官名。《周禮·夏官》有虎賁氏，掌出入護衛。西漢武帝建元元年（前140）置期門郎。平帝元始元年（1）更名虎賁郎，由虎賁中郎將率領，主宿衛皇宮。東漢屬虎賁中郎將。分左右僕射、左右陛長各一人，秩六百石。其中僕射主虎賁郎。陛長主直虎賁、虎賁中郎、虎賁侍郎、虎賁郎中、節從虎賁。掌宿衛侍從。　贅衣：官名。同"綴衣"。掌天子衣服。　閽尹：周朝及春秋戰國諸侯宮內宦官之長。掌帝王之六寢。　閽寺：閽人、寺人。掌宮門開閉。《禮記·內則》："深宮固門，閽寺守之。男不入，女不出。"注："閽掌守中門之禁也，寺掌內人之禁令也。"　陛戟：持戟侍衛列於殿階兩側。　攸司：職掌。《文選》卷一作"典司"。

[20]【李賢注】盧謂宿衛之盧，周於宮也。千列，言多也。《史記》："衛令曰周盧，設卒甚謹。"徼道，徼巡之道。綺錯，交錯也。《前書》曰"中尉掌徼循京師（循，紹興本、大德本、殿本作'巡'）"也。

[21]【李賢注】《前書音義》曰："輦道，閣道也。""涂"亦"塗"也（涂，殿本作"塗"），古字通用。【今注】輦路：天子車駕通行的道路。　經營：往來回旋。　脩涂：長長的臺階。涂，臺階。涂，《文選》卷一作"除"，注"除，樓陛也"。　飛閣：連接宮殿樓閣淩空建造的閣道。

[22]【李賢注】未央宮在西，長樂宮在東，桂宮、明光宮在北，言飛閣相連也。磴，陛級也，音丁鄧反。墉，城也。混，同也。建章宮在城西。屬，連也。《前書》曰："建章宮，其東則鳳闕，門高二十餘丈，其南有璧門之屬。"《說文》曰"柧棱，殿堂上最高之處也。"柧音孤，棱音力登反。其上樓金雀焉。《三輔故事》曰"建章宮闕上有銅鳳皇（皇，大德本、殿本作'鳳'）"，即金雀也。【今注】"自未央而連桂宮"二句：未央宮在長安城西南，桂宮在北，明光宮在東北，長樂宮在東，皆以復道飛閣相連。

"陵墱道而超西墉"二句：言登臨有臺階的道路，越過西面的城墙，與西邊的建章宮連爲一片。張澍輯《三輔故事》帝於未央宮營造日廣，以城中爲小，乃於宮西跨城池作飛閣，通建章宮，構輦道以上下。輦道爲閣道，可以乘輦而行。墱，同"磴"。磴（dèng）道，有臺階的道路，可以登高。墉（yōng），墙，指城墙。 璧門：建章宮正門，高二十五丈。又名閶闔，以象徵天門。 鳳闕：在建章宮以東。闕上有金鳳，高丈餘。 上柧（gū）棱而棲金雀：柧棱，宮殿屋檐轉角處的瓦脊。《文選》卷一作"觚（gū）棱"。朱珔《文選集釋》卷一曰："殿制四阿，重屋則八觚。每轉角處必峭上，則最高上必作飛鳥形，故下言'栖金爵'也。"胡紹煐《文選箋證》引《演繁露》云："建章之外闕，其上立有棱之觚，觚上立金鑄之鳳，即此所謂'金爵'也。"

[23]【李賢注】《三輔故事》曰："建章宮東有折風闕。"《關中記》曰："折風一名別風。"嶕嶢，高也。嶕音焦，嶢音堯。《前書》曰，建章宮度爲千門萬戶（度，大德本、殿本作"庭"）。合謂之陰（合，大德本、殿本作"閭"），開謂之陽。《易》曰："闔戶謂之坤，闢戶謂之乾。"【今注】別風：《三輔黃圖》卷二《建章宮》載，"（右神明臺）門內北起別風闕，高五十丈"。本注曰："在閶闔門內，以其出宮垣識風從何處來，以爲闕名。"何清谷注："其闕高出宮墙，闕上有銅鳳凰，下有'轉樞'裝置，銅鳳凰迎風轉動，可以用來辨別風向，因名別風闕，又稱鳳凰闕。"（何清谷：《三輔黃圖校注》，三秦出版社 2006 年版，第 148 頁）

[24]【李賢注】正殿即前殿也。層，重也。臨乎未央，言高之極也。《關中記》建章宮有駘盪、馺娑、枍詣殿。天梁亦宮名也。駘音殆，盪音蕩。馺音素合反，娑音素可反。枍音烏計反。《小雅》曰（小，大德本、殿本作"爾"）："蓋戴，覆也。"反宇謂飛檐上反也。激日謂日影激入於殿內也。【今注】案，《三輔黃圖》：建章有駘蕩、馺娑、枍詣、天梁、奇寶、鼓簧等宮。又有玉堂、神明堂，疏圃、鳴鑾、奇華、銅柱、函德二十六殿，及太液

池、唐中池。　駘盪：使人舒暢。駘盪宮，春時景物駘盪滿宮中也。李善注引《莊子》曰：“惠施之材，駘盪而不得，逐物不反。”

馺娑：馬快速奔跑的樣子。馬行迅疾一日之間遍宮中，形容宮殿之寬大。　枍詣：宮殿名。在建章宮中，其中美木茂盛。　天梁：宮殿名。梁木至於天，形容宮殿之高大。　反宇：屋檐上仰起的瓦頭。　激日景而納光：阻止了陽光的直射，又有很好的采光。激，本義指水勢受阻遏後騰涌或飛濺。此處指阻擋。

　　[25]【李賢注】神明，臺名也。躋，升也。偃蹇，高貌也。軼，過也。《前書音義》曰：“凡數三分有二爲太半。”《説文》曰：“棼，棟也。”《爾雅》曰：“楣謂之梁。”郭璞云：“門户上横梁也。”《方言》曰：“僄，輕也。”音匹妙反。鄭玄注《禮記》曰：“狡，疾也。”《字書》曰：“愕，驚也。”音五各反。《字林》曰：“眙，驚貌也。”音丑吏反（丑，大德本作“刃”）。【今注】神明：臺名。《三輔黄圖·神明臺》：“神明臺，《漢書》曰：‘建章有神明臺。’《廟記》曰：‘神明臺，武帝造，祭仙人處，上有承露盤，有銅仙人，舒掌捧銅盤玉杯，以承雲表之露。以露和玉屑服之，以求仙道。’《長安記》：‘仙人掌大七圍，以銅爲之。魏文帝徙銅盤折，聲聞數十里。’”神明臺在建章宮前殿西北，是武帝祭祀仙人的場所。《漢書·郊祀志下》：“立神明臺、井幹樓，高五十丈，輦道相屬焉。”顔師古注引《漢宮閣疏》云：“神明臺高五十丈，上有九室，恒置九天道士百人。”　鬱其：鬱鬱。本爲茂盛之義，此處爲崢嶸、高聳貌。　特起：特出地聳立。　偃蹇（jiǎn）：夭矯，屈曲貌。此處形容臺上建築相屬，磴道曲折。　躋（jī）：登，上升。此句説神明臺高聳，其建築又層層相連屬，於是登之者曲折而上。　軼：超過。原指車轍輾過的痕迹。　虹霓回帶於棼楣：虹霓繚繞於樓閣的棟梁之間。形容極高。　輕迅與僄（piào）狡：輕捷疾速，靈活勇猛。迅，大德本、殿本作“信”。　愕眙而不敢階：樓閣太高，使人驚愕而不敢攀登。階，按臺階上升。

　　[26]【李賢注】井幹，樓名也。《前書》曰：“武帝作井幹

樓，高五十丈，輦道相屬焉。"《蒼頡篇》曰："眴，視不明也。"音眩。欞檻，樓上欄楯也。欞音零。稽，留也。【今注】井幹：何清谷《三輔黃圖校釋》按："《史記》卷十二《孝武本紀》《索隱》引《關中記》曰：'"宮北有井幹臺，高五十丈，積木爲樓。"言築累萬木，轉相交架如井幹。'所謂'宮北'，就是井幹樓在建章宮北，神明臺附近，與建章宮南門内的別風闕形成南北對峙。井幹樓高五十丈，每丈以今二點三米計，合今一百一十五米。"（中華書局2012年版，第126頁）《漢書·郊祀志下》師古曰："《漢宮閣疏》云神明臺高五十丈，上有九室，恒置九天道士百人。然則神明、井幹俱高五十丈也。井幹樓積木而高，爲樓若井幹之形也。井幹者，井上木欄也，其形或四角，或八角。張衡《西京賦》云'井幹疊而百層'，即謂此樓也。幹或作韓，其義並同。"　眴轉而意迷：因看不清楚而心神迷亂。　舍欞（líng）檻（jiàn）而却倚：指不敢近邊，放開邊上的欄杆不扶，身子儘量向裏，靠着裏面的墙壁之類。舍，捨棄。却，後退。　若顛墜而復稽：指感到要掉下去，因而又停下來不敢走。稽，止。　怳（huǎng）怳：失神的樣子。失度：失去常態，指身體失去平衡。　巡回涂而下低：沿着原路而向下，至於低處。巡（yán），通"沿"。《禮記·祭禮》注："巡，讀如'沿漢'之沿，謂更相從道。"

[27]【李賢注】《淮南子》曰："甬道相連。"高誘注云："甬道，飛閣複道也。"《廣雅》曰："窈窱，深也。""杳"與"窈"通。窱音它鳥反。陽，明也。既創前之登望，乃下巡於複道，宮宇深邃，又不見明者（者，大德本、殿本作"也"）。【今注】懲懼：害怕。《廣雅·釋言》："懲，懼也。"　降：由高處下來。　周流：盤桓。　仿徨：徘徊，四處漫步。　縈紆：曲折回旋。　杳窱：幽深。

[28]【李賢注】飛閫，閣上門也。王逸注《楚辭》曰："洋洋，無所歸兒（兒，殿本作'貌'）。"【今注】游目：隨意眺望。天表：天外。　洋洋：隨意漂浮無所憑依貌。《楚辭·哀郢》：

"焉洋洋而爲容。"王逸注:"洋洋,無所歸貌。"

[29]【李賢注】《前書》曰:"建章宮,其西唐中數十里。"《音義》曰:"唐,庭也。"其北太液池中有蓬萊、方丈、瀛洲、壺梁,象海中神山。湯湯,流貌也。《蒼頡篇》曰:"濤,大波也。"碣石,海畔山也。《説文》曰:"濫,泛也。"《列子》曰:"海中有神山,一曰岱輿,二曰員嶠,三曰方壺,四曰瀛洲,五曰蓬萊。"【今注】唐中:即中唐,庭道。據《漢書·郊祀志》載,長數十里,在建章宮以西。 太液:池名。西漢武帝所造,在建章宮以北,其中有蓬萊、方丈、瀛洲、壺梁,以象徵海中仙山。 湯(shāng)湯:大水急流貌。 碣石:本爲渤海邊之山名。此處指太液池邊像碣石山並以"碣石"爲名者。 激:衝激。 神嶽:神山。此處指碣石山。 蔣(qiāng)蔣:水激山之聲。案,此數句均指建章宮而言。

[30]【李賢注】靈草、神木謂不死藥也。《史記》曰:"海中神山,仙人不死藥在焉。"崝嶸,高峻也。崔音俎回反,崒音才律反(崒,大德本作"萃")。崝音仕耕反,嶸音宏。【今注】靈草:仙草。 冬榮:冬天開花。 巖峻:陡峭。 金石崝嶸:指瀛洲等水中仙山上的石頭突兀高聳。金石,此處偏指石。

[31]【李賢注】《前書》曰,武帝時作銅柱承露僊人掌之屬。《三輔故事》云:"建章宮承露槃(槃,大德本、殿本作'盤'),高二十丈,大七圍,以銅爲之。上有仙人掌承露,和玉屑飲之。"金莖即銅柱也。軼,過也。埃壒,塵也。鮮,絜也。《説文》曰:"顥,白皃(皃,大德本、殿本作'貌')。"音皓。【今注】"抗仙掌與承露"至"鮮顥氣之清英":漢武帝很迷信,在神明臺上立銅仙人手擎玉盤收集露水,認爲把這種露水與玉石碎末和拌,服用可以長生不老。此事的記載還見於《西京賦》:"立修莖之仙掌,承雲表之清露。屑瓊蕊以朝飧,必性命之可度。"李善注引《三輔故事》曰:"武帝作銅露盤,承天露,和玉屑飲之,欲以求仙。"抗,舉,聳起。仙人掌、承露盤,皆漢武帝所作。《三輔故事》云:"建

章宮承露盤，高二十丈，大七圍，以銅爲之。上有仙人掌承露。"
與，大德本、殿本作"以"。攉，聳立，拔起。金莖，銅柱，用以
擎承露盤。軼（yì），超越。埃壒，塵埃。《淮南子·兵略訓》："揚
塵起壒。"注："壒，埃。"鮮，新鮮。此處爲意動用法。顥（hào）
氣，所謂混茫之氣，天地之真氣。清英，清潔的精華。

[32]【李賢注】丕，大也。誕，欺也。《前書》曰："齊人李
少翁以方士見上，上拜爲文成將軍，言於上曰：'即欲與神通，宮
室被服非象神，神物不至。'乃作甘泉宮，中爲臺，畫天、地、泰
一諸鬼神，而置祭具以致天神。"又曰："膠東人欒大多方略而敢
爲大言，言曰：'臣常往東海中，見安期、羨門之屬。'乃拜爲五
利將軍（利，大德本誤作'剌'）。"刑，法也。《列仙傳》曰：
"赤松子者，神農時雨師也，服水玉以教神農。"又曰："王子喬
者，周靈王太子晉（太，殿本作'大'），道士浮丘公接以上嵩
山。"【今注】騁：施展。　文成：齊人李少翁，因方術被漢武帝
封爲文成將軍。他對武帝説，如欲與神通，宮室被服須象神物。於
是作甘泉宮，中爲臺，畫天地泰一諸神鬼，而置祭具以祭天神。歲
餘，神不至。後以帛書喂牛腹中欺騙武帝，被看出破綻而受誅。
丕誕：十分荒誕。　馳：與上文"騁"義同。　五利：膠東王宮人
欒大，大言"黃金可成，河決可塞，不死之藥可得，仙人可致"，
因當時黃河決口，武帝正在憂慮，故拜欒大爲"五利將軍"。後其
術多不驗，因亦受誅。　刑：法，典範。此處指五利將軍所表現的
種種法術。　庶：庶幾，差不多。　松：赤松子。傳説中的仙人。
喬：王子喬，周靈王太子晉，道士浮丘公接以上嵩山，後成仙。
時：時時。　游從：相從游息。　斯庭：指建章宮。　列仙：諸
位神仙。　攸館：寓居之處。　寧：安居。

　　爾乃盛娛游之壯觀，奮大武乎上囿，因兹以
威戎夸狄，燿威而講事。[1]命荆州使起鳥，詔梁野
而驅獸，毛群内闐，飛羽上覆，接翼側足，集禁

林而屯聚。[2]水衡虞人，理其營表，種別群分，部曲有署。[3]罘罔連紘，籠山絡野，列卒周帀，星羅雲布。[4]於是乘鑾輿，備法駕，帥群臣，披飛廉，入苑門。[5]遂繞酆鎬，歷上蘭，六師發胄，百獸駭殫，震震爚爚，雷奔電激，草木塗地，山淵反覆，蹂躪其十二三，乃拗怒而少息。[6]爾乃期門佽飛，列刃鑽鍭，要趹追蹤，鳥驚觸絲，獸駭值鋒，機不虛掎，弦不再控，矢無單殺，中必疊雙，颴颴紛紛，矰繳相纏，風毛雨血，灑野蔽天。[7]平原赤，勇士厲，猿狖失木，豺狼懾窜。[8]爾乃移師趨險，竝踏潛穢，窮虎奔突，狂兕觸蹙。[9]許少施巧，秦成力折，掎僄狡，扼猛噬，脫角挫脰，徒搏獨殺。[10]挾師豹，拖熊螭，頓犀犛，曳豪羆，超迴壑，越峻崖，蹷巉巖，鉅石隤，松柏仆，叢林摧，草木無餘，禽獸殄夷。[11]於是天子乃登屬玉之館，歷長揚之榭，覽山川之體勢，觀三軍之殺獲，原野蕭條，目極四裔，禽相鎮厭，獸相枕藉。[12]然後收禽會衆，論功賜胙，陳輕騎以行炰，騰酒車而斟酌，割鮮野食，舉燧命爵。[13]饗賜畢，勞逸齊，大輅鳴鑾，容與裴回，集乎豫章之宇，臨乎昆明之池。[14]左牽牛而右織女，似雲漢之無崖，茂樹蔭蔚，芳草被堤，蘭茞發色，曄曄猗猗，若摘錦布繡，燭燿乎其陂。[15]玄鶴白鷺，黃鵠鵁鸛，鶬鴰鴇鶂，鳧鷖鴻鴈，朝發河海，夕宿江漢，沈浮往來，雲集霧散。[16]於是後宮乘輚路，登龍舟，張鳳蓋，建華旗，袪黼帷，鏡清流，靡微風，澹淡浮。^[17]櫂女謳，鼓吹震，聲激越，嘗厲天，鳥群翔，魚闞淵。^[18]招白鷳，下雙鵠，揄文竿，出比目。^[19]撫鴻幢，御矰繳，方舟竝鶩，俛仰極樂。^[20]遂風舉雲搖，^[21]浮遊普覽，^[22]前乘秦領，^[23]後越九嵏，^[24]東薄河華，西涉岐雍，宮館所歷，百有餘區，行所朝夕，儲不改供。^[25]禮上下而接山川，究休祐之所用，採遊童之歡謠，第從臣之嘉頌。^[26]于斯之時，都都相望，邑邑相屬，國藉十世之基，家承百年之業，士食舊德之名氏，農服先疇之畎畝，商修族世之所鬻，工用高曾之規矩，粲乎隱隱，各得其所。^[27]

[1]【李賢注】大武謂大陳武事也。月令"孟冬之月，天子乃命將師講武（師，紹興本、大德本、殿本作'帥'，是），習射御"也。【今注】盛娛游：使游樂場面達到最盛。 奮：振奮。上囿：指上林苑。 因茲：借此機會。 威戎：示威於西戎。戎，古代西方的少數民族。 夸狄：誇耀於狄。狄，古代北方的少數民族。 燿：炫耀。 威：王師的威懾之力。如王褒《四子講德論》說："威靈外覆。" 講事：演習軍事。《文選》卷一作"耀威靈而講武事"。

[2]【李賢注】荆州，江、湘之地，其俗習於捕鳥，故使起之。梁野，巴、漢之人，其俗習於逐獸，故使其人驅之。闐音田。聚音才諭反。【今注】荆州：古九州之一，周漢亦均置荆州。《漢書·地理志上》："正南曰荆州，其山曰衡，藪曰雲夢，川曰江、漢，寖曰潁、湛。"漢代因之。 起鳥：（向上林苑）驅鳥。 詔：命令。 梁野：梁州之野。梁州亦古九州之一。據《漢書·地理志上》，周朝將梁州合於雍州。"正西曰雍州"，即今陝西、甘肅、寧夏、青海之地。 毛群：獸類。 內闐（tián）：充滿苑囿。闐，

通"填"。　飛羽：鳥類。　接翼側足：指鳥獸很多。空中飛的鳥翅膀相接，地上的獸側足而立。

　　[3]【李賢注】《前書》曰："上林苑屬水衡都尉。虞人，掌山澤之官。"《周禮》曰："虞人萊所田之野爲表。"鄭司農曰："表，所以識正行列也。"《續漢書》"將軍領軍皆有部，大將軍營五部，部校尉一人，部下有曲，曲有軍候一人"也。【今注】水衡：官名。即水衡都尉。管理上林苑中水流池澤。《漢書·百官公卿表上》："水衡都尉掌上林苑，有五丞。"　虞人：官名。掌山林田獵。《禮記·檀弓下》鄭注："虞人，掌山澤之官。"《孟子·滕文公下》趙岐注："虞人，守園囿之吏也。"《周禮·大司馬》賈公彥疏："虞人者，若田在澤，澤虞；若田在山，山虞。"　營表：大規模田獵時，虞人芟除野草而樹立標志，以便狩獵士卒行進。所立標志叫"營表"。　種別群分：參加狩獵者根據職守而分爲幾部分。

　部曲：古代軍隊的編制單位。本書《百官志一》："將軍領軍，皆有部曲。大將軍營五部，部校尉一人。部下有曲，曲有軍候一人。"

　有署：各有專責。署，部署，職司。

　　[4]【李賢注】鄭玄注《禮記》曰："獸罟曰罘。"音浮。絃，罘之綱。【今注】罘（fú）罔：捕禽獸的羅網。罔，通"網"。連絃（hóng）：牽羅網的繩索相連。指所布羅網甚密。絃，罘網的綱（主繩）。　籠山絡野：罩住了整個山，交織纏繞了整個原野。

　列卒：布列士卒。　周帀（zā）：周遍嚴密。帀，同"匝"。

　　[5]【李賢注】蔡雍《獨斷》曰（雍，紹興本、大德本、殿本作"邕"，是）："天子至尊，不敢渫瀆言之，故託於乘輿。天子車駕有大駕、法駕、小駕。大駕則公卿奉引，備千乘萬騎。法駕，公不在鹵簿中（殿本'公'後有'卿'字），唯執金吾奉引，侍中驂乘。"飛廉，館名也，武帝所作。《前書音義》曰："飛廉，神禽，能致風氣，身似鹿，頭如雀，有角而蛇尾，文如豹文。於館上作之，因以名焉。"【今注】乘鑾輿：代指天子。蔡邕《獨斷》卷上云："天子至尊，不敢渫瀆言之，故託於乘輿。"據李善注，當

删“鑾”字。 法駕：皇帝車駕的一種，較大駕爲簡而較小駕爲排場。《三輔黃圖》卷六云：“法駕，公卿不在鹵簿中，河南尹、執金吾、洛陽令奉引，侍中參乘，奉車郎御，屬車三十六乘。” 披：開。 飛廉：一種能致風雨的神獸，身似鹿，頭如雀，有角而蛇尾。《三輔黃圖》卷五曰：“飛廉，神禽，能致而風氣者，身似鹿，頭如雀，有角而蛇尾，文如豹，武帝命以銅鑄置觀上，因以爲名。”

　　[6]【李賢注】酆，文王所都（大德本無“所”字），在鄠縣東。鎬，武王所都，在上林苑中。《三輔黃圖》云，上林苑有上蘭觀。《尚書》曰：“司馬掌邦政，統六師。”又曰：“百獸率舞。”駭殫，言驚懼也。震震爚爚，奔走之貌。爚音躍（爚，大德本誤作“淪”）。塗，污也。反覆猶傾動也。車騎既多，視之眩亂，有似傾動。蹂，踐也，音汝九反。躪，轢也，音力刃反。拗猶抑也，音於六反（六，殿本作“少”）。言且抑六師之怒而少停也。【今注】酆（fēng）：古邑名。周文王所都，在今陝西西安市鄠邑區。

　　鎬：鎬京，周武王所都，在今陝西西安市西南。 歷：經過。上蘭：觀名。在上林苑中。 六師：六軍。周制天子六軍，諸侯大國三軍。 發胄：奔馳。 震震：雷聲。 爚（yuè）爚：電光閃耀貌。 塗地：塗於地上。形容草被人馬踐踏後伏爛於地。 山淵反覆：山丘、湖泊都倒了個兒。形容天翻地覆。 蹂（róu）躪（lìn）：踐踏。 十二三：概數，指十分之二或十分之三。 拗（ào）怒：抑制憤怒。 少息：稍事休息。

　　[7]【李賢注】《前書》曰，武帝與北地良家子期於殿門，故號“期門”。又曰：“募佽飛射士”。《音義》：“佽飛，本秦左弋官也。武帝改爲佽飛官，有一令九丞，在上林中。紡矰繳，弋鳧鴈，歲萬頭，以供宗廟。”《蒼頡篇》曰：“攢，聚也。”“鑚”與“攢”通。《爾雅》曰：“金鏃翦羽謂之鍭（鏃，大德本誤作‘鍭’）。”音侯。《廣雅》曰：“趹，奔也。”音決。機，弩牙也。《說文》曰：“掎（大德本誤作‘倚’），偏引也。”音居綺反。颮颮紛紛，衆多也。《說文》曰：“颮，古飆字。”鄭玄注《周禮》曰：“結繳

於矢謂之矰。”矰，高也。【今注】期門：官名。掌出入護衛。《漢書》卷六五《東方朔傳》載，武帝建元三年（前138）始微行，“與侍中常侍、武騎及待詔隴西北地良家子能騎射者，期諸殿門，故有期門之號”。　佽（cì）飛：官名。少府屬官，主管弋射。原爲古代勇士之名，武帝取以代秦官左弋。　列刃：兵器陳列。　鑽（cuán）鍭（hóu）：箭頭聚集。鑽，與“攢”通。　要（yāo）趹（jué）：負責攔截野獸的武士。要，攔截。趹，通“赽”，疾奔。指疾奔的野獸。　觸絲：撞入羅網。　值鋒：碰到刀刃上。　機：弩機，一種用機械發射的弓。　掎（yǐ）：發射。　控：拉弓弦。　颮（biāo）颮紛紛：形容空中穿行的箭衆多。颮，古“飆”字。狂風。　矰（zēng）繳（zhuó）：繫有絲繩用以射鳥的短箭。矰，短箭。繳，生絲綫。　風毛雨血：飛禽的毛隨風在空中飄動，野獸的血像雨一樣飛濺。下句的“灑野”就血而言，“蔽天”就毛而言，兩句爲互文用法。　中（zhòng）必疊雙：每箭必然射穿兩個。中，射中。

[8]【李賢注】郭璞注《山海經》曰：“猨似猴而大（猨，大德本、殿本作‘猿’），臂長，便捷，色黑。”《蒼頡書》曰：“狖似狸。”音以救反。《淮南子》曰：“猨狖顛蹶而失木枝。”懾，懼也，音之葉反。竄，走也，協韻音七外反。【今注】赤：指鮮血浸染，使土地成赤色。　厲：振奮，志氣旺盛。　猿狖（yòu）：泛指猿猴。狖，殿本作“狖”。　懾竄：驚懼逃竄。

[9]【李賢注】潛，深也。穢謂榛蕪之林，虎兕之所居也。《爾雅》曰：“兕似牛。”郭璞曰：“一角，青色，重千斤。”《廣雅》曰：“蹷，跳也。”音居衛反。【今注】移師：轉移隊伍。　趨險：奔向高危險峻之處。　潛穢：指野獸潛藏在荒草中。穢，荒草，叢生的草。　窮虎：走投無路的虎。　奔突：狂奔亂撞。　狂兕：發狂的兕。兕，一種似牛的野獸。指獨角犀牛。　觸蹷（jué）：自己撞倒。

[10]【李賢注】許少、秦成，竝未詳。僄狡，獸之輕捷者。

《説文》曰："搤，捉也。"音厄。"搤"與"扼"通。噬，齧也。挫，折也。胵，頸也。徒，空也。謂空手搏殺之也。《爾雅》曰："暴虎，徒搏也。"殺音所界反。【今注】許少：錢大昕《三史拾遺》卷二《漢書·古今人表》疑即許幼（或作"許男"），以輕捷聞名。　秦成：古代壯士。高步瀛曰："枚叔《七發》曰：'秦缺樓許爲右。'古人名字往往取相濟之義，豈秦成即秦缺耶？"　力折：以力制服。折，制。　掎（jǐ）僄（piào）狡：追趕輕捷凶猛的野獸，從後捉住其足。掎，拖住。僄，矯捷。狡，健壯。　扼：抓住要害部位（如咽喉、脖頸）。　猛噬：指要啃咬人的猛獸。　脱角挫胵（dòu）：在格鬥中把獸角打掉，把野獸的脖頸折斷。

[11]【李賢注】師，師子也。《説文》曰："拖，曳也。"音徒可反。杜預注《左傳》云："螭，山神，獸形。"郭璞注《山海經》曰："犀似牛而豬頭，黑色，有三角，一在頂上，一在額上，一在鼻上。犛牛，黑色，出西南徼外。"犛音力之反。《爾雅》曰："羆似熊而黄。"巉巖，山石高峻之貌也。殄，盡也。夷猶殺也。【今注】挾：夾持。　師：即獅子。古代寫作"師"。　螭（lí）：古代傳説中没有角的龍。李善注引歐陽喬《尚書説》："螭，猛獸也，勅離切。"《説文》"離"字下引歐陽喬説作"離，猛獸也"。歐陽喬蓋説今文之《坶誓》，而《史記》作"如豺如離"，則此處"螭"爲"離"之借。　頓：僕，倒。《説文》："僕，頓也。"　犛（máo）：犛牛。　曳：拖。　羆：即棕熊。皮毛棕褐色，能爬樹、游泳，力氣强大。　超：跨，越過。　迥壑：深溝。　麗：行急貌。　巉（zhǎn）巖：險峻的山巖。　鉅：通"巨"。　隤（tuí）：倒塌。　摧：毀壞。　殄（tiǎn）夷：滅盡。

[12]【李賢注】《前書》，宣帝幸萯陽宮屬玉觀。《音義》曰："屬玉，水鳥也，似鵁鶄，於觀上作之，因以名焉。"《三輔黄圖》曰："上林有長揚宫（揚，大德本、殿本作'楊'）。"鄭玄注《禮記》曰："土高曰臺，有木曰榭。"獲，協韵音胡卦反。《楚詞》曰："山蕭條而無獸。"【今注】屬（zhǔ）玉之館：即屬玉觀。

"屬玉"爲水鳥名，裝飾在觀上，因以名觀。　長揚：宮名。因其中有長楊樹而得名，在上林苑中。長楊樹在長楊宮中。楊，大德本、殿本作"楊"。　榭：臺上建的屋。　目極：盡目力望至極遠之處。　四裔：四方邊遠之地。　鎮壓：層層積壓。　枕藉（jiè）：互相枕、墊，積壓。藉，薦，墊。

[13]【李賢注】胙，餘肉也。《左傳》曰："歸胙于公。"《詩·小雅》曰："炰之燔之。"毛萇注曰："以毛曰炰。"音步交反。《子虛賦》曰："割鮮染輪。"孔安國注《尚書》曰："鳥獸新殺曰鮮。"【今注】收禽：收集獵獲的禽獸。　會衆：集合狩獵的人衆。　論功賜胙（zuò）：按照功勞大小賜予祭肉。胙，祭祀過神靈的肉。　陳：陳列。　輕騎（jì）：輕裝快馬。　行炰（páo）：傳送烤肉。　騰：奔馳。　酒車：載酒之車。　斟酌：指給各車上供酒。此兩句寫在車騎行進過程中行酒食之事。　割鮮：切割鮮肉。　野食：野餐。　舉燧：高舉起燃燒的火把。　爵：商周時期禮儀中所用酒器，青銅製成，三足，有流，兩柱，形似雀。舉燧命爵，指舉起大火把作爲一起行酒的號令。

[14]【李賢注】大輅，玉輅也。《周禮》曰："凡馭輅儀以鑾和爲節。"鄭玄注曰："鑾在衡（鑾，大德本、殿本作'鸞'），和在軾，皆金鈴也。"《三輔黃圖》曰："上林苑有豫章觀。"【今注】饗（xiǎng）賜：賜賞，犒賞。　勞逸齊：田獵與游息都很盡興。齊，均等。《左傳》哀公元年"勤恤其民而與之勞逸"。　大輅：天子之車。　鸞：通"鑾"。安在車的軛首或車衡上的銅鈴。也有挂在馬鑣（馬嚼子）上者，左右各一，一馬兩鑾。　容與：安閑自得的樣子。　豫章之宇：在豫章觀屋檐下，如同説"豫章觀中"。豫章，觀名。在上林苑中。宇，檐。　昆明之池：西漢武帝元狩三年（前120）以謫吏掘池，仿昆明滇池，故名。元鼎元年（前116）進行擴建。在長安西南，周回四十里，三百三十二頃。故址在今陝西西安市長安區西灃水與潏水之間。即斗門鎮東南洼地。

[15]【李賢注】《漢宮閣疏》曰："昆明池有二石人，牽牛、織女之象也。"雲漢，天河也。郭璞注《爾雅》云："茝，香草。"音昌改反。曄曄猗猗，美茂之貌。《說文》曰："摛，舒也。"【今注】左牽牛而右織女：昆明池中兩個石人。李善引《漢宮闕疏》云："昆明池有二石人，牽牛織女象。"《三輔黃圖》引《關輔古語》："昆明池中有二石人，立牽牛、織女於池之東西，以象天河。"
雲漢：天漢，天河。　蔭蔚：草木濃密茂盛。　被堤：覆蓋了堤岸。　蘭茝（chǎi）：蘭草、白芷。都是香草。　發色：色澤鮮艷。
曄（yè）曄：光彩耀眼。形容花葉的顏色照眼。《說文》："曄，光也。"《廣雅·釋詁四》："曄，明也。"則本爲形容光彩之詞。猗（yī）猗：隨風搖曳的樣子。　摛（chī）：舒展。　錦：用彩色經緯絲織出各種花紋圖案的絲織品。　布：散布，鋪開。與"摛"字含義相近。　繡：在綢緞上繡花紋圖案。也指繡有花紋圖案的綢緞。　燭燿：照耀。　陂（bēi）：池畔，堤岸。

[16]【李賢注】郭璞注《爾雅》云："鵁似鳧，脚近尾，略不能地行，江東謂之魚鵁。"音火交反。《說文》曰："鸑，鸑雀也。"《爾雅》曰："鶴，麋鴰。"音括。郭璞注曰："即鶬鴰也，今關西呼爲鴰鹿。"鴇似鴈而大，無指（指，殿本作"趾"）。音保。鵁，水鳥也。莊子曰："白鶂之相視（鶂，大德本、殿本作"鵁"），眸子不運而風化。"李巡注《爾雅》曰："在野曰鳧，在家曰鶩。"竝鴨也。鄭玄注《詩》云："鷖，鳧屬也。"音一今反。周處《風土記》曰："鷖，鷖䳓也，以名自呼（名，大德本作'各'），大如雞，生卵於荷葉上。"毛萇注《詩》云："大曰鴻，小曰鴈。"【今注】玄鶴：鳥名。黑鶴。一種極珍貴罕見的鶴。黃鵠（hú）：鳥名。天鵝。　鵁（jiāo）：傳説中的鳥名。《山海經·北山經》："有鳥焉，群居而朋飛，其毛如雌雉，名曰鵁。"鸛（guàn）：水鳥名。羽毛灰白，嘴長而直，捕食魚蝦。　鶬（cāng）鴰（guā）：鳥名。大如鶴，多爲青蒼色，亦有灰色者。鴇（bǎo）：鳥名。似雁而大，頭小頸長，無後趾，善走而不善飛。

鷁（yì）：又作"鶂"。形如鸕鶿而大，羽毛蒼白色，善高飛。鳧（fú）：野鴨。　鷖（yī）：即鷗，蒼黑色，似鶬鶿而小，常隨潮汐往來，群飛，稱信鷖。　鴻鴈：即大雁。　發：出發，起飛。沈：同"沉"。　雲集霧散：形容鳥群飛時多的樣子。

[17]【李賢注】《埤蒼》曰："輚，臥車也。"音仕板反。《淮南子》曰："龍舟鷁首，浮吹以虞（吹，大德本、殿本作'次'）。"桓譚《新論》曰："乘車，玉爪（爪，紹興本、大德本、殿本作'瓜'，是）、華芝及鳳皇三蓋（皇，殿本作'凰'）。"《上林賦》曰："乘法駕，建華旗。"高誘注《淮南子》曰："祛，舉也。"澹，隨風之貌也。澹音徒濫反（徒，大德本、殿本作"走"）。淡音徒敢反。【今注】後宮：此處代指天子的嬪妃。　輚（zhàn）路：天子的臥車，由人拉，有車帷。李善引《埤蒼》："輚，臥車也。"路，通"輅"。　龍舟：龍形船。　張：撑起。　鳳蓋：以鳳凰爲圖案的車蓋。　建：樹起。　華旗：有各種圖案色彩的旗幟。　祛（qū）：舉起，撩起。《吕氏春秋·達鬱》："特會朝雨，祛步堂下。"注："祛步，舉衣而步也。"　黼（fǔ）帷：上面綉有黑白相間花紋的車帷或船帷。　鏡：此處用爲動詞，照。《墨子·非攻》："君子不鏡於水而鏡於人，則知吉凶。"指撩起車帷，從水中看自己的影子。　靡（mǐ）：隨着，順着。澹淡：水面摇蕩的樣子。

[18]【李賢注】櫂，楫也。謳，歌也。震，協韻音真。謍，聲也，音火宏反。【今注】櫂（zhào）女：船女。櫂，同"棹"，划船撥水的工具。短的叫枻，長的叫棹。　謳（ōu）：歌唱。　鼓吹：此指鼓吹音樂之聲。漢代有鼓吹樂，主要用鼓、鉦、蕭、笳。本爲軍中之樂，其中《朱路》等十八曲列於殿庭，用於宴會群臣及上食。大駕出游用短簫鐃歌，軍中行部用横吹。統稱鼓吹。　謍（yíng）屬天：衆人之小聲而屬天，可見人之多，場面之大。謍，小聲。屬，涌起。　魚闞淵：言魚潜藏起來。

[19]【李賢注】招猶舉也。弩有黃間之名，此言白間，蓋弓

弩之屬。本或作"白鷳",謂鳥也。《西京雜記》曰:"越王獻高帝白鷳、黑鷳各一雙。"《説文》曰:"揄,引也。"音投。文竿,以翠羽爲文飾也(大德本、殿本無"以"字)。闕子曰:"魯人有好釣者,以桂爲餌,鍛黄金之鉤(鉤,大德本、殿本作'鈎'),錯以銀碧,垂翡翠之綸。"《爾雅》曰:"東方有比目魚,不比不行。"【今注】招:舉。 白閒:弓弩名。《證類本草》引《圖經》,江南有一種鳥,色白而背有細黑文,名曰白鷳。亦堪畜養,彼人食其肉,亦雉之類。 下:用爲動詞,射落。 揄(yú):揮動。即"揄袂"之"揄"。 文竿:飾以花紋的釣竿。 比目:魚名。比目魚。《爾雅·釋地》:"東方有比目魚焉,不比不行,其名謂之鰈。"郭璞注:"鰈,狀似牛脾,鱗細,紫黑色,一眼,兩片相合乃得行。今水中所在有之。江東又呼爲王餘魚。"

[20]【李賢注】《廣雅》曰:"幢謂之幬。"幢音直江反,即舟中之幢蓋也。本或作"置"。置,鳥網也,音衝。矰,弋矢也。繳,以繫箭也。方舟,竝兩舟也。【今注】撫:按、持。 鴻幢(tóng):大的帷幔。鴻,大。幢,掛在船、車上的帷幔。 御:掌握。 矰(zēng)繳(zhuó):絹絲做成的弓弦。 方舟:兩船相並。 鶩:奔馳。 俛仰:前俯後仰。形容船行進中人們快樂的樣子。或者俯謂釣,仰謂射,即"俯而釣,仰而射"。

[21]【今注】風擧雲揺:風起雲飛。擧,起。揺,與"擧"意思相近,起來。《廣雅·釋詁》:"揺,上也。"《管子·君臣》"夫水波而上,盡其揺而復下",《楚辭·九章·抽思》"願揺起而橫奔兮",《漢書·禮樂志》"將揺擧,誰與期","揺"均爲"起來"的含義。此句寫天氣變化,藉以烘托氣氛。

[22]【今注】普:同"溥"。遍觀。

[23]【今注】乘:登、升。 秦領:秦嶺。在今陝西中南部、渭河與漢江之間的山地,東以灞河與丹江河谷爲界,西止於嘉陵江。又因位於關中以南,又名南山,終南山。領,通"嶺"。

[24]【李賢注】協韻音綜。

[25]【李賢注】薄，迫也。岐，山；雍，縣。在扶風。儲，積也。供，協韻音九用反。【今注】河：黃河。　華：華山，即上文所謂"太華"。　涉：到達。　岐：岐山。在今陝西岐山縣東北。　雍：雍水。發源於今陝西鳳翔縣雍山東南，東南流經岐山縣西爲漳水，東經扶風、武功入渭水。　宮館所歷：所歷之宮館。　區：所，處。　行所：即行在、行在所，指天子所至之處。此二句李周翰注云："言此中宮館百有餘所，朝夕行止，不改易其儲蓄供具也。"是說各宮館都有一整套完善的設施和充裕的物質儲備，不需臨時從另外的地方調用。　改：改變。　供：供具，此處指器具和酒食之類。

[26]【李賢注】上下謂天地也。接亦祭也。究，盡也。用謂犧牷玉帛之物也（玉，紹興本作"王"）。列子曰："堯理天下五十年，不知天下理歟？亂歟？堯乃微服遊於康衢，聞兒童謠曰：'立我蒸人，莫匪爾極，不識不知，順帝之則（則，大德本作"側"，二字可通）。'"言今同於堯也。《前書》曰："宣帝頗好神仙（仙，紹興本誤作'伯'），王褒、張子僑等竝待詔，所幸宮館，輒爲歌頌，第其高下，以差賜帛焉。"【今注】禮上下：祭祀天地。　接山川：祭祀山川之神。　究休佑之所用：盡量祈求所需的各種福祐。究，窮盡。休，美。　第：次第。此用爲動詞，排出順序。　從臣：隨從的臣子。指文學侍從等。　嘉頌：美好的頌詞。

[27]【李賢注】十代、百年，竝舉全數也。《易》曰："食舊德，貞屬終吉。"《穀梁傳》曰："古者有士人、商人、農人、工人。"《淮南子》曰"古者至德之時，賈便其肆，農安其業，大夫安其職，而處士修其道"也。【今注】相望：一個連着一個。都都相望，指一個城市可望見另一個。　相屬（zhǔ）：連接。　國：分封的諸侯之國。　藉（jiè）：憑藉，依靠。大德本、殿本作"籍"。　十世之基：延續了十代的基業。十世，指自漢高祖、呂后至漢成帝的西漢世系。　家：卿大夫的采地食邑。　舊德：先代的功德。

名氏：名位，名號。西漢文帝時居官者或長子長孫以官爲氏，如倉氏、庫氏即倉庫吏之後。　　服：從事。　　先疇：祖先遺留的田地。　　畎畝：田地，田間。田中高處叫"畝"，田地中間的溝叫"畎"。畎，殿本作"畂"。　　修：依照，遵循。　　族世：世代家族。　　所鬻：所賣貨物。　　高曾：高祖、曾祖。　　規：畫圓的工具。　　矩：畫方的工具。以上六句指天下承平，官則世守其職，民則世習其業。　　粲乎：鮮明。指分職明顯。　　隱隱：盛貌。指各職各業都很興盛。

若臣者，[1]徒觀迹乎舊墟，[2]聞之乎故老，[3]什分而未得其一端，故不能徧舉也。

[1]【今注】臣：西都賓自稱。

[2]【今注】舊墟：舊迹，指西都長安。

[3]【今注】故老：年老多閱歷的人，多指舊臣。